생활 속의 경제학

The Economics of Life

머 리 말

경제학은 원래 한 나라가 어떻게 부국이 될 수 있나, 돈을 어떻게 버나, 빈부격차는 왜 생기나, 소비자는 어떻게 소비하여 효용을 증가시키나, 국제무역은 국익에 도움이 되나 등과 같은 매우 실천적이고 우리 생활에 밀접한 질문을 제기하고 거기에 답하는 학문으로서 인간생활에 기여해 온 학문이다.

그럼에도 불구하고 '경제학은 누구나 다 아는 내용을 아무도 모르는 말로 가르치는 학문'이라는 농담이 있다. 이 말은 물론 농담이지만 경제학이 비현실적인 단순한 가정에서 출발해서 그것을 고난도의 수학으로 전개하여, 수식과 그림으로 뒤덮인 경제학만 가르친다면 이런 조롱을 들을 수도 있을 것이다.

필자는 제법 긴 시간 동안 경제학을 가르치면서 학생들에게 있어서 수식과 그림이 이해를 돕는 도구가 아니라 그것을 이해하는 것 자체가 더 어렵게 느껴질 수도 있다는 것을 알게 되었다. 그리고 그들이 그 수식과 그림을 이해했다고 해도, 그것이 막상 경제 현실과 어떤 관련을 가지는지는 알지 못하는 경우도 적지 않았다. 그래서 경제학 교육에 새로운 접근이 필요하다는 것을 절실히 느꼈고, 이해하기가 아주 쉽도록 쓰는 것이 이 책의 첫 번째 목적이 되었다. 두 번째 목적은 경제학이 재미있는 학문이라는 것을 보여주는 것이며, 세 번째는 현재 우리나라와 세계가 당면하고 있는 중요한 경제 이슈들을 이해하고 그것들을 해결하는 데 참여할 수 있도록 하려는 의도를 가지고 있었다. 이 목적은 어느 정도 달성된 것으로 생각된다.

이 책의 초판이 출판된 지는 15년이 지났고, 그동안 한국경제와 세계경제에 수많은 변화와 충격이 있었다. 국내적으로는 장기불황과 부동산가격의 급등락 그리고 예상치 못한 대통령 선거가 있었으며, 세계적으로는 2020년 1월에 시작되어 약화되긴 하였지만 지금도 계속되고 있는 코로나19 팬데믹, 우크라이나와 가자지구 및 이란 전쟁, 그리고 트럼프 2기의 관세전쟁 등을 겪고 있다. 이러한 과정에서 각국은 문제해결을 위해 다양한 경제정책들을 실시하였으며, 이러한 정책들은 개인들의 일상생활과 국제관계에 다양한 형태로 영향을 미치고 있다. 이런 현상들을 사례로 삼아 경제이론으로 설명하고자 했다.

이번 제2판의 보완 가운데 중요한 하나는 소득불평등과 분배의 형평성 기준에 대한 설명을 보완한 점이다. 장기적 불황에 따라 소득불평등은 더욱 심화되었으며, 이에 따라 분배에 대한 욕구는 더욱 커지게 되었다. 다른 하나는 국제수지와 환율에 대한 내용을 추가하였다. 미국을 중심으로 한 선진국에서 보호무역을 강화하였으며, 이러한 정책이 국제수지의 불균형과 환율에 미치는 영향 등을 추가하였다.

그 이외에 경제상황의 변화를 반영하기 위해 사례와 설명을 보완하였고, 통계자료를 대부분 최신의 자료로 업데이트하였다. 제2판이 경제의 기본원리와 경제생활을 이해하는 데 도움이 되기를 기대해 본다.

2025년 여름

저자 일동

차 례

Chapter

01

인간 생활과 경제는 뗄 수 없는 관계이다

1 경제생활은 먹고 입고 살아가는 문제의 해결 과정

우리나라의 지난 60여 년을 돌이켜 보면 상전벽해 혹은 경천동지할 변화가 있었다. '한강의 기적'이라고 해도 과언이 아니다. 인구의 대다수가 절대빈곤에 허덕이던 세계 최빈국 가운데 하나였던 우리나라가 GDP 순위 세계 11위로서 G20(주요 20개국)의 의장국으로 활약하기도 하였다. 평균수명, 교육수준, 생활수준 등 어떤 면을 보아도 우리나라는 선진국 문턱에 바짝 다가섰다.

그런데 오늘날에도 '청년실업', '저출생 고령화', '지방소멸' 등 우리를 의기소침하게 만드는 말들이 많이 떠돌고 있다. 이런 말들이 우리를 두렵게 하는 이유는 가난이 견디기 어려운 고통을 가져다주기 때문이다. 우리나라는 1960년대 이후 짧은 시간에 빈곤을 많이 해결하였지만, 아직도 하위 10~15%의 소득계층은 매우 어려운 상황에서 살고 있다. 이런 빈곤층뿐만 아니라 극소수의 상류층을 제외한 나머지 대다수의 사람은 크고 작은 경제적 염려를 안고 살아간다. 생활고는 벗어났다고 하더라도 자녀 교육비, 결혼 자금, 주택 자금 등 끊임없이 돈이 필요한데 그만큼 돈을 벌고 모으기는 쉽지 않다. 우리말에 '잘산다'는 말은 오랫동안 '경제적으로 부유하다'는 의미로 사용되어 왔다. 그만큼 경제적 여유가 간절한 소망이었음을 알 수 있다.

일찍이 영국의 위대한 경제학자 **앨프레드 마셜**(Alfred Marshall)은 세계사를 형성하는 두 가지 중요한 요인은 종교와 경제라고 말한 바 있다. 그만큼 경제가 인간생활에 차지하는 영향이 크다는 것이다. 그는 또 말하기를 인간이 매일 수행하는 일이 그의 품성을 결정하며, 그 결과로 얻는 소득이 그의 행복에 매우 중요한 영향을 미친다고 했다. 특히 가난은 육체적 고통을 줄 뿐 아니라 우정을 박탈하고, 고상한 가치에 대해 무지하게 하여, 정신적 및 도덕적으로도 건강한 삶을 살기 어렵게 만든다고 하였다.[★1]

★1 Marshall, Alfred(1920), *Principles of Economics*, eighth ed., Macmillan & CD Ltd., pp. 1~2.

일상생활은 대부분 소비 및 생산과 관련된 생활이다

우리는 보통 하루를 어떻게 보내는가? 아마도 가장 많은 시간을 직장에서 무언가를 생산하면서 그리고 가정에서 무언가 소비하면서 보낼 것이다.

대부분의 사람은 재화와 서비스를 보다 많이, 보다 더 좋은 것을 소비하기를 원한다. 소득이 증가하면 이런 욕망이 더 충족되고 만족도 증가하는 것이 보통이다. 그렇지만 대다수의 가정에서는 소득이 많건 적건 쪼들린다고 아우성이다. 소득이 올라가면 소비하는 재화와 서비스가 조금씩 고급화되어 결국 쪼들리는 것은 마찬가지가 된다. 그래서 미국과 같은 풍요한 나라에서도 대통령 선거 등 중요한 선거에서 경제문제가 가장 중요한 이슈가 될 때가 많다. 특히 경제가 불황으로 접어들면 더욱 그러하다.

1992년 미국 대통령 선거에서 걸프 전쟁(쿠웨이트를 침공한 이라크와 미국의 전쟁)의 완승으로 당시 부시 대통령(여기서는 아버지 부시를 말함)의 인기가 매우 높았다. 그런데 대통령 선거가 가까이 다가오면서 경제가 불황으로 접어들었다. 그러자 적수였던 클린턴은 경제문제를 핵심 쟁점으로 부각시켰고, 그의 선거 전략은 “문제는 경제야, 이 바보야”(It’s the Economy, Stupid)라는, 그의 선거 사무실에 붙어 있던 슬로건으로 잘 요약된다. 그 전략은 적중하였고 결국 그는 승리하였다. 그리고 2008년 미국 대통령 선거에서 오바마 후보가 승리한 요인 가운데 하나가 미국의 금융위기였다고 한다. 외교와 안보가 중요한 이슈가 되면 월남전에 참전했다가 포로가 되어 많은 고초를 겪었던 공화당의 메케인 후보가 유리하고, 경제 문제가 중요하게 되면 오바마가 유리할 것으로 전망되었는데, 금융위기가 매우 심각하였기 때문에 그것이 오바마 후보에게 유리하게 작용했다는 것이다. 2024년 미국 대통령 선거에서도 경제침체와 인플레이션의 영향을 가장 많이 받는 저소득 가정이 트럼프의 선거 승리에 큰 기여를 하였다고 한다.

사람의 욕망에는 물질적 욕망만이 아니라 정신적 욕망도 있다. 진리와 아름다움, 그리고 착함이라는 가장 중요한 정신적 가치를 구현하기 위해서도 재화와 서비스가 필요하다. 지적 성숙을 위해 교육을 받아야 하고, 심미적 욕구를 충족시키기 위해서 좋은 오디오와 연극 및 각종 연주회와 공연 관람이 필요하다. 이것을 위해서는 상당히 많은 비용이 든다.

이처럼 인간 생활은 재화와 서비스를 떼어놓고 생각할 수 없으므로 사람은 정신적 존재이면서 동시에 경제적 존재이다.★2 마치 자동차가 움직이기 위해서 연료가 필요하듯이 사람이 무언가 활동을 하기 위해서 재화와 서비스가 지속적으로 소비되어야 한다. 각 사람이 어떤 가치를 추구하는가에 따라 필요한 재화와 서비스의 양은 상당히 달라질 수 있다. 한적한 시골에서 유유자적하는 삶을 살기를 원한다면 그리 많은 재화와 서비스가 필요하지 않을 것이다. 좋은 자동차가 연비가 높듯이 어떤 사람은 소비를 조금 해도 삶에 대한 만족도가 높아 **행복연비**가 높다. 그러나 대다수 보통 사람들의 행복연비는 비슷할 것이므로 정도의 차이는 있지만 우리의 삶은 다양한 재화와 서비스를 필요로 한다.

인간 생활을 위해 소비되는 재화와 서비스가 하늘에서 떨어진 적도 있었다고 한다. 이스라엘 민족이 이집트에서 탈출하여 사막지역을 통과할 때 하늘에서 만나와 메추라기가 떨어져서 그냥 주워 먹기만 하면 되었다는 고대의 기록이 남아 있다. 오늘날에도 이런 일이 있다면 얼마나 좋을까! 하지만 이것은 일상적인 삶과는 너무나 거리가 멀다.

인류의 긴 역사를 돌이켜 보면, 인간은 힘든 노동으로 땅을 개간하였고 도구와 기계를 만들어 생산량을 점차 증가시켜 왔다. 그런 가운데 18세기 이후 산업혁명을 계기로 생산력은 그 이전에 비해 비약적으로 증가하였다. 오늘날 선진국 국민들을 중심으로 일부의 사람들이 누리는 높은 생활수준은 불과 200년 남짓에 불과하고, 그 이전에는 대다수의 사람이 생존에 급급한 삶을 살았다.

★2 경제적 존재라는 말은 경제적 동물과는 다르다. 전자는 생활에 반드시 재화와 서비스가 필요하다는 뜻이고, 후자는 철저히 자신의 경제적 이익을 얻기 위해 노력한다는 뜻이다.

2 희소성의 원칙과 선택의 불가피성

일정하게 주어진 소득을 이리저리 쪼개어서 살아가는 대부분의 사람은 돈에 구애받지 않고 살아봤으면 얼마나 좋을까 하고 생각하게 된다. 어떤 사람이 당시에 세계 최고의 부자였던 록펠러에게 '돈이 얼마나 더 필요한가?'라고 물었다. 그는 '현재보다 조금 더 많이'라고 대답하였다. 사람들은 현재보다 좀 더 많은 소득이나 재산이 있으면 좋겠다고 생각한다. 그런데 이 과정은 끝없이 계속된다.

이와 같이 사람들은 다양한 재화와 서비스를 원하지만 그것들을 모두 획득하는 것은 불가능하다. 우리가 원하는 재화와 서비스의 수량에 비해서 늘 그보다 더 적은 수량만 확보할 수 있다. 왜냐하면 개인적으로는 소득에 한계가 있고, 국가 전체적으로는 재화와 서비스를 생산할 수 있는 자원의 양이 제한되어 있으며 생산기술 면에서도 제약이 있기 때문이다.

인간의 욕망과 필요는 매우 큰 데 비해서 그것을 충족시키는 재화와 서비스 그리고 그것을 생산하는 자원의 양은 늘 욕망의 크기에 비해 부족한 현상을 우리는 **희소성(scarcity)의 원칙**이라고 부른다.

소득이든 자원이든 그것이 희소한 상태에서는 **선택**이 불가피하다. 예를 들어 소비자의 소득이 일정한데 소비하고 싶은 재화는 여러 가지라면 어떤 재화를 구입할 것인지 선택하지 않으면 안 된다. 어떤 사람이 동일하게 100만 원이 드는 노트북 컴퓨터 구매와 동남아 여행을 둘 다 하고 싶은데 돈이 100만 원밖에 없다면, 그는 그 돈으로 어느 것을 할 것인지 선택하지 않으면 안 된다. 노트북을 선택하자니 동남아 여행이 아쉽고, 여행을 선택하자니 노트북이 아쉽다. 이 사람에게는 이것이 '잔인한 선택(cruel choice)'일지 모른다. 이렇게 한쪽을 선택함으로써 포기되는 다른 선택을 **기회비용**(opportunity cost)이라고 한다. 옛말에도 '물 좋고 정자 좋은 곳은 없다'라는 말이 있다. 모두 다 갖추어진 곳은 없으므로 물이 더 중요한지 정자가 더 중요한지 선택해야 한다는 말이다.

선택이 불가피한 경우는 소득이나 자원의 제약뿐 아니라 시간의 제약으로 인한 경우도 있고, 제도에 의한 경우도 있다. 두 처녀를 모두 좋아한 청년이 결국에는 일부일

처 제도에 의해 한 처녀와 결혼해야 해서 선택에 어려움을 겪는 경우를 드라마에서나 현실에서 가끔 볼 수 있다.

요컨대 우리의 삶은 수많은 선택의 연속이라고 할 수 있다. 아침에 무슨 옷을 입고, 어떤 신발을 신을까와 같은 덜 중요한 선택부터 학교와 학과, 직업, 배우자 등 아주 중요한 선택에 이르기까지 다양하다. 이러한 몇 가지 선택의 대상을 두고 그것이 각각 내게 얼마만큼의 만족(이익)을 주는지, 그리고 그것을 선택하기 위해서 무엇을 포기해야 하는지(기회비용)를 잘 판단하여 포기하는 기회비용보다 더 큰 만족(혹은 편익)을 주는 것을 선택하여야 한다. 이러한 선택을 **합리적 선택**(rational choice)이라고 한다. 앞에서 든 예에서 노트북과 동남아 여행 가운데 노트북을 선택했다면 그에게는 노트북에서 얻는 만족이 동남아 여행에서 얻는 만족보다 더 크기 때문이며, 이러한 선택은 합리적 선택이 된다. 우리가 무엇인가를 선택할 때 합리적 선택을 하기 위해서는 그 선택으로 인한 편익과 기회비용을 분명하게 파악할 필요가 있다.

3 경제학은 사회의 질병을 치유하는 의학이다: 경제학의 도전

어떤 경제학자는 경제학을 "경제학자들이 하는 일"이라고 정의했는데, 이것은 경제학을 정의하기가 정말 쉽지 않다는 것을 보여주는 말이다. 여러 학자의 정의가 있지만 필자는 케인스의 스승이었던 마셜(Alfred marshall)의 정의가 정곡을 찌른다고 생각한다. 그는 "경제학은 일상생활 중의 인간에 대한 연구이다."라고 정의하였다. 그리고 경제학은 행복의 물질적 조건의 성취와 밀접하게 연관되어 있다고 했다. 경제학에 관한 여러 가지 정의를 종합하면, 경제학은 "희소성이 지배하는 상황에서 사람들이 어떻게 생산하고, 분배하며, 거래하고, 소비하는가를 설명하고 예측하여 인간이 보다 더 풍요로운 삶을 누릴 수 있는 방법을 연구하는 학문"이라고 할 수 있다.

미국 건국의 아버지인 조지 워싱턴의 사인(死因)은 정말 어처구니가 없다. 그가 후두염으로 인해 고열이 나자 당시의 의학 상식대로 의사들은 피를 빼는 시술을 했는데, 열이 떨어지지 않자 계속 피를 뽑아서 결국 과다 출혈로 사망했다고 한다. 이 이야기는 올바른 진단과 처방이 얼마나 중요한가를 보여주는 사례인데, 그것은 경제학에서도 마찬가지이다.

질병이 있기 때문에 의학이 있는 것처럼 빈곤, 실업, 인플레이션, 불평등, 외환위기, 불황 등 여러 가지 경제적 질병(경제문제)이 있기 때문에 경제학이 필요하다. 그런 점에서 경제학은 사회의 질병을 진단하고 그것에 대해서 처방하는 일종의 사회적 의학이라고 할 수 있다.[*3] 경제학에 있어서도 올바른 진단과 처방이 정말 중요하다. 1930년대의 대공황기에 케인스는 그 원인과 처방을 올바로 제시하기 위해 심혈을 기울였다. 여기서 경제학자들이 당대의 경제문제를 어떻게 진단하고 해결책을 제시하려고 했는지 잠깐 살펴보자.

경제사상은 아주 오래전부터 있었으나 하나의 독립된 학문으로서의 경제학은 약 250여 년 전에 경제학의 아버지라 불리는 **아담 스미스**(Adam Smith)에 의해 비롯되었다. 그는 불행하게도 유복자로 태어났으며 평생 독신으로 살았다. 그는 글라스고우 대학에서 도덕철학 교수로 일하다가 파격적인 조건으로 귀족 가문 자제의 가정교사로 채용되어 학생 일행을 데리고 프랑스와 스위스로 여행하였다. 그는 거기서 계몽주의 철학자들과 자유방임을 주장하던 중농주의자들을 여러 명 만났고 그 영향을 받기도 했다. 그러던 중 매우 심심해서 쓰기 시작했다고 전해지는 책이 그 유명한 『국부론』(1776)이다. 이 책의 중심사상은 시장의 확대가 경제발전을 초래하므로 자유로운 거래와 자유무역을 방해하는 모든 중상주의적 요소들을 제거해야 한다는 것이었다.

그 후 인구는 기하급수적으로 증가하고 식량은 산술급수적으로 증가하므로 식량 부족으로 인해 인류는 비참한 상황을 맞게 된다는 주장을 담은 『인구론』의 저자인 맬서스(Thomas Malthus)와 비교우위론에 입각한 자유무역론으로 유명한 리카도(David Ricardo), '최대다수의 최대행복'을 추구한 공리주의자 밀(John Stuart Mill) 등 영국 **고전학파 경제학자**들이 스미스의 경제학을 토대로 자유주의 경제학을 발전시켰다.

그런데 그 당시에 자본주의 사회는 이전 시기와 비교해서 빠르게 경제성장을 이룩했지만 매우 불평등하였고, 노동자들의 처지는 비참하였다. 이에 자본주의 체제를 보다 평등하고 빈곤이 없는 체제로 변혁하고자 한 사회주의 사상이 출현하였고, 이 사상을 더 체계화한 것이 **마르크스주의 경제학**이다. 마르크스는 학창 시절에 폭음과 낭비벽이 심하여 부모의 속을 많이 썩였다고 한다. 그는 신문기사 때문에 프러시아 정부의 압력으로 인해 파리로 가면서 사회주의자가 되었고, 영국으로 망명한 후에는 경제학 연구에 전념하였다. 그가 쓴 『자본론』은 마르크스주의 경제학의 교과서이다. 그의 핵심 사상은, 자본주의 체제는 자본가가 노동자를 착취하는 체제이고, 이 체제는 결국 붕괴하여 사회주의 체제로 대치된다는 것이었다.

19세기 말에 고전학파 경제학과 마르크스주의 경제학의 대립 가운데, 고전학파를 계승하면서 그것을 현대화한 **신고전학파 경제학**이 등장하여 고전학파를 대체하기에 이르렀다. 신고전학파 경제학자들은 경제학에 새로운 한계원리와 수학을 도입하여 경제학을 자연과학의 물리학처럼 정밀한 과학으로 만들고자 하였다.

1929년부터 1930년대에 걸쳐 미국에서 역사상 유례없는 대공황이 발생하여 세계로 파급되자 영국의 천재적 경제학자인 **케인스**(John Maynard Keynes)가 등장하였다. 그는 온갖 방면에 다재다능했고 토론의 달인이었으며, 증권투자에 큰 성공을 거두기도 했다. 그는 케임브리지 대학을 졸업하고 공무원 생활을 했고, 나중에 학자와 교수로서의 길을 걸었다. 그는 대공황을 계기로 1936년에 불후의 명저인 『일반이론』을 출간하였으며, '이제 자유방임주의는 끝났다'고 하면서 재정지출을 과감하게 증가시키는 강력한 재정정책에 의해 불황을 극복해야 한다고 주장하였다. 그의 새로운 경제학을 **케인스학파 경제학**(Keynesian economics)이라고 한다.

그 후 한동안 케인스학파 경제학의 시대가 지속되었으나 오스트리아 출신의 하이에크(Friedrich August von Hayek)와 미국 시카고 대학의 프리드만(Milton Friedman)을 중심으로 한 신고전학파 경제학자들의 끈질긴 노력과 미국과 영국의 보수 정부의

★3 제프리 삭스는 개발경제학이 현대 의학과 유사해져야 한다고 주장하면서 자신의 방법을 임상경제학이라고 불렀다. 제프리 삭스(김현구 역 : 2006), 『빈곤의 종말』, pp. 117~118 참조.

출현에 의해 케인스주의의 정부개입 정책을 거부하고 자유방임주의를 주장하는 신고전학파 경제학이 다시 부활하여 1980년대 이후 가장 영향력 있는 경제학의 위치를 차지해 왔다. 그런데 2008년에 미국에서 시작된 세계적 금융위기와 장기불황으로 인해서 정부개입을 강조하는 케인스학파 경제학의 영향력이 다시 살아나고 있는 중이다.

이처럼 경제학은 현실의 경제문제를 대상으로 하여 그 원인을 밝히고 치료방법을 모색하는 학문이며, 이런 의미에서 매우 실천적인 학문이라고 볼 수 있다. 따라서 현실의 경제문제가 달라지면 새로운 경제학이 출현하곤 하였다.

4 경제학은 사람이 어떠하다고 보나? : 호모 에코노미쿠스

"너 자신을 알라" 이 말은 그리스의 델포이에 있는 '아폴론 신전'에 새겨져 있는 경구이다. 자신을 아는 것이 가장 중요함에도 불구하고 가장 등한시되어 왔듯이, 인간이 무엇인지 아는 것이 가장 중요함에도 불구하고 인간에 대한 지식은 아직도 대단히 미흡하다.

사람의 특성은 여러 가지 면에서 파악할 수 있다. 그래서 인류의 조상들은 여러 이름으로 불렸다. 시기를 달리해서 등장한 인간의 조상들은 짐승과 달리 두 발로 걸어 다닌다고 해서 호모 이렉투스(Homo Erectus : 직립인)라고 불렸고, 도구를 만드는 인간이라고 해서 호모 하빌리스(Homo Habilis : 솜씨 있는 인간)로 불리기도 했다. 그리고 뇌의 용량이 다른 동물들보다 월등히 크고 지능이 뛰어나다고 해서 호모 사피엔스(Homo Sapience : 지혜인)라고도 불리었다. 비슷한 맥락에서 경제학에서 가정하는 인간형을 호모 에코노미쿠스(Homo Economicus : **경제인**)라고 한다. 호모 에코노미쿠스란 현실적으로 존재하는 인간이라기보다는 경제학에서 인간 행동을 보다 단순하게 설명하기 위해서 사람의 다양한 측면을 대폭 단순화하여 만든 인공적인 인간형이라고 보면 된다. 그렇다고 해서 이런 인간형이 현실과 동떨어진 것은 아니다.

인간은 이기적인가 이타적인가?

호모 에코노미쿠스는 '자기 이익을 추구하는 합리적인 인간'이라는 뜻이다. 즉 경제인은 이기성과 합리성이라는 두 가지 특성을 지닌다. 먼저 이기적인 존재라는 면을 보기로 하자. 사람은 이기적인 존재인가, 이타적인 존재인가? 예수, 석가, 공자를 비롯한 성인과 여타 현인들은 매우 이타적인 사람들이었다. 반면에 정말 극악무도하다고 말할 수밖에 없는 범죄자들도 있었다. 그래서 동서고금을 막론하고 인간 본성이 선한가, 악한가에 대한 치열한 논쟁이 있었다. 동양에서는 맹자의 성선설과 순자의 성악설이 대립하였고, 서양에서는 계몽주의 사상가인 루소와 공산주의의 창시자인 마르크스 등은 인간의 본성이 매우 공동체적이고 이타적이라고 보았던 반면, 정치철학자인 홉스, 심리학자인 프로이드 등은 인간의 본성이 매우 이기적이라고 보았다.

그런데 경제학에서는 아담 스미스가, 인간의 지배적인 동기는 이기심이지만 타인의 입장에서 생각해보는 역지사지(易地思之)의 능력이 있기 때문에 남을 해치는 행동은 조심한다고 하였다. 이렇게 남을 해치지 않는 한계 내에서의 이기심을 '계몽된 이기심'이라고 한다. 그는 이런 이기심이 경제활동을 열심히 하고자 하는 강력한 동기라고 보았다.

그의 사상을 이어받은 고전학파와 신고전학파 경제학자들은 인간은 '자신의 행복을 추구하는 이기적인 존재'라고 가정하였다. 소수의 성인과 현인을 제외한 보통 인간에게는 국가와 이웃을 위해 어느 정도 자신을 희생할 수 있는 부분적인 이타성도 있지만, 이기적인 면이 더 많으므로 이기적 존재라고 단순화하는 것은 현실과 상당히 부합한다고 볼 수 있다. 인간이 이타적이라기보다 이기적이라는 주장은, 일의 성과에 대한 보상이 주어질 때 더 열심히 노력하는 모습에서 상당한 정도로 입증된다고 하겠다. 반면에 마르크스주의는 인간이 이기적으로 된 것은 사유재산제 때문이며, 그것이 사라지면 인간의 이기성도 사라진다고 주장하였다. 그러나 사회주의 사회에서도 인간은 여전히 이기적이어서 보상이 평등하게 주어질 경우에 어떻게든 일을 회피하려는 경향이 두드러지게 나타났다. 이런 점에서 마르크스보다 스미스가 인간의 본성을 더 정확하게 파악하였다고 볼 수 있다.

인간은 합리적인가 비합리적인가?

다음으로 인간은 합리적일까, 비합리적일까? 합리성이란 말의 의미는 매우 다양하다. "이 사람은 합리적이다."라는 말은 "논리적 일관성이 있다.", "건전한 판단력이 있다.", "충동적이지 않다." 등등의 다양한 뜻을 지닌다. 경제학에서 말하는 합리성은 이와 달리 '주어진 목적을 최소의 비용으로 달성한다'는 의미에서의 합리성을 말한다. 즉 **경제적 합리성**은 '최소의 비용으로 최대의 효과를 얻는다'는 의미의 **도구적 합리성** 개념이다.

사람은 때때로 본능이나 감정에 사로잡혀 충동적으로 되거나 알코올이나 마약 등에 의해 판단력이 마비될 경우도 있지만, 보통의 경우에는 합리적 계산을 통해서 주어진 목적을 최소의 비용으로 달성하거나 일정한 비용으로 최대의 효과를 얻고자 한다. 돈 10,000원을 쓰더라도 거기서 최대한의 만족을 얻고자 하며, 일정한 생산요소 투입에서 최대의 생산량을 얻고자 하는 것이다. 그러므로 경제학에서 인간을 합리적이라고 가정한다고 해서 그것이 비현실적이라고 보기는 어렵고 오히려 현실에 상당히 가깝다고 볼 수 있다.

그런데 이런 합리적 계산을 하는 데 방해 요인이 있다. 그것은 시장정보의 불확실성이며, 이로 인해 어떤 경제 행위로부터 발생하는 편익(이익)이나 비용을 정확하게 계산할 수 없게 된다. 이런 경우에는 합리적 판단이 불가능할 수도 있는 것이다. 그렇지만 경제학이 말하는 호모 에코노미쿠스는 복잡한 인간 본성을 매우 단순하면서도 적절하게 반영하는 가정이라고 볼 수 있다. 이런 가정으로부터 도출된 경제이론이 현실에서 그대로 적용되는 것은 아니라고 해도 근사적으로 적용된다고 볼 수 있다.

일단 이런 방식으로 경제현상의 본질을 파악한 다음에, 무시해버린 인간의 비합리적인 면과 이타적인 면을 도입하여 경제이론을 조금씩 수정할 수도 있다. 그래서 심리학자로서 노벨경제학상을 받은 허버트 사이먼(Herbert Simon)은 합리성의 가정을 조금 수정하여, 인간은 철저히 합리적인 존재는 아니며, 정보도 불완전하므로 '**제한적 합리성**'(bounded rationality) 모델이 더 타당하다고 주장하였다.

여기서 다시 강조해 둘 점은, 호모 에코노미쿠스는 인간의 경제행동의 핵심을 보다 단순하게 이해하기 위해서 도입한 가정이라는 점이다. 경제학자들도 인간에게 이타성이 어느 정도 있다는 점을 인정하고, 도덕적으로는 이기성을 극복하려는 노력이 필요하다는 점도 인정한다. 경제학이 피도 눈물도 없는 그런 학문이라고 오해하지 않기 바란다. 최근에 등장하고 있는 행태 경제학(behavioral economics)은 인간행동 가운데 비이기적이고 비합리적인 측면이 상당히 존재한다는 점을 밝히고 있다.★4

경제이론은 위에서 말한 인간의 본성뿐 아니라 경제 현실에 대해서도 매우 단순화하는 가정을 도입하여 도출된 이론이므로 현실과 같지는 않지만 현실의 본질을 드러내준다. 경제학에는 재화가 수없이 많지만 2재화를 가정하고, 많은 나라가 있지만 2국을 가정하는 경우가 많다. 그리고 여러 가지 요인이 동시에 변화하지만 그러면 복잡하므로 한 요인만 변화하고 '다른 요인은 일정하다'는 가정(other things being equal, ceteris paribus)을 자주 한다. 이것은 복잡한 현실을 단순화하여 본질적인 핵심을 이해하기 위함이다.

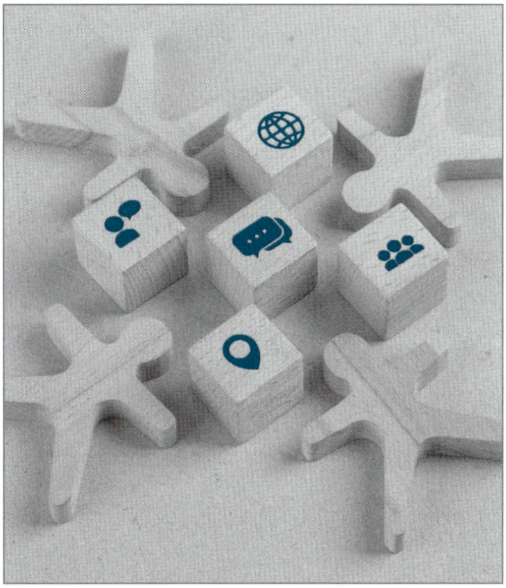

이것은 마치 지도가 현실과 같지 않지만 한 지역의 지리적 특성을 잘 보여주기 때문에 우리 생활에 매우 요긴한 것과 마찬가지이며, 모형 비행기가 실제 비행기와 같지 않지만 비행기의 특성을 잘 나타내는 것과 마찬가지이다. 그러므로 경제이론을 이해하는 것은 경제생활에 관련된 지도를 얻는 것과 같다.

★4 이준구, 『36. 5℃ 인간의 경제학』, 랜덤하우스, 2009 참조.

5 경제학은 어떻게 분류되나?

미시경제학과 거시경제학

경제학은 우선 미시경제학(microeconomics)과 거시경제학(macroeconomics)으로 나뉜다. '미시'(微視)란 작게 본다는 뜻이다. 그렇다고 해서 눈을 가늘게 뜨고 보라는 것은 아니다. 이 접근 방식은 전체는 부분의 합이라는 전제하에 부분을 모두 이해하면 전체도 알 수 있다고 본다. 그래서 이런 방법을 '방법론적 개인주의'라고 한다. 경제 전체를 숲에 비유하면 미시경제학은 숲을 이해하기 위해서 숲속에 있는 대표적인 나무를 가려내어 그것을 이해함으로써 숲 전체를 파악하려고 하는 탐구 방식이다. 경제라는 숲에는 가계와 기업이라는 두 종류의 나무가 있으므로 대표적인 가계와 기업을 대상으로 행동 원리를 파악하고, 이들이 수요자와 공급자로서 시장에서 만나 재화 가격과 거래량을 어떻게 결정하는가를 설명하려는 분야가 미시경제학인 것이다. 예를 들면 요즘 석유 가격이 왜 오르는가, 농산물 가격은 왜 변동이 심한가, 강남의 부동산 가격은 왜 다른 곳보다 빠르게 상승하는가 등의 문제를 설명하고 예측하려는 분야가 바로 미시경제학이다.

이렇게 좁게 관찰하는 미시경제학과는 달리 거시경제학은 '크게 보는' 분야이다. 즉 경제라는 숲을 한꺼번에 파악하기 위해서 숲속으로 들어가는 대신 언덕 위에 올라가서, 혹은 헬리콥터를 타고 숲 전체를 바라보는 방법을 택한다. 그러면 숲이 어떻게 변화하는지, 병들었는지 아니면 건강한지, 다른 숲과의 차이는 뭔지를 알 수 있게 된다.

따라서 개별 재화와 서비스의 생산량 대신 모든 재화와 서비스 생산량의 합계인 GDP(국내총생산), 그리고 개별 재화의 가격 대신 모든 재화와 서비스의 평균적인 가격 수준을 나타내는 물가, GDP의 증가율인 경제성장률, 경제 전체의 실업자의 비율인 실업률, 다른 나라와의 모든 거래 결과를 나타내는 국제수지 등 경제 전체의 움직임을 보여주는 **거시경제변수**를 설명하는 분야가 바로 거시경제학이다. 이런 거시경제

변수의 움직임을 보면 한 나라의 경제적 성과가 좋은지 나쁜지를 판단할 수 있다. 경제를 안정시키고 성장시키기 위해서 필요한 정책을 제시하는 것도 거시경제학의 중요한 분야이다.

실증경제학과 규범경제학

경제학은 또한 실증경제학(positive economics)과 규범경제학(normative economics)으로 구별된다. **실증경제학**은 옳고 그름, 선과 악 등의 가치판단 없이 경제현상을 있는 그대로 관찰하고 원인과 결과를 분석하는 경제학의 분야를 말한다. 세계 경기가 회복되면 석유 가격이 오른다는 주장은 바로 실증경제학의 분야이다. 경제학자들은 경제 현실을 있는 그대로 관찰하고 그 원인을 밝히는 데 몰두한다. 케인스(J. M. Keynes)는 1929년 미국에서 발생하여 세계에 파급된 세계대공황의 원인을 밝혔다. 그리고 프리드만(M. Friedman)은 1970년대 이후 미국의 인플레이션의 원인을 밝혔다. 경제학자들은 실증경제학을 연구함에 있어서 될 수 있는 한 가치판단과 선입견 없이 객관적으로 분석하려고 노력한다. 그렇지만 경제학자라고 해서 경제현상을 완전히 객관적으로 볼 수 있을까? 자신이 가진 선입견이나 가치관의 영향을 완전히 차단하는 것은 현실적으로 불가능할지 모른다.

이와 달리 **규범경제학**은 어떤 경제상태가 더 좋고 어떤 경제상태가 더 나쁜지, 혹은 바람직하거나 그렇지 않은지를 판단하며, 그런 상태가 되기 위해서 어떤 조건이 필요한지를 다루는 분야가 바로 규범경제학이다. 예를 들어서 실업을 줄여야 한다는 주장에는 실업은 나쁘다는 가치판단이 들어 있다. 독점기업은 규제되어야 한다는 주장이나 소득불평등을 줄여야 한다는 주장에도 역시 가치판단이 들어 있다. 이처럼 가치판단을 포함하는 경제 분석을 규범경제학이라고 한다.

경제학에서 원래 사용된 가치판단의 기준은 공리주의 철학자 벤담이 말한 '최대다수의 최대 행복'이었다. 즉 사회 전체의 총행복이 극대화되는 상태가 가장 좋은 상태로 간주되었다. 그런데 **사회총행복(사회후생)**은 수량적으로 측정하기가 불가능하고, A라는 사람의 행복의 증가가 B라는 사람의 행복 감소보다 큰지 작은지 비교하기도 곤란하다. 그래서 새로운 가치판단의 기준인 '**파레토 최적**'(Pareto optimum)이라는 기준이 제시되었다. 파레토 최적은 행복의 측정이 불필요하도록 단순화하여, 한 사람의 행복도 줄지 않고서 다른 사람들의 행복이 증가하여 더 이상 구성원들의 행복이 동시에 증가할 수 없는 상태, 즉 한 사람의 행복이 증가하기 위해서는 반드시 다른 사람의 행복이 감소해야 하는 상태를 가장 효율적인 상태로 평가한다. **효율성**은 원래 사회후생이 극대화된 상태를 말했으나, 나중에는 파레토 최적 상태를 가리키게 되었다. 효율성은 행복의 총합만을 중요시하고, 그것이 구성원들 사이에 어떻게 분배되는 것이 바람직한지를 말해주지 않는다. 그러므로 **분배의 형평성(공평성)** 기준이 필요하다.

경제학은 그동안 대부분의 경우에 효율성만을 가치판단의 기준으로 삼았으나 최근에 와서 사회후생함수론과 철학에서 논의되는 분배적 정의론을 도입하여 형평성의 기준으로 삼고 있다. 영향력이 있는 분배적 정의의 기준에는 존 롤즈(John Rawls)가 말한 **최소극대화 원리**(maximin principle)가 있다. 이것은 사회의 가장 열악한 위치에 있는 사람들의 처지가 가장 개선된 상태를 최선의 상태로 판단하는 기준으로서 소득재분배를 정당화하는 형평성의 원리이다. 그 이외에 노직(Robert Nozick)이 말한 **소유권리론**(eritit lement theory)이 있는데, 이것은 분배의 과정이 정의로우면 어떤 결과라도 정의롭다는 주장으로서 시장에서 결정되는 소득분배가 공정하다는 주장이다. 이것에 대해서는 재분배정책을 다룰 때 더 언급하기로 한다.

6 돈으로 행복을 살 수 있을까?

사람이 돈을 벌고 열심히 경제활동을 하는 최종적 목적은 무엇인가? 그것은 행복이다. 돈이 아무리 많아도 그것이 행복을 주지 않는다면 별로 의미가 없다. 경제학은 벤담(Jeremy Bentham)의 **공리주의**를 받아들여서 행복(혹은 만족, 효용)을 최고의 가치로 인정한다. 그래서 모든 개별 주체의 행위나 사회 제도를 그것이 초래하는 사회적 총행복의 크기에 따라 좋거나 나쁘다고 평가한다.

경제학에서 개인의 행복(만족)은 재화와 서비스의 소비량에 의해 결정된다. 보통 소득이 증가하면 소비도 증가하므로 소득의 증가는 행복의 증가를 초래할 가능성이 높다. 재산이 많아지면 역시 소비가 증가하는 경우가 많으므로 행복도 증가할 것이다. 그러나 재산이나 소득이 많아져도 그것에 비해서 소비는 별로 증가하지 않는 경우도 있다. 근검절약하여 일평생 재산을 모았다가 자식들이나 사회에 남겨주는 사람들도 있다. 이런 사람들은 재산이 증가하는 데서 오는 안도감, 자신감, 성취감 등에서 행복을 얻거나, 자녀나 다른 사람들에게 주는 데서 행복을 얻을 것이다.

그렇다면 부자는 가난한 사람보다 얼마나 더 행복할까? 미국의 일론 머스크나 마크 저크버그, 한국의 재벌 총수와 같은 부호의 가족들은 최고의 행복을 누리고 있을까? 반면에 가난한 사람들은 정말 불행할까?

행복의 러닝머신

돈이 많으면 행복이 얼마나 증가하는지에 대해서 심리학자들과 경제학자들이 많은 연구를 하였다. 먼저 어떤 개인의 소득이 증가하는 경우를 보자. 하버드 대학의 심리학 교수인 댄 길버트(Dan Gilbert)에 따르면, 연봉이 20,000달러 이하에서 50,000달러 이상으로 오르면 행복할 가능성이 두 배가 되지만, 90,000달러를 초과하면 소득의 증가가 행복에 미치는 영향이 미미하다고 한다. 왜 그럴까? 빈곤에서 벗어나는 것은 행복에 큰 영향을 주지만, 일단 중산층에 도달한 이후에 사람에게는 매우 빠른 적응력이 있어서 소득의 증가가 단기간 동안에는 행복을 증가시키나, 얼마 안 가서 증가된 소득수준이 새로운 평상 상태가 되어 행복은 이전과 동일해진다는 것이다. 이것을 경제학자들은 **행복의 러닝머신**(hedonic treadmill)이라고 한다. 러닝머신이 처음에는 움직이기 시작하나 곧 아무리 달려도 결국은 세자리걸음인 것처럼 소득의 증가가 처음에는 행복을 증가시키는 듯하나 결국에는 제자리로 돌아온다는 것이다.[★5]

★5 Futrelle, David(2006), "Can Money Buy Happiness", *Money Magazine*, July 18.

그렇다면 중산층 이상에게는 부의 증가가 행복에 거의 영향을 미치지 않는 것일까? 위에서 말한 행복의 러닝머신 때문에 중산층 이상에게는 부의 증가 자체는 행복에 별 영향을 못 주나 타인과 비교해서 상대적으로 우위임이 확인될 때 행복감을 느낀다고 한다. 2004년에 연소득이 75,000달러 이상인 미국인은 25,000달러 이하인 미국인에 비해 '매우 행복하다'고 대답하는 사람의 비율이 두 배 이상이었고, 1990년대 중반에 미국인들 가운데 행복지수는 고소득층이 가장 높았고, 그다음이 중간소득층, 저소득층 순이었다. 사람들은 돈의 절대 금액보다는 다른 사람과 비교한 상대적 금액에 더 민감하다고 한다. 미국 하버드 대학의 교수, 직원, 학생들을 대상으로 한 연구에서 다른 사람들은 연간 25,000달러를 버는데, 당신은 50,000달러를 버는 경우와 다른 사람들은 200,000달러를 버는데, 당신은 100,000달러를 버는 두 경우 가운데 어느 것을 선택하겠느냐는 질문에 56%가 절대 금액은 적더라도 다른 사람들보다 소득이 많은 전자를 선택하였다. 후자를 택하면 50,000달러를 더 벌 수 있음에도 불구하고, 다른 사람에 비해서 절반밖에 안 되는 것을 참을 수 없다는 것이었다. 이처럼 사람은 다른 사람들과의 비교의식에 젖어 있다.

사람들은 자신이 다른 사람들보다 더 우월한 사람, 더 성공한 사람임을 보여주기 위해서 자신에게 별로 필요 없는 큰 자동차, 큰 집, 많은 재산을 끊임없이 추구하는 경향이 매우 강하다. 부호들이 계속적으로 돈을 버는 이유는 돈 그 자체보다 사업의 성공과 그로 인한 성취감, 그리고 성공의 과시인 것으로 보인다. 그들이 성취감을 추구하는 것 자체가 잘못일 수는 없을 것이다. 그런데 어느 정도 여유 있는 중산층도 고소득층에 비교한 상대적인 박탈감으로 인해 스스로 고통을 당하는 경우가 대단히 많다. 우리는 행복의 러닝머신으로 인해 실제로는 우리에게 별로 행복을 주지 못하는 부를 비교의식 때문에 끊임없이 추구하는 경우가 적지 않을 것이다.

복권 당첨은 정말 행운일까?

대부분의 사람이 속으로 가장 원하는 것이 돈벼락 맞는 것, 로또 1등 당첨이 아닐까 싶다. 그런데 '행복의 러닝머신'은 **복권** 당첨자들에게도 해당될까? 2000년 7월에

6,500만 달러의 복권에 당첨된 미국 켄터키주의 맥 카프(Mack Metcalf)라는 사람의 예를 보면, 그는 당첨되기 전에 매일 12시간씩 야간조 근로자로 일하고 있었는데, 어느 날 엄청난 금액의 복권에 당첨되었다. 그는 곧 일을 그만두고, 켄터키에 대저택을 사서 이사하였으며, 거기서 비싼 자동차와 애완동물 수집으로 소일하면서 알코올에 탐닉하였는데, 결국 간경화와 간염으로 복권 당첨 후 3년 만에 사망하고 말았다.

그보다 더 많은 금액을 받은 잭 화이태커(Jack Whittacker)는 2002년에 복권에 당첨되었고 세금을 제한 일시금으로 1억 1,400만 달러를 받았다. 이 사실을 알게 된 많은 사람들이 자선을 요청하였고, 그는 관대하게도 5,000만 달러 이상을 기부하였다. 그는 또한 각종 소송에 휘말려 많은 돈을 날렸고 폭음을 하게 되었으며, 고독한 삶을 살았다. 그는 17세였던 손녀에게 많은 돈을 주었는데, 그 결과 그녀는 곧 마약에 빠졌고 끝내 변사체로 발견되고 말았다. 그는 빈털터리가 되었고 복권 당첨을 한탄하였다고 한다. 수백만 달러 이상의 복권에 당첨된 사람들의 1/3 이상이 수년 내에 파산하였다는 것이다. 이처럼 자신의 노력 없이 갑자기 부를 이룬 사람들에게 그 돈은 불행의 씨앗이 되는 경우가 많았다.

선진국 국민들이 더 행복한가?

한 나라 전체의 소득이 증가하면 그 나라 국민들은 더 행복해질까? 1972년에 미국인의 30%가 매우 행복하다고 했는데(당시의 1인당 소득은 현재 달러 가치로 25,000달러), 1인당 소득이 38,000달러에 달한 2004년에는 31%의 미국인이 매우 행복하다고 하였다. 실질소득은 50% 이상 증가했지만 행복하다는 사람의 비율은 변화가 없었다. 일본의 경우에도 1958년과 1991년 사이에 소득이 크게 증가하였으나 행복지수(4점 만점에 2.7)는 똑같았다.

빈국과 부국 가운데 어느 나라 국민들이 더 행복할까? 가장 덜 행복한 나라는 아프리카의 최빈국들로 나타났다. 이 지역 국가들의 국민들은 기초생활이 불가능할 정도로 가난하다. 그런데 이런 절대빈곤이 해결된 중소득국 및 고소득 국가들 사이에는 소득수준과 행복 사이에 별로 상관관계가 나타나지 않는다. 예를 들어 2004년에 멕시코 국민의 63%가 행복하다고 한 반면, 그보다 소득수준이 훨씬 높은 프랑스 국민의 35%만이 행복하다고 하였다. 이것은 돈 이외의 다른 요인이 행복에 큰 영향을 주는 것을 보여준다.[★6]

위의 사실들을 종합해보면, 돈은 가난에서 벗어나게 해 주는 점에서 매우 중요하다. 이런 점에서 돈의 가치를 무시해서는 안 될 것이다. 그러나 일단 중산층 수준에 도달하면 돈이 행복을 가져다주는 정도는 점점 줄어들고 다른 요인들, 즉 가족, 보람 있는 일, 삶의 의미, 친구, 선행, 좋은 추억 등이 더 중요해진다고 한다. 그러므로 돈의 중요성을 인정하되 그것을 행복의 유일한 요소로 보는 **물질지상주의**로부터 벗어날 필요가 있으며, 다른 중요한 가치도 아울러 추구해야 할 것이다. 다른 사람들과 비교하지 않거나 비교하더라도 자신보다 처지가 어려운 사람들과 비교한다면 빈곤을 벗어나기만 해도 비교적 행복한 삶을 살 가능성이 매우 높아진다. 비교의식에 사로잡히면 아무리 부가 증가해도 항상 자신보다 더 나은 위치에 있는 사람들이 있으므로 결코 행복에 도달할 수 없다. 우리 자신은 이미 많은 것을 가지고 있으면서도 비교의식, 시기심, 열등감 때문에 행복을 누리지 못하고 끝없이 부와 성공에 목말라 하는 경향이 강하다. '진인사 대천명'이란 말처럼 경제활동에 있어서도 최선을 다하여 생산 활동에 참여하고 합리적으로 부를 추구하되 결과는 하늘에 맡기며, 자신의 분수에 만족하는 것이 행복에 가까이 가는 길로 보인다.

행복의 크기를 아래와 같은 공식으로 나타낼 수 있다.

$$\text{행복} = \frac{\text{부}}{\text{욕망}}$$

위의 식에서 행복한 삶을 살려면 부를 증가시키려는 노력과 함께 욕망을 통제하려는 노력이 아울러 필요함을 알 수 있다. 부가 증가하면 욕망도 비례적으로 증가하는 경향이 있으므로 이것을 조심할 필요가 있다는 것이다. 때로는 부의 증가 속도보다 욕망이나 기대가 더 빨리 증가하여 행복이 감소하는 경우도 있다. 이와 관련하여 자녀 교육에서 중요한 한 가지는, 자녀들이 무엇을 요구할 때 즉각 들어주지 말고, 욕망을 참는 훈련을 시키는 것이 필요하다는 점이다. 욕망을 참을 줄 아는 아이가 미래를 위해서 노력하고 저축할 줄 알며, 이런 아이가 성공적인 삶을 살 가능성이 그렇지 않는 아이보다 훨씬 높다는 사실이 밝혀졌다. 그리고 용돈도 한꺼번에 많이 올려주면 기대가 빨리 커져서 행복은 거의 증가하지 않는다.

★6 Brooks, Arthur C. (2008). "Can Money Buy Happiness?" *The American, A Magazine of Ideas, May/June*, 참조.

Chapter

02

경제의 제도적 장치 : 자본주의 이해하기

1 경제제도의 필요성

경제체제의 선택 문제는 현재의 재산을 그대로 가지게 될지 몰수당할지의 문제이며, 때로는 목숨이 왔다 갔다 하는 심각한 문제이다. 남한이 북한에 의해 통일된다면 남한의 개인 재산은 몰수당할 것이고, 북한이 남한에 의해 통일된다면 북한의 공유 재산은 개인에게 사유화될 것이다. 이것은 엄청난 이해가 걸린 문제이다.

외딴 섬에 혼자 살았던 로빈슨 크루소라면 경제제도(경제체제)가 필요 없었을 것이다. 자기가 원하는 대로 생산하고 소비하면 그만이다. 그러나 우리의 경제생활은 그것과 다르다. 우리는 이해(利害)를 달리하는 많은 사람들과 공존하며, 그러면서도 서로 긴밀한 관계를 가지면서 생산하고, 생산물을 나누며, 소비해 나간다. 따라서 생산과 분배, 소비에 관한 경제적 결정권을 누구에게 부여할 것인지, 그리고 구성원의 경제행위를 어떤 방식으로 서로 조정할 것인지에 대한 사회적 합의가 있어야 하는데, 이 합의가 바로 경제체제이다. 경제체제의 핵심적인 내용은 재산권을 누구에게 줄 것인가 하는 것과 개별 주체의 경제행위들을 서로 조정하는 방법에 관한 것이다.

우리는 자본주의 사회에서 살고 있고 수십 년 동안 사회주의 북한과 대치하며 살아왔다. 그러므로 자본주의 체제의 특성이 무엇인지, 그 사회의 규칙은 무엇인지 잘 이해하고 살아가는 것이 바람직하다.

재산권제도 : 사유재산제와 공유제 간의 선택

가상적으로 로빈슨 크루소가 살았던 섬에 주민이 1,000명으로 늘고, 면적은 100만 평인 조그만 나라가 있다고 하자. 이 나라 국민은 쌀과 배추만 생산하고, 생산요소는 토지와 노동뿐이라고 하자. 이 나라가 이제 새로운 나라로 건국되어 경제체제를 선택해야 할 단계에 이르렀다. 먼저 결정해야 할 것은 토지 소유권을 누구에게 줄 것인가의 문제이다. 첫째로는 1인당 1,000평씩 공평하게 나누어주는 방법이 있다. 둘째로는 100만 평을 집단적으로 소유하는 국유제 혹은 공유제를 선택할 수 있다.

첫 번째 방법이 바로 **사유재산제**의 한 형태이다. 사유재산제는 재산에 관한 일체의 권리를 개인에게 주는 제도이다. 재산권을 가진 사람은 그 땅을 자기가 원하는 방식으로 사용할 권리, 즉 **사용권**을 가진다. 그 땅에 벼를 재배하든, 배추를 심든, 농구장으로 쓰든, 그것은 그의 권리이다. **재산권**을 가진 사람은 그 땅에서 나오는 수익을 차지할 권리, 즉 **수익권**을 가진다. 때로는 그 땅을 직접 경작하지 않고 남에게 빌려주어 지대를 받아도 된다. 그리고 그는 그 땅을 이웃에게 팔든지 가난한 자에게 주든지 마음대로 처분할 수 있는 권리도 가진다. 요컨대 재산권은 사용권, 수익권, **처분권** 등 일체의 권리를 포함한다. 이런 재산권을 개인에게 부여하는 사유재산제는 경제권력을 구성원 전체에게 나누어주므로 분권적인 체제이다. 따라서 국가의 권력은 상대적으로 약화된다. 이런 사유재산제를 기본으로 한 경제체제를 **자본주의 체제**(capitalism)라고 한다.

두 번째 방법인 국유제 혹은 공유제를 살펴보자. 100만 평의 토지를 1,000명이 집단적으로 소유하고 있으므로 결국 재산권은 국가가 행사한다. 국가가 토지의 사용권, 수익권, 처분권을 가지며 개인은 국가가 정한 용도에 따라 토지를 사용하고 그 생산물을 모두 국가에 환원하면 국가가 생산물을 일정한 규칙에 따라 국민에게 분배한다. 이 제도는 경제권력을 중앙집권화하는 제도이며, 국가의 권력은 엄청나게 비대해지고, 개인은 국가에 비해서 아주 무력해진다. 재산의 공유제를 기초로 한 경제체제를 **사회주의 체제**(socialism)라고 한다.

사유재산권은 개인에게 자유롭게 생산하고, 거래하고, 소비할 수 있는 권리를 주므로 개인의 자유를 크게 신장시키는 제도이다. 반면에 공유제는 개인의 선택권, 개인의 자유를 제약하므로, 개인은 국가가 정한 방식을 벗어날 수 없는 것이다. 이 체제에서 모든 일상생활이 정도의 차이는 있지만, 상명하복의 군대생활과 비슷한 면이 많다.

재산권제도의 결정 과정

재산권제도가 위의 예처럼 순탄하게 결정되는 경우도 있지만, 이를 둘러싼 치열한 싸움 끝에 승자가 힘에 의해 결정하거나 계급간의 타협에 의해 결정되는 경우도 있었다. 재산권이란 부와 의사결정권, 수익권 등을 내포하므로 엄청난 이해관계의 대상이었고, 이를 둘러싼 갈등도 치열하여 폭력적 투쟁을 수반하는 경우도 있었다.

봉건시대까지는 무력에 의해 정치권력을 잡은 왕이 귀족과 영주들의 공적이나 충성도에 따라 그들에게 토지를 하사하였다. 토지를 받은 귀족이나 영주들은 자신의 토지를 농노들의 노동으로 경작을 하거나, 지대를 받고 토지를 그들에게 빌려주기도 하여 많은 수입으로 호화로운 생활을 할 수 있었으나, 농노들은 토지를 소유하지 못하였으므로 자신의 노동으로 겨우 생존을 유지하였다.

그러나 근세에 자본가들이 등장하여 시민혁명을 통해 봉건질서를 뒤엎고, 신분제를 폐지하여 법 앞에서의 평등과 사유재산제, 그리고 자유로운 이윤추구권 등을 확립하였다. 이러한 제도에 기반을 둔 경제체제가 자본주의 체제이다.

그런데 자본주의 사회에 지나친 불평등과 빈곤이 발생하였고, 이 문제를 해결하겠다는 의도로 1917년 러시아에서 최초로 사회주의 혁명이 일어나 사유재산제를 폐지하고 모든 재산을 국유화하는 사회주의 체제가 등장하였다. 이 혁명 과정에서 반볼쉐비키군과 공산 혁명군 사이에 3년 동안이나 치열한 내전을 치러서 수많은 인명이 희생되었다. 이 과정이 영화 '닥터 지바고'에 잘 나타나 있다. 사회주의 체제는 2차대전 직후 광대한 소련의 점령지역에 파급되었다. 그리고 중국, 베트남, 쿠바에서는 자생적인 혁명에 의해서 사회주의 체제가 성립되어 한때 세계의 거의 절반이 사회주의 체제하에 있었다.

그러던 중 1990년대 초에 구소련과 동유럽 국가들에서 국유재산이 사유재산으로 전환되는 역사적 대사건이 발생하였다. 즉 이 나라들이 사회주의를 포기하고 자본주의로 전환한 것이다. 폭력적 사회주의 혁명 70년 만에 일종의 자본주의 혁명이 일어났다. 이 혁명은 위로부터의 혁명이었으므로 70년 전보다 훨씬 덜 폭력적이었다.

자원배분의 방식 : 시장이냐 정부계획이냐

로빈슨 크루소는 필요한 만큼 생산하여 소비하였으므로 생산량과 소비량은 거의 일치하였다. 그런데 고도로 발전된 분업사회에서는 각자가 우위에 있는 재화 하나만 생산하고 나머지는 그것과 교환하여 획득한다. 그러므로 수많은 사람이 많은 종류의 재화와 서비스를 생산하는데, 그것들이 종류마다 생산량과 소비량이 일치하도록 어떻게 조정할 것인가가 커다란 문제가 된다.

처음의 예로 돌아가서 사유재산제를 채택하여 1인당 1,000평의 땅을 분배받았다면, 각자는 이제 그 땅에 자신의 노동을 투입하여 자기가 원하는 대로 쌀과 배추를 생산할 것이다. 자급자족 경제라면 각자가 필요한 만큼 생산하면 된다. 그러나 분업사회에서는 각자가 다른 사람보다 더 잘 생산하는 것을 생산하게 된다. 자본주의 사회에서는 생산과 소비를 각자가 자유롭게 결정한다. 그러므로 그대로 두면 경제 전체적으로 생산량과 소비량이 일치할 수가 없다. 그런데 시장에서 자유로운 거래가 이루어지도록 하면 가격이 신호등 역할을 하여 수요량과 공급량이 저절로 일치하는 신기한 현상이 나타난다. 이렇게 하여 시장이 생산량과 소비량을 조절해 나가는 방식을 시장경제라고 한다. 시장 때문에 각자가 알아서 생산하고 소비해도 조화와 질서가 유지되므로 시장경제는 개인에게 광범한 자유를 부여한다.

반면에 공유제를 채택한다면 정부가 쌀과 배추가 얼마나 필요한지를 예측하고 그것에 맞게 토지와 노동력을 배분한다. 인구가 적고 재화도 두 종류뿐이라면 이 계산은 간단하지만, 인구가 엄청나게 많고 재화와 서비스의 종류도 많아지면 아무리 똑똑한 슈퍼컴퓨터라고 해도 생산량과 소비량, 그리고 필요한 투입물을 일일이 정확하게 예측하고 계획한다는 것은 거의 불가능하다.

분권적인 자본주의 체제는 시장경제를 채택하는 경우가 대부분이고, 중앙집권적인 사회주의 체제는 계획경제를 채택하는 경우가 많다. 그러나 오늘날 순수한 자본주의나 순수한 사회주의는 거의 존재하지 않는다. 자본주의이면서 사회주의적 요소를 가미하고, 사회주의이면서 자본주의적 요소를 가미한 **혼합경제**(mixed economy)가 다양한 형태로 등장하였다. 북유럽 국가들은 자본주의이면서 사회주의적 요소를 많이 받아들였다. 반면에 중국은 사회주의이면서 자본주의적 요소를 많이 받아들여 '**사회주의 시장경제**'라고 불린다.

구소련과 동유럽 국가들이 사회주의 체제에서 자본주의 체제로 이행했는데, 이행 과정에서 반드시 겪어야 할 것이 바로 국유기업의 사유화와 정부에 의해 통제되던 가격의 자유화이다. 이 과정에서 물가가 폭등하고 GDP가 크게 감소하는 등 많은 혼란이 있었지만, 이제는 거의 안정되었다.

남한과 북한의 체제 경쟁

봉건적 질서 하에 있던 우리나라에 자본주의가 처음 도입된 것은 일제 식민통치에 의해서였다. 2차대전 종전 후 남한은 자본주의 국가인 미국에게 점령되었고, 북한은 사회주의 국가인 소련에 점령되었다. 1948년 남한 정부 수립 시에 대한민국 헌법은 한국의 경제제도를 자본주의로 규정하였으며, 현재 우리나라의 헌법에도 "모든 국민의 재산권은 보장된다"(헌법 제23조)고 규정되어 있고, "개인과 기업의 경제상의 자유와 창의를 존중함을 기본으로 한다"(헌법 제119조)고 정해져 있다. 그러나 꼭 필요한 경우에 사유재산권과 경제적 자유에 대해 법률의 한계 내에서 제한을 가할 수 있다는 단서도 있다. 이와 같이 한국 국민들은 봉건 세력을 제거하는 시민혁명이라는 험난한 과정을 겪지 않고 외부의 힘에 의해 자본주의 체제에서 살게 되었다.

1960년대 초 박정희 정부가 들어서면서 정부가 경제운영에 깊숙이 개입하는 정부주도적인 공업화정책을 추진하였다. 그 후 한국경제는 몇 차례 위기가 있었지만 유례없는 고도성장을 이루었다. 1997년 외환위기를 계기로 하여 우리에게 외화를 빌려준 IMF(국제통화기금)의 요구에 따라 정부개입을 대폭 후퇴시키고 시장중심으로 제도를 바꾸었다.

반면에 북한은 점령국인 소련의 스탈린 체제를 본받아 사회주의 체제를 수립하였다. 북한 헌법은 "생산수단은 국가와 사회협동단체가 소유한다."고 하여 공유제를 분명히 하고 있다. 자본주의 남한과 사회주의 북한의 체제 경쟁은 때로는 전쟁으로, 때로는 경제성장 경쟁으로 나타났다. 초기에는 북한이 경제력에서 남한보다 더 우월하였다. 그 원인은 북한에 일제 때 건설된 공업시설의 대부분이 남아 있었고, 사회주의적인 노동력의 강제동원이 단기에는 효력이 있었기 때문이다. 그러나 1980년대 이후에는 남한이 급속도로 추월하여 이제는 비교할 수 없을 정도의 격차가 생겼다.

북한경제에 대한 정확한 통계는 입수할 수 없지만, 한국은행 자료에 따르면 2023년 기준 북한의 GNI(국민총소득)는 313억 달러로서 남한의 1/60 정도이고, 북한의 1인당 GNI는 1,217달러 정도로서 남한의 1/30에도 미치지 못하는 것으로 추정되고 있다. 북한은 1990년대에 소련의 붕괴와 북한 내의 자연재해로 말미암아 경제성장이 수년 동안 마이너스였고, 관측에 따르면 수백만 명(약 300만 명)까지 굶어 죽은 것으로 추정되고 있다. 북한도 중국식 개혁과 개방이 필요하다는 것을 인식하여 '합영법'(1984)의 제정, '자유경제무역지대'의 설치(1991), '시장의 부분적 자유화'(2002) 등의 조치를 취했지만, 그것이 김일성-김정일-김정은으로 이어지는 일종의 왕조 체제를 위협할 것을 두려워하여 실효성 있는 개혁과 개방을 거부하고 체제유지를 위한 핵무기 개발에 주력하고 있다.

2 자본주의 사회에서 살아가기

우리는 좋건 싫건 자본주의 사회에 살고 있다. 자본주의 사회에서 살아가는 개인들은 이 사회의 규칙을 잘 알아야 지혜로운 선택을 할 수 있다. 그 규칙은 어떤 것인가? 첫째, 이 사회는 사유재산권을 기초로 하므로 개인에게 많은 **선택의 자유**를 허용한다. 직업이나 사업, 그리고 재산과 소득의 처분 등에 있어서 예외적인 경우를 제외하고 자유가 광범하게 주어져 있는 것이다. 물론 선택의 결과에 대한 책임은 스스로 져야 한다. 따라서 경제주체들은 충분한 정보를 수집하여 선택의 편익과 비용을 비교하여 합리적 선택을 해야 할 것이다. 이 과정에서 각 개인은 개인의 자유가 서로 충돌하는 것을 막기 위해서 국가가 제정한 법률과 시행령에 따라 행동해야 각종의 제재를 피할 수 있다.

둘째, 자본주의 사회에는 자유로운 경쟁이 이루어진다. 독점은 극히 예외적인 경우에 국한되며 기본적으로 자유경쟁이 허용된다. 예를 들어 과거 신분사회에서 평민은 아예 관리가 될 수 없었지만, 이제 누구에게나 그 길이 열려 있다. 이와 같이 선망하는 학교와 직업, 높은 직위, 부와 소득 등은 희소하기 때문에 많은 사람이 추구하지만 모두가 그것을 차지할 수는 없다. 따라서 경쟁이 생길 수밖에 없으므로 정부는 그 경쟁이 공정하게 이루어질 수 있도록 규칙을 만들어야 한다. 그 규칙에 따라 이긴 승자는 큰 보상을 얻고 패한 사람은 작은 보상을 얻게 된다. 자유롭고 공정한 경쟁이 자본주의 사회의 룰이다.

한편 자본주의 사회는 독점과 차별을 없앤 점에서 이전의 사회보다 더 공정하고 자유로우나 다른 면에서 양육강식의 정글과 유사한 면이 있다. 개인이건 기업이건 자기 이익을 위해서 규칙을 무시하거나 왜곡하는 경우가 적지 않다. 예컨대 기업들 사이에 더 많이 판매하려고 로비를 하고, 품질을 속이고, 뇌물을 주면서까지 치열한 경쟁을 하고 있는 것이 현실이다. 따라서 정부는 경쟁의 규칙을 잘 정하여(공정하고 효율적인 경쟁), 그것을 흔들리지 말고 집행해야 할 책임이 있다.

셋째, 경쟁은 공정한 측면과 함께 생산성을 증가시키는 면이 있어서 매우 긍정적인 측면이 있으나, 위에서 말한 바와 같이 사전에 체계적인 계획도 없이 생산과 소비가 이루어지는 무정부적 상태이므로 여기에는 여러 가지의 불안정성과 위험성이 발생한다. 질병이나 천재지변은 어느 사회에서나 예고 없이 찾아오지만, 불경기, 실업, 기업의 부도와 파산, 빈곤 등은 자본주의 사회에서 발생하는 대표적인 위험이다. 그러므로 국가와 개인은 이에 대비하여야 한다. 정부는 패배자를 위한 **사회안전망**을 만들고 여러 가지 사회보험제도를 확립한다. 개인들도 각종의 보험에 가입하거나 부의 분산 투자 등을 통해 위험성을 줄이는 노력을 할 필요가 있는 것이다.

3 냉혹한 자본주의, 달콤한 사회주의?

오랫동안 남북한 사이에 전쟁을 비롯한 이념 대결이 있었기 때문에 자본주의와 사회주의에 대해서 선입견과 편견이 많다. 이런 것들을 걷어내고, 경제체제의 장단점에 대해 있는 그대로 이해하려는 노력이 필요하다.

위에서 본 것처럼 자본주의 사회에서는 사유재산제도와 자유로운 시장이 기본적 제도이다. 이 제도는 개인에게 광범한 자유를 부여하는 대신에 내 것과 네 것의 구별이 엄격하다. 재산과 소득의 차이도 크며, 각자는 자신의 이익에 주로 관심을 쏟는다. 그러므로 어떻게 보면 냉혹한 사회로 보인다. 반면에 사회주의는 선택의 자유를 제한하는 대신에 재산을 공유하고 개인 간 소득의 격차가 별로 크지 않다. 그리고 이 체제에서는 국가의 계획에 의해서 소득과 주택, 의료 등의 기본적 생활수준이 보장되기도 한다. 어떤 점에서 사회주의는 이상적인 제도로 보이고 달콤해 보이기도 한다. 자본주의와 사회주의가 실제로 그런 것일까? 아래에서 자본주의 체제의 특성을 사회주의 체제와 비교해 보자.

경제적 자유

자본주의 체제에서 사유재산제도는 개인의 **경제적 자유**를 최대한 보장한다. 자신이 소유한 재산으로 타인에게 피해를 주지 않는 한 자유롭게 생산에 활용하고 또한 자유롭게 소비할 수 있다. 즉 사유재산제도를 보장하는 자본주의는 직업선택, 소비선택, 거주이전, 영업 활동 등 매우 다양한 자유를 허용한다. 사람은 본질적으로 자율적이고 자유로운 존재로 태어났으므로 이런 자유를 희구하며, 자본주의는 이 욕구를 충족시켜준다. 사회주의 체제는 재산을 국가가 소유하므로 개인의 자유를 크게 제한한다. 많은 부분이 국가의 통제하에 있는 것이다. 사회주의 체제에서는 소수의 고위 관료들이 특권을 누리고 일반 시민들은 심한 통제를 받는 것이 일반적이다.

프리드만은 사유재산제에 의하여 보장되는 경제적 자유는 그 자체로도 중요한 자유이지만, 동시에 정치적 자유의 필요조건이라고 보았다. 국가가 공룡처럼 정치권력과 경제권력을 동시에 가지고 있으면, 억압적인 국가가 될 가능성이 매우 높으므로 정치적 자유가 침해될 소지가 많다는 것이다.

강한 동기 부여

사람은 이기적인 성향이 강하므로 자신의 노력에 대한 보상이 지급될 때 자원을 가장 창의적이고 효율적으로 활용하는 경향을 보인다. 그러므로 자본주의 체제는 개인들에게 강한 동기를 부여하여 자원을 보다 효율적으로 활용하고 경제발전을 촉진시키도록 유도한다.

1990년을 전후하여 소련과 동유럽 사회주의가 붕괴하게 된 중요한 요인이 바로 경제활동의 동기부여가 부족한 것이었다. 사회주의자들은 인간이 상당히 공동체적 본성을 가지고 있기 때문에 사적 이익이라는 유인(incentive)이 없어도 사람들이 모두 열심히 일할 것으로 기대하였으나, 이것은 인간의 본성에 대한 지나친 낙관적 견해임이 소련과 동유럽 사회주의 체제의 붕괴로 인해 드러났다. 1985년 소련공산당 서기장으로 취임한 고르바쵸프가 취임 직후 내린 중요한 지시는 바로 노동자들의 사무실 서랍에서 술병을 제거하고 근무시간 중에 목욕탕에 가지 말라는 내용이었다. 이것을 보면 열심히 일하건 하지 않건 비슷한 소득을 받는 상황에서 노동자들의 근무기강이 얼마나 해이해져 있었는가를 알 수 있다. 이런 이유로 사회주의 체제에서 노동생산성이 증가하지 못했고 그 결과 자본주의 체제와의 경쟁에서 패배하고 말았다.

사회주의 체제의 붕괴 이후에 국내외의 많은 좌파 이론가들이 자신들의 인간관이 잘못되었다는 점을 고백하고 공개적으로 반성의 글을 발표하기도 하였다. 그들은 사유재산제가 없어져서 내 것 네 것 구별이 없어져도 모든 구성원이 열심히 일할 것으로 생각했지만 현실의 인간은 자신에게 보상이 돌아오지 않는다면 별로 열심히 일하지 않는다. 사람들로 하여금 최선을 다하도록 하기 위해서는 차등적 보상이라는 동기부여가 불가피하게 필요한 것이 현실이다. 모든 학생들에게 동일하게 'A' 학점을 준다면 다들 열심히 공부할까?

이기심을 인정하고 그것을 경제활동의 동기로 활용하면 생산성이 향상되고 경제 발전도 급속하게 이루어진다. 그런데 문제점은 이것이 인간을 더욱 이기적으로 만들고 경쟁적으로 만드는 경향이 있다는 점이다. 그래서 경쟁의 장점을 버리지 않으면서 인간의 공동체성을 살리려는 사회적 및 개인적 노력이 필요하다.

효율적인 자원배분

자본주의 체제는 일반적으로 시장에 의해서 자원배분을 결정한다. 어떤 재화와 서비스에 대한 수요가 증가하면 가격이 상승하므로 생산자들은 이윤을 더 얻기 위해서 공급을 증대시킨다. 그래서 수요량과 공급량은 가격에 의해 저절로 일치된다. 그리고 수요자들이 원하는 것을 공급하므로 소비자들의 만족도가 높다. 시장은 몇 가지 요인에 의해서 실패하는 경우도 있으나 자원을 매우 효율적으로 배분한다. 정부가 부분적으로 개입하여 보완한다면 단기적으로든 장기적 성장 면에서든 시장경제가 다른 어떤 제도보다 더 효율적이라는 것이 자본주의 체제와 사회주의 체제간의 경쟁에서 입증되었다.

빈부의 격차

자본주의의 가장 중요한 문제점 가운데 하나가 부와 소득의 격차일 것이다. 자유방임 자본주의에서 그 격차가 가장 크다. 각 경제주체들로 하여금 열심히 경제활동을 하도록 하기 위해서 보상의 격차는 불가피하다. 그렇지만 지나친 **불평등**은 계층 사이에 위화감과 적대감, 그리고 시기심과 열등감을 불러일으키며 동시에 최저생활에도 미치지 못하는 **빈민층**을 양산한다. 부유층은 서민층이나 빈곤층에 대해서 무시하는 태도를 갖기 쉽고, 정치가와 고위관료들과 연합하여 독점적인 지배체제를 구축하려고 한다. 반면에 저소득층들은 부유층에 대해서 적개심을 느끼기도 한다. 부유층은 돈의 힘을 활용하여 정부가 집행하는 규칙을 자신들에게 유리하도록 왜곡시키려 하기도 한다. 그래서 돈 있는 사람은 죄를 지어도 감옥에 가지 않는다고 해서 '무전유죄 유전무죄'라는 말이 생겨나기도 했다.

이러한 문제점을 단숨에 해결하고자 한 것이 바로 사회주의 혁명이었다. 피비린내 나는 폭력혁명을 통해서 사회주의 세상을 만들었지만, 그 사회는 생산성이 낮아서 결국 모두가 가난해지는 하향 평준화 사회를 만들고 말았다. 소수의 특권층(당, 군, 정부의 엘리트)을 제외한 대다수 민중은 매우 낮은 생활수준에 머물고 심지어 기아로 죽는 사람도 속출하였다.

그러므로 자본주의 체제에 불평등과 빈곤의 문제가 있다고 해서 사회주의 체제가 대안이라고 보기는 매우 어렵다. 따라서 자본주의 체제를 유지해서 높은 경제성장을 지속하면서 여러 가지 재분배제도와 사회보장제도를 도입하여 불평등과 빈곤을 시정해 나가는 방법이 더 나은 방법이라고 봐야 할 것이다.

경제의 불안정

자본주의 체제의 또 하나의 중요한 문제점은 경제적 불안정이다. 거시적으로 볼 때 때로는 총수요가 부족하여 불황과 실업이 발생하고 때로는 총수요가 과잉이 되어 인플레이션이 발생하기도 한다. 2008년에 미국에서 시작된 금융위기와 이에 따른 장기불황이 지속되고 있지만, 가장 심각한 불황은 1929년 미국에서 발생하여 전 세계로 파급된 대공황이었다. 이것이 인류에게 얼마나 큰 고통을 주었는지를 오래전에 나온 채플린의 영화인 '모던타임스'에서 잘 표현하였다. 심한 인플레이션도 화폐의 가치를 크게 떨어뜨리므로 고통스럽기는 마찬가지이다. 그런데 시장은 스스로 경제의 불안정 문제를 치유하지 못하고 있어서 정부가 개입하여 상당한 정도로 개선하였지만, 아직 만족스러운 상태는 되지 못하고 있다. 사회주의 체제는 수요와 공급을 계획하므로 이보다는 더 안정적이다.

자본주의는 자유와 효율성 측면에서 사회주의보다 훨씬 낫지만, 빈부격차와 불안정이라는 면에서 약점을 지니고 있다. 사회주의는 효율성이 너무 낮고 자유를 억압하기 때문에 스스로 붕괴하고 말았다. 그러므로 자본주의의 장점인 자유와 효율성은 살리고 불안정성과 빈부격차는 정부개입에 의해 해소하는 혼합경제체제가 바람직하다.

자본주의 체제 내에서도 자유방임주의에 가장 가까운 미국과 영국형의 자본주의가 있고, 지금은 많이 변했지만 국가주도적인 요소가 많은 일본형 자본주의, 그리고 자유로운 기업 활동을 허용하여 상당히 높은 경제성장을 지속하면서도 높은 누진세율과 사회보장제도를 통해서 고성장과 고복지를 동시에 이룬 북유럽형 자본주의가 있다. 이 세 모형의 자본주의 체제는 각각 장점과 단점이 있으므로 그것을 잘 분별할 필요가 있다.

4 경제와 정치의 상호작용

오늘날의 경제학은 과학의 측면을 강조하여 경제학(economics)으로 불리지만, 19세기까지는 **정치경제학**(political economy)으로 불리었다. 그것은 경제와 정치가 매우 밀접한 관계를 가지고 있기 때문이다.

경제와 정치는 엄격하게 분리되어 있는 것이 아니라 아주 밀접하게 연관되어 있다. 경제와 정치를 단순하게 정의해보면, **경제**란 인간생활에 필요한 재화와 서비스를 생산, 분배, 교환, 소비하는 체계적 과정이다. **정치**(politics)란 생각과 이해관계가 서로 다른 인간들이 공존해서 살아가기 위해서 모든 구성원이 따라야 할 공정한 질서를 만들고 그것을 지켜나가는 과정을 말한다. 이기성이 강한 인간들은 자신의 이익을 위해서 타인의 생명과 재산을 해치기까지 하므로 이것을 막아 개인의 권리를 보호하는 강력한 힘이 필요하다. 이것이 국가 혹은 정부가 필요한 가장 중요한 이유이다. 사람들이 서로 해치려는 의도가 없는 경우에도 혼란을 막기 위해서 일정한 질서가 필요하다. 예를 들어 좌측통행이나 우측통행 같은 경우에 어느 것이라도 좋지만 질서

유지를 위해서 통일된 규칙이 필요하다. 그 이외에 국가는 공동목표를 정하여 거기에 자원을 투입한다.

그러기 위해서는 법률을 만드는 입법에 관한 절차가 필요하고, 모두가 법률에 따르도록 하기 위해서 필요한 권력 행사에 관한 규칙이 필요하다. 결국 정치란 정부를 구성하고 운영해 나가는 과정이라고 할 수 있다. 물론 반드시 정부가 아니더라도 사람들이 모여 사는 곳에는 가족, 기업, 자발적 단체 등 어디서든 집단적 의사결정과 그것의 시행이 필요하므로 정치적 현상이 나타나지만, 여기서는 정치현상 가운데 가장 중요한 정부의 운영을 정치라고 단순화한다.

정치는 (경제)질서를 만들고 유지시킨다

신호등이 꺼진 교차로의 무질서를 본 적이 있을 것이다. 이것이 바로 질서가 없을 때의 상황이다. 한 국가의 운영에는 많은 질서가 필요하다. 우선 질서(법률)를 누가 어떤 과정을 거쳐 만들고 누가 그것을 집행할 것인지에 관한 정치제도가 결정되어야 한다. 여기에는 주권이 국민에게 있는 민주주의, 군주에게 있는 전제주의, 독재자에게 있는 권위주의 등의 정치제도가 있으며 현재까지 민주주의가 최선의 정치제도로 알려져 있다. 민주주의에는 직접민주주의와 간접민주주의(대의민주주의)가 있는데, 인구가 일정 수준을 넘어서면 불가피하게 국민의 대표를 뽑아서 법률을 만들게 하는 **대의민주주의**를 선택하게 된다. 오늘날에는 국민이 정치가를 선출하여 그들에게 법률의 제정을 온통 위임한다기보다는 국민이 법률의 제정에 적극적으로 의견을 개진하여 참여한다는 점에서 **참여민주주의**가 강조되기도 한다.

또한 정부나 타인의 간섭을 받지 않는 개인의 자유와 권리를 얼마만큼 보장할지도 결정되어야 한다. 보통 한 나라의 가장 중요한 제도는 헌법에 규정하여 개정이 매우 어렵도록 만들어 놓고, 하위의 법률은 일정한 절차에 의해서 제정과 개정이 비교적 쉽게 이루어지도록 하고 있다. 우리나라 헌법은 '대한민국은 민주공화국'이라고 규정하고 있으며, 폭넓은 개인의 자유와 권리를 보장하고 있다. 개인의 자유를 광범하게 보장하는 민주주의를 흔히 자유민주주의라고 한다.

그 다음으로 경제제도(경제체제)의 결정이 매우 중요하다. 사유재산제도와 공유제 가운데 어느 것을 선택하느냐에 따라 국민생활은 엄청난 차이가 난다. 우리나라 헌법은 우리의 경제제도가 '자본주의 시장경제'라고 규정하고 있다. 그리고 국민생활에 꼭 필요한 국방, 치안, 보건, 소방, 환경 등의 공공재와 도로, 철도, 항만, 공항, 전기, 수도 등의 사회간접자본을 얼마나 많이, 어떤 방법으로 공급할 것인지 결정되어야 한다. 또한 국가는 경제활동을 원활하게 할 수 있도록 기업을 설립하는 절차, 계약에 관한 절차 등을 만들고, 독과점기업을 규제하거나 환경을 보호하고 빈곤층을 보호하기 위한 여러 가지 제도를 만들어 시장의 실패를 보완한다. 그리고 경제발전을 촉진하기 위해서 특정 산업을 우선적으로 발전시키는 데 필요한 여러 가지 조치들을 법률을 통해 시행한다. 이와 같이 경제활동은 매우 복잡한 법률의 틀 안에서 이루어지는 것이다. 이런 질서를 만드는 것이 바로 정치이다. 그러므로 경제는 정치가 정하는 제도라는 틀 안에 자리 잡고 있다.

민주주의 국가에서 정치는 선거에 의해서 선출된 대통령과 국회의원에 의해서 주로 운영되고 있다. 국회의원들은 법을 만들고 대통령을 정점으로 하는 행정부는 시행령을 만들어 법을 집행한다. 지역 단위에서는 지방자치단체장과 지방의회 의원들이 이러한 역할을 한다. 이러한 정치적 과정은 경제에 매우 큰 영향을 미친다. 각종의 경제정책이 결국 법률에 의해서 확정되고 시행된다. 그러므로 효율적이고 공정한 제도를 마련하고 그것을 투명하고 확고하게 집행하는 정치의 중요성은 아무리 강조해도 지나치지 않다. 미국의 유명한 경제학자인 폴 사무엘슨(Paul Samuelson)은 '경제는 정치적 안정에서 피는 연약한 꽃'이라고 비유하였다. 전쟁이나 치안 불안, 정당간의 정쟁으로 인한 입법 활동의 마비, 공무원의 부패와 무능 등은 경제의 안정과 성장을 크게 저해하는 요인들이다.

경제도 정치에 큰 영향을 미친다

정치가 경제에 큰 영향을 주듯이, 경제도 정치에 많은 영향을 준다. 경제가 안정적으로 잘 성장하면 정치가들은 신임을 받고 정권을 계속 유지하는 데 훨씬 유리하다. 미국의 예를 보면 경제상황이 좋으면 집권당이 재집권하게 되나 그렇지 않으면 정권을 잃는 경우가 매우 많았다. 그리고 경제가 순조롭게 성장하면 국방과 치안, 보건 등의 공공재 공급, 도로와 다리 등 사회간접자본 건설, 정부의 유지 등을 위해 필요한 조세를 충분히 징수할 수 있게 된다. 반면에 경제가 침체하면 조세수입이 부족하여 국방과 치안 등 국가기능을 제대로 수행할 수 없게 된다.

또한 어떤 경제제도가 시행되느냐에 따라 이익을 얻는 집단과 손해를 보는 집단이 갈리므로 개인들은 자신의 경제적 이익을 증대시키기 위해서 이익집단을 만든다. 그들은 집단의 힘으로 법질서를 자신들에게 유리하게 만들기 위해서 정치가들에게 여러 가지 방법으로 영향력을 행사한다. 이 방법에는 투표, 청원, 합법적인 로비, 정치헌금 등이 있으며, 그 이외에 불법적인 뇌물 공여도 나타난다. 사람들의 정치적 의사는 각자의 도덕적 신념(가치관)과 이해관계, 성향 등에 의해서 결정되는데, 이 가운데 이해관계의 영향이 매우 크다. 이익집단 가운데 가장 큰 영향을 미치는 집단은 노동조합이 중심인 노동자단체와 기업가를 중심으로 한 경제단체이다. 노동자단체는 다수의 투표권과 파업 등을 무기로 하여 자신의 이익을 실현하려고 정치계에 압력을 행사한다. 반면에 경제단체(재계)들은 정치후원금으로 정치가들에게 영향을 주려고 하고, 막강한 자금력을 가지고 설립한 대중매체를 통해서 대중들을 설득하여 여론을 유리하게 형성함으로써 정치에 영향을 미치려고 한다.

이러한 이해관계의 대립을 통합하고 조정하는 역할을 정치계가 해야 한다. 이 과정에서 비교적 객관적이고 공정한 입장에 있는 지식인 집단의 전문적인 조언이 아주 중요하다. 경제학자들도 이 과정에 참여하여 올바른 경제정책을 제시하려고 노력한다. 이런 정치적 의사결정 과정에서 다수를 차지하는 중간계층이 누구의 견해에 동의하느냐에 따라 지배적인 여론이 형성되며, 정치가들은 여론과 이해관계, 자신의 신념 등을 고려하여 입장을 결정한다. 이러한 정치 과정에서 다양한 이해 갈등이 공정하게 조정되고 해결되어야 한다. 그런데 케인스는 이해관계보다는 오히려 학자들(특히 경제학자와 정치학자)의 사상이 더 큰 영향을 미친다고 주장하였다.

> 경제학자 및 정치철학자의 관념의 힘은 옳고 그름을 떠나 일반적으로 이해되는 것보다 훨씬 강력한 것이다. 세계는 관념들이 움직여 나간다. 여하한 지적 영향도 받고 있지 않다고 믿는 실질적인 인간도 사실은 이미 죽은 어느 경제학자의 노예이기 일쑤이다.(케인스)★1

제2차 세계대전 이후 경제사상을 케인스주의에서 신자유주의로 바꾸는 데 하이에크와 프리드만의 자유주의 사상 운동이 엄청난 영향을 미쳤던 사실에서 관념의 힘이 매우 강력하다는 케인스 주장의 타당성을 발견할 수 있다. 그렇지만 이해관계의 중요성은 결코 무시될 수 없을 것이다. 이해관계는 우리 생각의 형성에 알게 모르게 영향을 준다. 개개인이 어느 정당이나 어느 정책을 지지 혹은 반대하는 데에는 그 사람의 사상 및 가치관과 아울러 그의 이해관계가 드러나지 않은 채 배후에서 작용하고 있다고 볼 수 있다. 관념과 이해관계 가운데 어느 것이 더 중요한가는 개인차가 있고, 나라와 시대에 따라서도 차이가 있다.

★1 토드 부크홀츠(이승환 역: 1994). 『죽은 경제학자들의 살아있는 아이디어』 김영사.

생활 속의 경제학

Chapter 03 소비 생활의 지혜와 수요의 법칙

1 소비는 생산의 목적이다

'나는 생각한다. 고로 나는 존재한다.'라는 철학자 데카르트의 말이 오늘날 '나는 쇼핑한다. 고로 나는 존재한다.'(I shop, therefore I am)[★1]라는 말로 바뀐 듯한 느낌을 갖게 된다. 오로지 무언가 소비할 때에만 행복과 삶의 의미를 느끼는 사람들이 있는데, 이런 행태를 **소비주의**(consumerism)라고 부른다. 이것은 지나치게 소비에 함몰된 이상 현상이다. consumerism은 본래 소비자보호운동을 의미했으나 오늘날에는 소비를 행복과 동일시하는 행태를 말하기도 한다.

보통 사람들이 소비하는 목적은 무엇인가? 가장 먼저 생존을 위해서 소비한다. 생존 다음으로는 고통을 피하려고 한다. 배고픔, 추위와 더위, 불면, 질병과 통증 등은 가장 피하고 싶은 고통들이다. 그 고통을 피하기 위해서는 음식과 옷, 쉼터(집), 의료 서비스가 충분하게 소비되어야 한다. 나아가 사람은 불편함보다는 편함을 좋아하기 때문에 자동차, 냉장고, 청소기, 전화기 등을 통해 편리함을 추구한다. 더 나아가 좀 더 쾌적하고 즐거운 생활을 위해서 앞에서 언급한 소비를 고급화하고 문화, 취미, 오락 등의 서비스를 소비한다.

소득이 적은 사람은 주로 식품 등의 기초생필품 구입에 높은 비율의 소비지출을 하고 부유한 계층은 모든 종류의 소비를 늘리되 그것을 고급화하고 문화, 교육, 오락 등에 높은 비율의 지출을 한다. 소비를 통해서 사람은 생존하고 고통을 피하며 즐거움을 얻는데, 현대 경제학에서는 이것 모두를 **효용**(utility)이라고 한다. 효용이란 만족 또는 행복이라는 의미이다.

소비는 효용을 주는 것 이외에 경제적으로 매우 중요한 기능을 하는데, 그것은 매일 소진되는 노동력을 음식물의 섭취와 수면을 통해서 새롭게 재생산하는 기능과 모든 사람은 죽기 때문에 장기적인 관점에서 그들을 새로운 노동자로 대체하는 기능,

★1 이 말은 그래픽 예술가인 Barbara Kruger가 한 작품에 새긴 말로써 현대의 조류를 잘 나타낸다.

즉 자녀를 출산하여 양육하고 교육하는 기능을 한다. 이런 점에서 소비는 노동력을 창출하는 중요한 활동이라고 할 수 있다.

그리고 소비는 거시적 관점에서 생산된 재화와 서비스를 소모하여 기업이 다시 재생산하도록 하는 기능을 한다. 기업은 소비자로부터 판매수입을 얻어 그것으로 생산요소를 구입하여 생산을 계속할 수 있다. 소비가 부진하면 기업의 생산이 중단될 수도 있는 것이다.

과시적 소비

소득이 증가하면서 소비가 인간의 필요와 욕망을 충족시키기 위해서라기보다 다른 사람들에게 보여주기 위한 소비로 변질되는 현상이 나타났다. 19세기 말 미국 경제학자 베블런(Thorstein B. Veblen)은 그의 『유한계급론』이란 저서에서 당시 신흥 부유층의 소비행태로 '**과시적 소비**'(conspicuous consumption)를 지적하였다. 급속하게 부를 축적한 미국의 부자들은 자신의 사회적 지위를 과시하기 위해서 일부러 아주 비싼 재화를 소비하였다. 이러한 행태는 점차 중산층에 의해서 모방되기에 이르렀다. 이것이 오늘날 명품 열풍으로 나타난다. 억대의 외제 자동차, 수백만 원에서 수천만 원에 이르는 여성용 가방과 의류 등 품질로는 그 가격을 도저히 설명할 수 없는 고가의 명품들이 부유층에 의해 소비되고 있고, 중산층과 서민층들은 이들을 모방하느라 '가랑이가 찢어지고 허리가 휠' 지경이다. 소비자 학자인 김난도 교수에 의하면 한국에서 명품소비를 주도하는 계층은 신흥 부자와 부자가 아니면서 부자인 척하는 가짜 부자가 주도한다고 하며, 오래전에 부자가 된 전통 부자는 오히려 근검절약한다고 한다.[★2]

부유층은 이런 과시적 소비를 해도 경제적 어려움을 당하지 않으므로 사회적 지위를 과시하려는 자신의 목적을 달성한다. 그러나 중산층이나 서민층은 이런 모방소비로 말미암아 더 우선적으로 필요한 소비를 하지 못하거나 장래를 위한 적절한 수준의 저축을 하지 못하게 되어 경제적 곤란에 직면하는 경우가 많다. 심지어 과시적 소비를 위해 빚을 얻기도 하여 개인파산까지 발생하고 있다. 이러한 과시적 소비는 자신의 경제력을 과시하여 다른 사람들로부터 사회 경제적 지위를 인정받고자 하는 동기에서 나오는 것으로 중산층 및 서민층은 동조 내지 모방보다는 비판적으로 보고, 스스로 분수에 맞는 소비수준을 견지하지 않으면 매우 쪼들리는 생활을 하거나 빚의 덫에 걸릴 가능성이 높다.

소수이지만 과시적 소비와 소비주의에 반대하여 단순한 생활이 더 바람직하다는 운동이 유럽과 미국 일부에서 생기고 있다. 이들은 지나친 부와 소비가 오히려 행복을 해친다고 주장하면서 적정한 수준 이상으로 소비하는 행동을 버려야 한다고 주장한다. 이것을 적정소비(enoughism)라고 한다.

베블런은 19세기 말 미국의 신흥 부자의 행태로 과시적 소비와 함께 '**과시적 여가**'를 들었는데, 그들은 유럽 귀족들의 한가한 생활을 모방함으로써 자신들의 사회적 지위를 과시하려고 하였다. 그런데 오늘날에는 바쁜 것이 오히려 자신의 중요성을 나타낸다고 생각되어 '과시적 분주함'(conspicuous busyness)이란 말이 나올 지경이다. 바쁜 사람들은 그것을 통해서 자신의 사회적 중요성을 과시하지만, 바쁘지 않은 사람들은 자신이 뭔가 모자라는 사람이 아닌가 하는 느낌을 갖기도 한다.

★2 김난도(2007), 『사치의 나라 럭셔리 코리아』, 미래의 창 참조.

2 아무리 맛있는 것도 자주 먹으면 질린다 : 한계효용 체감

옛날에 어쩌다 먹는 쌀밥과 소고기국은 꿀맛이었는데, 오늘날에는 별로 맛이 없다고들 한다. 쌀이나 소고기의 질이 떨어진 것일까? 그런 것이 아니라, 그것들을 옛날보다 훨씬 자주 먹기 때문이다. 소비가 증가할 때 가장 빨리 싫증이 나는 것은 음식인 것 같다. 아무리 좋아하는 스테이크라도 몇 끼 계속 먹으면 질려서 먹지 못한다. 신랑이 결혼 전 데이트 때 콩나물국을 좋아했다고 해서 신부가 결혼 후에 계속 그것을 끓여준다면 신랑은 질리고 말 것이다. 그것은 한 종류의 음식을 자주 먹으면 추가적으로 발생하는 만족의 크기가 점점 감소하기 때문이다. 이것을 경제 용어로 **한계효용체감의 법칙**이라고 한다.

아무리 좋아하는 음악이라도 얼마 동안 계속 들으면 점차 싫증이 나서 듣기 싫어진다. 심지어 사람 간의 관계에 있어서도 처음에는 만날수록 좋지만 그것도 한계가 있는 법이어서 권태기라는 것이 찾아오기도 한다. 물론 헌신적 사랑(agape)이 있는 경우에는 이와 다를 수 있을 것이다. 어떤 사람은 알코올과 마약은 이 법칙에 예외라고 생각하나 실은 그렇지 않다. 알코올 중독자가 술을 자주 마시면 이젠 어지간히 마셔도 취하지 않아서 술의 효용이 별로 나타나지 않는다. 마약의 경우도 마찬가지로 내성이 생겨서 전에는 한 대로 족하던 것이 이젠 두세 대 정도 되어야 같은 만족을 얻게 된다고 한다. 소득과 부도 마찬가지이다. 월급이 100만원일 때 추가로 100만원 오른다면 뛸 듯이 기뻐하겠지만 이미 월급이 1,000만원인 경우에 100만원이 오르면 그저 조금 기쁜 정도에 그칠 것이다. 이 법칙에 예외는 거의 발견되지 않는다.

사람은 왜 이런 심리 법칙을 가지고 태어나는지 알 수 없지만 조물주의 숨겨진 의도가 있는지도 모른다. 이 법칙에는 어떤 면에서 바람직하지 않는 면이 분명히 있는 것 같다. 소비량이 증가할수록 추가되는 기쁨, 즉 한계효용이 감소하는 것은 우리의 효용이 그만큼 줄어드는 것이어서 바람직하게 보이지 않는다. 신부가 해주는 콩나물국을 신랑이 계속 맛있게 먹을 수 있다면 더 좋지 않겠는가? 그렇지만 이 법칙에 바람직한 면도 있다. 왜냐하면 한계효용이 불변이거나 체증한다면 그 신랑은 다른 것은 먹지 않고 계속 콩나물국만 먹으려고 할 것이고 결국 다른 영양소의 부족으로 영양실조에 걸리고 심지어 죽게 될지도 모르기 때문이다. 그리고 갓난아이는 처음 맛본 음식만 먹으려고 할 것이고, 처음 만난 사람만 계속 만나려고 할 것이므로, 이것은 다양성을 필요로 하는 우리의 삶에서 매우 큰 문제를 일으킬 것이다.

요컨대, 한계효용체감의 법칙은 우리로 하여금 다양한 것을 추구하게 만든다. 그 법칙으로 인해 음식을 다양하게 먹음으로써 영양소를 골고루 섭취할 수 있으며 책이나 음악의 경우에도 하나를 편식하지 않고 널리 접하게 되는 것이다.

3 지혜로운 소비는 가격 대비 만족의 순으로 : 한계효용의 균등

가계는 소비를 늘리기를 원하므로 어떻게든 소득을 증가시키려고 노력한다. 그래서 승진과 보너스, 사업의 성공을 바란다. 그렇지만 그것이 쉬운 것은 아니다. 소득이 일정하다면 소비를 지혜롭게 함으로써 소득을 증가시키는 것이나 마찬가지의 효과를 얻을 수 있다. 돈을 더 버는 것이 어려우면 돈을 잘 쓰면 된다. 돈을 지혜롭게 쓰는 것이 많이 버는 것 못지않게 중요한 것이다.

소비자는 몇 가지 제약하에서 소비를 한다. 첫째, 단기적으로는 소비할 수 있는 돈(소득)에 한계가 있다. 소비는 보통 소득에서 세금을 제한 **가처분소득**의 한계 내에서 이루어지는데, 먼저 가처분소득 중에서 저축과 소비의 비율을 정하는 것이 필요하다. 세후 월급이 300만 원이라고 하면 그중 얼마를 저축하고 얼마를 소비할까? 그것은 사람마다 다르지만 결혼자금, 주택자금, 자녀 교육비 등 미래에 예상되는 필요자금과 예상하지 못하는 위험에 대비하기 위한 자금, 장래 소비수준의 향상을 위한 자금, 사회나 자녀를 위해 남길 유산 등을 고려하여 자신에게 맞는 저축률을 결정할 것이다.[★3]

★3 케인스(조순 역: 1985), 『고용, 이자 및 화폐의 일반이론』, 비봉출판사, pp. 107～108 참조.

미래보다 현재의 만족을 중시하는 사람의 저축률은 낮고 미래를 더 중시하는 사람의 저축률은 높다. 그런데 사람들은 일반적으로 미래의 필요에 잘 대비하지 못하여 낭패를 당하는 경우가 많다. 물론 지나치게 미래만 생각하여 수전노나 자린고비처럼 사는 것이 바람직하다는 것은 아니다. 그렇지만 적절한 노후 자금을 적립하지 않거나 질병과 사고의 위험에 대비하지 않아 곤경에 처하는 일이 없도록 하는 것이 바람직하다. 때로는 자신의 가처분소득으로도 모자라서 돈을 빌려 소비를 하고 난 후 미래의 소득으로 갚을 경우도 있다. 그러나 미래에 예상만큼 소득이 발생하지 않는 경우에 상환이 힘들어져서 높은 연체금리를 물거나 심지어 파산을 당할 경우도 있으므로 부채로 소비를 증가시키는 것에는 상당한 주의가 필요하다. 원칙적으로 소비가 가처분소득을 초과하는 것은 가계 재무적으로 위험하다.[★4]

둘째, 개별 소비자는 대부분의 경우에 구입할 상품의 가격에 영향을 미칠 수 없으므로 시장에서 결정된 가격에 구입할 수밖에 없다. 그렇지만 상품의 가격은 구입하는 장소에 따라 상당히 다르다. 백화점에서 신상품을 구입하면 훨씬 비싸고, 할인점에서 철이 약간 지난 상품을 구입하면 상당히 싼 가격에 구입할 수 있다. 소비자는 어느 정도의 비용이 들더라도 상품의 품질과 가격에 관한 정보를 탐색할 필요가 있다. 특히 소비의 결정에 많은 영향력을 가진 주부들은 이웃과의 일상적인 만남을 통하여 상품 정보를 교환하는 것이 서로에게 유익할 수 있을 것이다.

가처분소득 가운데 일정액의 저축을 제외하고 소비할 금액을 정했다고 하자. 위의 예에서 가처분소득 300만 원 가운데 100만 원을 저축하고 200만 원을 소비하기로 한다면, 그 금액으로 소비자의 만족을 가장 크게 하는 소비 선택은 어떻게 이루어지는 것일까? 소비자는 어떤 재화의 효용(만족)이 가장 크다고 해서 그것을 우선적으로 사지는 않는다. 항상 재화 한 단위의 추가적인 소비에서 얻는 효용인 **한계효용**을 가격에 대비하여, 재화 1원어치의 한계효용(한계효용/가격)이 가장 큰 재화나 서비스를 먼저 구입한다. 어떤 소비자가 바나나를 무척 좋아하여 바나나 한 송이에서 10,000단위의 만족(효용)을 얻고, 참외 한 개로부터 3,000단위의 만족을 얻는다고 하자. 그러면 그는 바나나를 먼저 살 것인가? 그렇지 않다. 사기 전에 가격을 비교한다. 바나나 가격은 5,000원이고 참외 가격은 1,000원이라고 하면 바나나 1원어치의 만족은

2단위(10,000단위/5,000원)이고, 참외 1원어치의 만족은 3단위(3,000단위/1,000원)이다. 그러므로 참외부터 사는 것이 합리적이다.

한 종류의 재화 소비량이 늘면 한계효용이 체감하여 가격 대비 한계효용이 점점 감소하므로 가격에 대비한 한계효용이 더 큰 다른 재화를 구입한다. 위의 예에서 참외를 5개 구입했더니 이제 참외의 한계효용이 3,000단위에서 1,900단위로 줄었다. 그러면 참외 1원어치의 한계효용이 1.9단위(1,900단위/1,000원)로 줄어 바나나 1원어치의 한계효용 2보다 작다. 따라서 더 이상 참외를 사지 않고 바나나를 사게 된다. 이런 식으로 가격 대비 한계효용이 큰 것부터 순차적으로 재화와 서비스를 구입하면 일정한 소득으로 총효용을 가장 크게 할 수 있다. 경제 이론상으로 가격에 대비한 한계효용, 즉 1원어치에 해당하는 각 재화의 한계효용이 모든 재화에서 같아질 때 소비자의 효용이 극대화되는데, 이것을 **한계효용균등의 법칙**이라고 한다.

$$\text{한계효용균등의 법칙}: \frac{\text{바나나의 한계효용}}{\text{바나나의 가격}} = \frac{\text{참외의 한계효용}}{\text{참외의 가격}} = \text{돈 1원의 한계효용}$$

소비의 우선순위는 재화와 서비스의 한계효용이 아니라 가격에 대비한 한계효용임을 잊지 않아야 할 것이다.

어떤 물건값에 대해서 갑돌이는 싸다고 하고 갑순이는 비싸다고 하여 약간의 실랑이를 하는 것을 볼 수 있다. 같은 재화에 대해서 왜 이렇게 다르게 느낄까? 갑돌이가 싸다고 생각하는 이유는 그가 그 재화를 특별히 좋아하여 거기서 얻는 만족이 매우 크거나, 그가 매우 부유하여 돈의 한계효용이 작으므로 그에게는 모든 것이 싸게 느껴지기 때문이다. 부잣집 도련님이 돈을 함부로 쓰는 것은 그에게는 돈이 흔해서 돈의 한계효용이 작기 때문이다. 갑순이가 비싸다고 하는 이유는 그녀가 그 물건을 그

★4 흔히 말하는 과소비는 부유층의 사치성 소비를 말하기도 하나 자신의 소득에 비해서 지나친 소비, 특히 가처분소득을 초과하는 소비를 말하는 경우가 많다.

리 좋아하지 않거나, 소득수준이 낮아서 돈의 한계효용이 크므로 물건값이 비싸게 느껴지기 때문이다.

한계효용을 측정할 수 없다면?

그런데 문제는 재화와 서비스의 한계효용을 정확하게 측정하는 것이 사실상 불가능에 가깝다는 것이다. 예를 들어 한 접시에 20,000원인 탕수육과 8,000원인 짜장면 가운데 어느 것을 먹을 것인가를 선택한다면 탕수육 한 접시의 한계효용과 짜장면 한 그릇의 한계효용을 정확하게 측정할 수 있어야 하는데, 측정이 안 될 경우에는 어떻게 할 것인가? 그럴 경우에는 돈이 아깝지 않는 것을 선택하는 것이 합리적이다. 돈이 아깝다는 것은 돈으로 구입하는 재화가 돈만큼의 효용을 주지 못한다는 뜻이므로 그런 재화는 구입하지 않을 것이다.

위에서 말한 것처럼 경제이론에서 말하는 효용극대화의 방법은 효용을 측정하기 어렵다는 어려움에 부딪치므로 현실적으로는 생존과 직결되는 식량, 의복, 의료 등의 필수품을 먼저 구입하고, 다음에 교육과 문화, 그다음에 취미, 오락 등의 순으로 지출하는 것이 소비선택의 한 방법일 수 있다. 인본주의 심리학자인 매슬로(Abraham H. Maslow)는 인간에게는 다섯 가지 욕구가 있고, 그것은 반드시 그런 것은 아니지만 일반적으로 순차적으로 나타난다고 하였다. 첫째의 욕구는 음식, 물, 옷 등 생존에 반드시 필요한 것들에 대한 욕구, 즉 생리적 욕구이다. 둘째, 안전, 보호 등을 필요로 하는 안전 욕구이다. 셋째, 타인과의 친밀한 관계를 원하는 소속감과 사랑의 욕구이다. 넷째, 자신의 존재 가치를 확인하고자 하는 자존감의 욕구이다. 다섯째, 자신의 선한 잠재력을 실현하여 사랑, 진실, 봉사를 실행하고자 하는 자기실현의 욕구이다. 이 다섯 가지 욕구는 보통 앞 단계의 욕구가 실현되어야 다음 단계의 욕구가 나타난다는 것이다.

그렇다면 우리의 소비도 이에 맞추어 가장 필수적인 생리적 욕구, 안전 욕구를 우선 충족시키는 방향으로 소비하고, 다음으로 더 상위의 욕구를 충족시키기 위한 지출 등으로 확대하는 것이 하나의 바람직한 소비 패턴이 될 수 있다.

4 가격과 수요량의 적대(?) 관계 : 수요의 법칙

아이스크림을 유난히 좋아하는 갑순이는 한 달에 패밀리 아이스크림을 100통 먹는다. 그럼에도 불구하고 그녀는 살이 찌지 않는다. 그녀가 이렇게 많은 아이스크림을 소비하는 것에 어떤 요인이 작용한 것일까?

일반적으로 어떤 재화와 서비스의 수요를 결정하는 요인에는 그 재화의 가격, 소득, 기호, 다른 재화의 가격 등 여러 가지가 있다. 그 가운데 가장 중요한 요인은 재화와 서비스의 가격이다. 만일 모든 요인이 동시에 변화하면 그 영향을 파악하기가 어려울 것이다. 따라서 복잡한 현실을 단순화하여 이해하기 위해서 다음과 같은 순차적인 방법을 동원한다. 먼저 가장 중요한 요인인 가격만 변화하고 '다른 요인들은 일정하다'고(ceteris paribus, other things being equal) 가정한다. 이런 방법으로 가격과 수요량 간의 관계를 이해한 후, 일정하다고 가정한 다른 요인이 변화하면 수요에 어떤 영향을 미치는지 알아보게 된다.

그러면 먼저 다른 요인들이 불변일 때, 가격과 수요량 간의 관계를 알아보자. 그 문제에 들어가기 전에 수요량과 수요를 구분할 필요가 있다. **수요량**은 일정한 가격에서 소비자가 일정 기간 동안에 구매하고자 하는 재화와 서비스의 수량을 말한다. 이에 비해 **수요**는 모든 가능한 가격에 대응해서 소비자가 일정 기간 동안에 구매하고자 하는 재화와 서비스의 수량을 나타낸다. 아래에서 설명할 수요곡선으로 나타내면 수요량은 수요곡선상의 한 점으로 나타낼 수 있다. 예컨대 아이스크림 가격이 1,000원일 때의 구매량인 10개가 수요량이고, 반면에 모든 가격에 대응한 수요량을 수요라고 하며, 수요곡선으로 나타낼 수 있다. 즉 아이스크림의 가격이 1,000원이면 수요량이 10개, 800원이면 12개, 500원이면 15개 하는 식으로 하나의 수요곡선으로 나타난다.

이미 많은 아이스크림을 먹는 갑순이가 그 가격이 하락하면 소비를 더 증가시킨다. 왜 그럴까? 가격은 소비자가 구입할 재화의 기회비용이다. 가격이 낮아진다는 것은 그만큼 비용을 적게 치르면서 재화를 소비할 수 있다는 뜻이다. 따라서 소비자는 소비에서 더 많은 만족(소비자잉여)을 얻게 된다.

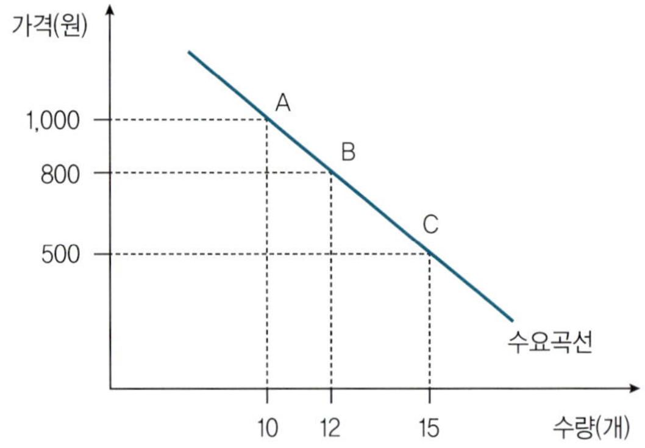

▶ 가격과 수요량은 상반관계에 있는데, 이것을 수요의 법칙이라고 한다.

그림 3-1 우하향하는 수요곡선

약간 다르게 설명하면, 아이스크림 가격이 하락하면 팥빙수나 아이스커피를 소비하던 사람들이 상대적으로 싸진 아이스크림 소비로 이동하므로 수요량이 증가한다. 이것을 **대체효과**라고 한다. 그리고 아이스크림 가격의 하락은 물가를 약간이라도 하락시켜서 실질소득이 조금 증가하므로 아이스크림 수요량이 약간 증가하는 효과가 나타날 수 있다. 이것을 **소득효과**라고 한다. 이 두 효과에 의해 아이스크림 가격이 하락하면 사람들이 아이스크림을 더 많이 소비한다.

반면에 아이스크림 가격이 상승하면 그 수요량은 감소한다. 아이스크림을 소비하던 사람들이 상대적으로 가격이 싼 팥빙수나 아이스커피 소비로 이동한다. 그리고 아이스크림 가격의 상승은 실질소득을 조금 감소시키므로 소비가 더 감소할 수 있다. 소득, 기호, 다른 재화의 가격 등 다른 요인들이 일정하다고 가정할 때, 이처럼 가격과 수요량이 서로 반대 방향으로 움직이는 것을 **수요의 법칙**이라고 한다. 그리고 가격과 수요량 간의 관계를 나타내는 곡선을 **수요곡선**이라고 한다. X축에 수요량을 표시하고 Y축에 가격을 표시한 좌표상에서 가격이 하락할 때 수요량이 증가하므로 수요곡선은 우하향곡선으로 그려진다. 수요의 법칙은 다른 요인이 변화하지 않고 일정할 경우에만 작용한다는 점을 꼭 기억하기 바란다.

갑순이와 같은 한 개인의 수요곡선을 **개별수요곡선**이라고 한다. 우리나라에는 수많은 아이스크림 소비자가 있으므로 그들의 수요곡선을 모두 수평으로 합하면 아이스크림 시장의 수요곡선이 된다. 이것을 **시장수요곡선**이라고 한다. 위에서 일단 불변이라고 가정한 요인들이 변화하면 수요곡선 자체가 좌측으로 혹은 우측으로 이동한다. 그것에 대해서는 다음 항에서 살펴보도록 한다.

5 수요를 변화시키는 요인들

가격 이외에 다른 요인이 변화하면 수요를 증가시키거나 감소시켜서 수요곡선을 우측으로 혹은 좌측으로 이동시킨다. 이렇게 수요를 변화시키는 요인은 무엇인가?

소득의 변화

대부분의 재화나 서비스는 소득이 증가하면 수요도 증가한다. 노트북 컴퓨터의 경우도 마찬가지이다. 이처럼 소득이 증가할수록 수요가 증가하는 재화나 서비스를 **정상재** 혹은 우등재라고 한다. 반면에 소득이 증가할수록 수요가 오히려 감소하는 재화도 있다. 돼지고기, 보리, 고무신, 연탄 등은 소득이 증가할수록 수요가 감소하는 대표적인 **열등재**들이다.

기호의 변화

기호 혹은 취향의 변화는 수요를 변화시킨다. 사람마다 기호의 차이가 있어서 어떤 재화를 더 좋아하거나 싫어한다. 일정한 금액을 소비에 지출할 경우에 자신이 더 좋아하는 재화를 많이 구입하고 싫어하는 재화는 거의 구입하지 않을 것이다. 그렇지

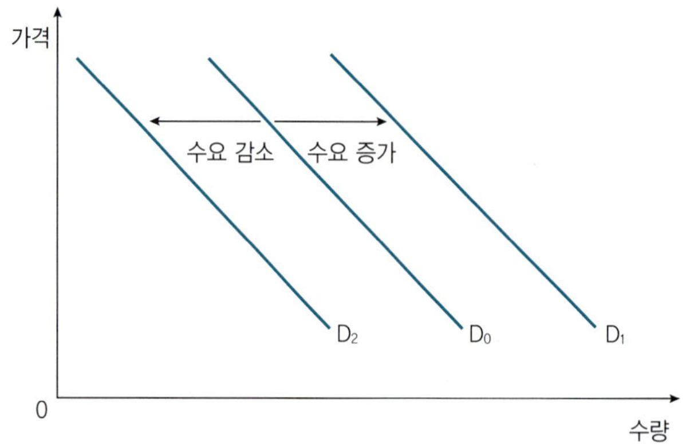

▶ 가격 이외의 다른요인, 즉 소득, 기호, 다른 재화의 가격, 예상 등이 변화하면 수요곡선은 좌측으로나 우측으로 이동한다.

그림 3-2 수요곡선의 이동

만 때로는 많은 사람이 비슷한 취향을 갖는 경우도 있다. 어떤 재화가 유행하면 사람들이 그것에 동조하여 모방한다. 예를 들어 미니스커트가 유행하면 많은 여성이 그것을 좋아하게 되어 수요하게 된다. 어떤 식품에 건강에 좋은 성분, 예컨대 항암물질이 있다는 것이 발견되면 그 재화에 대한 선호도가 높아져 수요가 증가한다. 반면에 유행이 지난 재화의 수요는 감소한다. 이처럼 기호는 단기간에는 정해져 있지만 시간이 흐르면 변화하기도 한다. 경제학에서는 기호가 어떻게 형성되는지는 설명하지 않고 사람마다 자신의 기호를 가지고 있다고만 말한다.

예상의 변화

미래에 대한 예상이 수요에 영향을 준다. 미래에 소득이 증가할 것이 예상되면 벌써 재화에 대한 수요가 증가하고, 어떤 재화의 가격이 상승할 것으로 예상되면 미리 사려고 하므로 수요가 증가한다. 휘발유 가격이 오를 것으로 예상되면 미리 주유하기 위해 차량들이 주유소에 장사진을 치는 것이 그 예이다.

다른 재화 가격의 변화

다른 재화와 서비스의 가격이 변화하면 수요에 영향을 미친다. 예를 들어 햄버거의 가격이 하락하면 햄버거의 수요량이 증가하며, 따라서 햄버거와 보완관계에 있는 콜라의 수요도 증가한다. 보완재란 햄버거와 콜라, 커피와 설탕, 맥주와 치킨처럼 같이 소비되면 따로 소비될 때보다 더 큰 효용을 주는 재화를 말한다. 반면에 햄버거와 피자는 서로 대체관계에 있다. 이 둘은 아주 비슷한 재화라서 동시에 소비하기보다는 어느 하나를 선택하여 소비하는 경우가 많다. 햄버거 가격이 하락하면 피자를 소비하던 사람들이 햄버거를 소비하게 되므로 피자의 수요는 감소한다. 그 이외에도 차와 커피, 비행기와 기차, 뮤지컬과 오페라 등은 서로 대체재이다.

소비자 수의 변화

소비자의 수가 많아지면 수요도 증가한다. 최근에 출산율이 저하하여 산부인과와 소아과의 수요가 감소하고 아동용품의 수요도 감소하고 있는 반면에 노인 인구의 증가로 통증의학과에 환자가 증가하고 각종 노인용품의 수요도 증가하고 있다. 청소년 숫자의 감소로 각급 학교에 정원을 채우기 어려운 현상이 발생하고 있다.

날씨의 변화

날씨도 수요에 영향을 주는데, 추우면 난방 기구와 방한복의 수요가 증가하고 아주 더우면 냉방기와 빙과류의 수요가 증가한다.

6 수요의 법칙에도 예외가 있다

대부분의 경우에 수요의 법칙이 성립하지만 예외적인 몇몇 경우에는 수요의 법칙이 성립하지 않아서 가격과 수요량이 같은 방향으로 움직이는 경우가 있다. 이 경우에 수요곡선은 우상향곡선으로 나타난다. 이런 경우를 들어보면 다음의 세 가지 경우가 있다.

기펜재

기펜재(Giffen goods)는 가격이 상승하면 수요량이 오히려 증가한다. 이것은 어떤 재화가 열등성이 심하고 대체재가 별로 없을 경우에 나타나는 현상인데, 감자가 그 예이다. 실제로 19세기 중반 아일랜드에서 발생한 감자 흉작 시기에 감자 가격 상승의 결과로 그 수요량이 오히려 증가한 경우가 있었다. 감자 가격이 상승하면 실질소득이 감소하지만, 감자는 심한 열등재이므로 수요가 오히려 증가하는 것이다.

과시적 소비

과시적 소비가 이루어질 경우에 가격이 상승하면 소비자가 더 비싼 재화를 소비할 수 있는 자신의 능력을 보여주기 위해서 수요량을 증가시키기도 한다. 이것은 사치재에서 나타나는 현상인데, 어떤 고급 여성 의류가 팔리지 않아서 가격에 0을 하나 더 붙였더니 더 많이 팔렸다는 이야기가 있다.

투기적 수요

가수요나 투기적 수요에서 나타나는 현상으로서 가격이 상승하면 앞으로도 가격이 더 상승할 것으로 예상하여 수요량이 증가하는 경우이다. 과거에 화장지가 귀해져서 가격이 상승하자 사재기 열풍이 불었고, 아파트 가격이 상승하자 오히려 수요량이 증가하여 가격이 폭등하기도 하였다.

요컨대, 재화나 서비스의 가격이 상승하는 것은 비싸니까 수요량을 줄이라는 신호이고 가격이 하락하는 것은 싸니 더 소비하라는 신호이다. 우하향하는 수요곡선은 소득, 기호, 미래에 대한 예상, 연관재의 가격, 날씨 등이 변화하면 우측으로 혹은 좌측으로 이동한다. 즉 수요가 증가할 경우에는 우측으로, 수요가 감소할 경우에는 좌측으로 이동한다. 예를 들어 소득이 증가하면 대부분의 경우에 수요가 증가하므로 수요곡선은 우측으로 이동하고, 어떤 재화에 대한 선호도가 증가하면 역시 수요곡선은 우측으로 이동한다.

이처럼 수요곡선 자체가 좌측으로나 우측으로 이동하는 현상을 **수요의 변화**라고 하고, 동일한 수요곡선상에서 이동하는 것을 **수요량의 변화**라고 한다. 수요곡선이 이동하는 원인은 가격 이외의 요인, 즉 소득, 기호 등의 변화이며 수요곡선상에서 이동하는 원인은 가격의 변화이다.

Chapter

04

기업의 이윤 추구와 공급의 법칙

1 기업의 등장

고대의 제국들은 국가를 부강하게 하는 길은 강력한 군대를 동원하여 타국을 정복하고, 많은 전리품과 노예를 얻는 것이라고 생각하였다. 그래서 끊임없이 정복전쟁이 이어졌다. 그러나 오늘날 부강한 나라는 국제적인 경쟁력이 있는 기업들을 많이 가진 나라이다. 기업은 부를 창출하는 생산 기지인 것이다.

과거에는 가계가 소비의 단위이자 생산의 단위였다. 농민이나 수공업자는 자기 가정에서 생산활동을 하였다. 시장이 확대되면서 다수의 노동자들이 한 작업장에서 서로 분업하고, 규모가 큰 설비를 활용하여 생산하는 것이 더 효율적인 생산방법이라는 것이 알려지자 생산을 담당하는 기업이라는 조직이 등장하였다. 기업은 재화와 서비스를 생산하고 판매하여 이윤을 추구하는 경영조직이다. 기업을 설립하는 사람들은 주로 자본가들이다. 이들이 출자하여 생산설비를 마련한 후 노동자들을 고용하고 원료를 구입하여 재화와 서비스를 생산하고, 그것을 판매하여 이윤을 얻는 것이다.

기업에는 규모가 매우 작은 동네 마트도 있고, 삼성전자나 미국의 MS같이 규모가 엄청나게 큰 기업도 있다. 동네 마트는 자신의 자본과 노동으로 운영하는 개인기업이지만 삼성전자와 같은 대규모 기업은 자본을 출자한 주주가 십만여 명에 달한다. 규모가 크든 작든 기업이 이윤을 추구하는 점에서는 동일하다.

기업의 형태에는 개인기업, 합자회사, 합명회사, **주식회사** 등이 있는데, 큰 기업은 보통 주식회사 형태의 기업이다. 자금이 있는 사람이 주식을 사면 주주가 된다. 총발행 주식의 과반수를 확보하는 사람이 그 기업에 대해 확고한 경영권을 가질 수 있다. 그렇지만 대기업의 경우에는 주식이 널리 분산되어 있어서 그것보다 더 적은 지분을 가져도 기업을 경영할 수 있다. 주주총회에서 이사가 선임되고 이들로 구성된 이사회에서 경영에 관한 주요 결정이 이루어진다. 주주들은 주주총회에 참석하여 이사를 선출하고 기타 중요한 사항의 결정에 참여할 수 있으며, 기업의 이윤이 발생하면 배당을 받는다. 그러나 기업이 파산하면 출자액만큼만 손해를 보면 되는데, 이것을 **유한책임**이라고 한다. 회사가 파산하면 주주는 기업이 부채를 모두 갚고 남는 잔여 재산에 대해서 주식 소유 비율만큼의 청구권을 갖는다.

전문경영인과 재벌체제

주주의 수가 수백만 명에 달하는 거대 기업에서는 가장 많은 주식을 소유한 사람이라고 해도 총발행 주식의 1% 이내를 소유할 정도로 주식이 많은 사람에게 분산되어 있다. 이럴 경우에는 어떤 주주도 기업을 지배하거나 영향력을 행사하기가 매우 어렵게 된다. 그래서 미국의 경우에 하버드, 예일, 스탠퍼드 등 우수한 경영대학원 출신의 전문경영인이 기업 소유자를 대체하여 기업 경영의 실권을 가지게 되었다. 이것이 '소유와 지배의 분리'(divorce of ownership and control)이고 '**경영자 혁명**'이다. 전문경영인 체제가 되면 이들은 주주에 의해 선출되었지만 주주들이 원하는 이윤극대화보다는, 자신들이 주주총회에서 불신임되지 않을 정도의 이윤을 획득하고는 경영자 자신들의 이익을 추구한다. 즉 이들은 급여 인상, 보너스, 퇴직연금 인상 등에 더욱 관심을 보인다.★1 그래서 대주주 경영과 전문경영인 경영 가운데 어느 것이 더 나은가는 한마디로 말하기는 어렵고, 그 나라와 기업이 처한 상황에 따라 다를 수밖에 없다.

우리나라의 대기업은 대부분 **재벌**이라고 불리는 기업집단에 속해 있다. 재벌 총수와 그 가족이 한 회사를 지배하면 그 회사가 다른 회사를 지배하는 순환출자 혹은 상호출자의 형식으로, 기업집단 전체의 자본금에 비해서 매우 적은 지분만 가지고서 다른 많은 기업을 지배하고 있다. 이런 재벌체제는 사업 다각화를 통해 여러 산업에 진출함으로써 위험을 분산하고 투자를 촉진하는 장점도 있으나 중복과잉 투자, 기업 경영의 투명성 부족, 기업의 독립성 결여 등 많은 문제점을 낳기도 하였다. 그렇지만 인위적인 재벌의 해체나 전문경영인 체제로의 전환이 반드시 바람직한 것은 아니기 때문에 기업 환경의 변화에 따른 점진적 개선이 필요할 것이다.

2 수입은 늘리고 비용은 줄여라: 이윤극대화

어떤 형태의 기업이든 그 목적은 이윤 추구이다. 이윤은 총수입에서 총비용을 뺀 값이며, 총수입은 가격에 판매수량을 곱한 금액(매출액)이다. 기업이 이윤을 증가시키기 위해서 총수입은 증가시키고 총비용은 줄이려고 노력한다. 수요자와 공급자가 많아서 기업이 가격을 결정할 힘이 없는 시장(완전경쟁시장)에서 기업은 자신에게 가장 유리한 생산량을 결정한다. 그러나 기업이 가격을 결정할 힘이 있는 시장(불완전경쟁시장)에서 기업은 자신에게 가장 유리한 가격과 생산량을 함께 결정한다.

총수입 늘리기

기업의 이윤은 총수입에서 총비용을 제한 금액이므로, 우선 기업은 가능한 한 총수입(매출액)을 증가시키려고 한다. 기업에서 매출액을 증가시키려고 하는 부서는 마케팅 부서이다. 이 부서는 어떤 전략을 가지고 있을까?

첫째, 기업이 가격을 결정할 수 있는 시장지배력을 가지고 있는 경우라면, 가격 전략에서 고가 전략이냐 중저가 전략이냐를 결정해야 한다. 어떤 재화가 가격이 비싸도 수요량이 별로 줄어들지 않으면 고가 전략으로, 그리고 가격이 낮은 경우에 수요량이 크게 증가한다면 중저가 전략으로 결정할 것이다. 이때 가격과 수요량(생산량)은 바로 연결되어 있으므로 가격 결정 시에 다음의 두 번째 사항을 함께 고려해야 한다.

둘째, 상품 한 단위를 추가로 판매할 때 총수입의 증가분인 **한계수입**(MR)과 한 단위를 추가로 생산할 때 총비용의 증가분인 **한계비용**(MC)이 정확하게 측정될 수 있다면, 기업은 그 둘을 비교하여 한계수입이 한계비용보다 크면 생산을 더 증가시킨다. 마침내 양자가 일치하면 거기서 생산량을 결정하며 이 생산량에서 기업의 이윤이 극

★1 Samuelson, Paul A. and W.D. Nordhaus(1989), ***Economics***, 13th ed., McGraw- Hill, pp.481～482 참조.

대화된다(MR=MC).*[2] 그런데 현실에서는 한계수입과 한계비용을 정확하게 측정하는 것이 매우 어렵다는 문제가 있다.

셋째, 기업은 판매수량을 증가시키기 위해서 홍보와 서비스 전략을 세운다. 자사 제품의 품질과 특성을 널리 알리고 독특한 서비스를 제공하여 수요를 증가시키려는 노력이 필요하다.

넷째, 보다 장기적으로는 기술진보를 통하여 품질을 향상시켜서 수요를 증가시킨다. 품질향상의 경우에 생산비용이 더 증가하기도 하므로 기업은 고품질 고가격 전략으로 갈 것인지, 중저품질 중저가 전략으로 갈 것인지를 시장 수요를 감안하여 합리적으로 결정해야 한다.

비용 줄이기

먼저 비용의 개념부터 알아보자. 경제학에서 말하는 비용은 **기회비용**(opportunity cost)을 말한다. 이것은 회계학에서 말하는 비용과 다른데, **회계학적 비용**은 실제로 돈이 지불되는 비용을 말하며 명시적 비용이라고도 한다. 그러므로 자기 자신이 소유하는 생산요소에 대한 비용, 즉 암묵적 비용은 여기에 포함되지 않는다. **경제학적 비용**은 명시적 비용과 암묵적 비용을 모두 포함한 비용을 말한다. 농부가 자신의 밭에서 채소를 재배한 경우를 보자. 종자값과 농약값, 빌린 자금의 이자 등을 합쳐 100만 원을 들여 재배한 채소를 판매하여 500만 원의 수입을 얻었다면 회계학적인 이윤은 400만 원이다. 그러나 경제학적으로는 자신의 농지를 다른 사람에게 빌려주었다면 받을 수 있는 지대 100만 원과 자신의 노동을 다른 일에 투입하였다면 받을 수 있는 임금 100만 원을 암묵적 비용으로 계산하여야 하며 그럴 경우에 경제학적 비용이 300만 원이므로 경제학적 이윤은 200만 원에 불과하다. 이윤을 증가시키기 위해서는 총수입을 증가시킴과 아울러 총비용을 줄여야 한다. 생산 부서는 총비용을 줄이기 위해서 어떤 전략을 가지고 있는가?

첫째, 생산비를 줄이기 위해서는 생산요소의 결합비율(기술의 선택)을 적절하게 선택해야 한다. 노동이 자본보다 풍부하여 임금이 이자보다 상대적으로 더 싼 경우에는 노동을 더 많이 투입하는 기술을 사용하고(노동집약적 생산방법), 반대로 자본이 노동보다 풍부하여 이자가 임금보다 상대적으로 더 싼 경우에는 자본을 더 많이 투입하는(자본집약적 생산방법) 기술이 생산비를 줄이는 길이다. 과거 우리나라가 노동이 매우 풍부한 반면 자본이 부족했을 때 기업들이 노동집약적인 생산방법을 선택하여 국제경쟁력을 가질 수 있었다.

둘째, 총비용을 줄이기 위해서 생산에 참여하는 노동자들과 경영자들이 자신의 직무에서 최선을 다해야 한다. 경제이론에서는 이들 모두 당연히 최선을 다한다고 보고 여기에 대해서 별로 언급하지 않는다. 그러나 기업의 구성원들이 동기부여가 잘 되어 자신의 역량을 충분히 발휘하는 경우와 그렇지 않은 경우에 생산성의 차이가 크다. 경제학자인 라이벤스타인(H. Leibenstein)은 기업 구성원이 최선을 다하는 것을 **X-효율**이라고 불렀고, X-효율이 달성되지 않는 상태를 X-비효율이라고 하였다. 그에 따르면 경쟁이 이루어질 때 사람들은 최선을 다한다. 경쟁이 없으면 느슨해지는 것이 인간의 본성 가운데 하나라고 볼 수 있다. 지나친 경쟁이 효율성에 도움이 된다고 보기 어렵지만 적절한 경쟁은 필요하다. 경쟁은 기업간에 그리고 기업 내부에도 적절한 정도로 있는 것이 도움이 된다. 경쟁 이외에도 기업 구성원들이 성실과 정직 등 직업윤리 면에서 성숙되어 있다면 경쟁이 없어도 생산성을 최고의 수준으로 높일 수 있으므로 윤리적 측면도 무시할 수 없다.

셋째, 기술진보가 필요하다. 동일한 수량을 생산하는 데 이전보다 더 적은 생산요소의 투입으로도 생산이 가능해지는 기술진보가 있으면 생산비용이 줄어든다. 컴퓨터 생산의 비용감소를 보면 기술진보의 효과가 얼마나 큰가를 알 수 있다. 1980년대 초에 요즘과는 비교도 안 되는 초보적인 PC인 XT 컴퓨터 한 대가 300만 원 정도에 거래되었는데 비해, 그것보다 성능이 수백 배 좋아진 PC가 오늘날 100만 원 정도 수준에서 거래되고 있다. 경쟁기업보다 생산비를 줄이면 그만큼 이윤이 증가할 수 있기 때문에 각 기업들은 사활을 걸고 기술경쟁을 하고 있다.

★2 이 내용은 상당히 복잡하여 경제학의 이해나 경제학 원론에서는 수십 페이지에 걸쳐서 설명되고 있으나, 여기서는 간략하게 언급하고 넘어가니 필요한 경우에는 다른 책을 참조하기 바란다.

넷째, 노사관계의 안정과 협력도 매우 중요하다. 노사가 갈등과 대립을 보이면 생산성의 향상에 큰 방해가 된다. 반면에 노사가 서로 협력하여 생산성을 높여서 비용을 줄이면 이윤이 증가하고 그 결과로 노동자에게도 임금상승을 통하여 이익이 돌아간다.

3 가격과 공급량의 우호 관계: 공급의 법칙

기업의 수가 아주 많아서 어떤 기업도 가격에 영향을 미치지 못하는 완전경쟁시장에서 가격과 공급량 간에 어떤 관계가 있는지 알아보자. 기업은 시장에서 판매하려고 상품을 공급하는데, 그 공급량은 어떻게 결정되는가? 여기에는 여러 가지 요인이 있다. 먼저 두 가지 용어를 정의해 두자. **공급량**은 어떤 특정한 가격에 대응해서 기업이 일정한 기간 동안에 공급하려는 수량인데 비해, **공급**은 모든 가능한 가격에 대응해서 기업이 일정 기간 동안에 공급하려는 수량의 조합을 말한다. 예컨대, 사과의 가격이 1,000원일 때 A농장이 1,000개를 판매하려고 하면 공급량은 1,000개이다. 그러나 사과 가격이 500원이면 500개, 800원이면 800개, 1,000원이면 1,000개 하는 식으로 가격과 공급량의 모든 조합을 공급이라고 하며 공급곡선으로 나타낼 수 있다. 개별 농장의 공급을 개별공급이라고 하고, 모든 농장의 공급을 합한 것을 시장공급이라고 한다.

공급을 결정하는 요인에는 재화와 서비스의 가격, 생산요소의 가격, 기술, 미래에 대한 예상, 자연조건 등 여러 가지가 있는데 그 가운데 가장 큰 영향을 미치는 요인은 재화나 서비스의 가격이다. 모든 요인이 동시에 변화하면 그 영향을 파악하기 어렵다. 보다 쉽게 이해하기 위해서, 생산요소의 가격, 기술, 예상, 자연조건 등 다른 요인은 변화가 없다고 가정하고(ceteris paribus, other things being equal) 가격과 공급량 간의 관계를 살펴본 후, 다른 요인의 변화가 공급에 미치는 영향을 보기로 한다.

재화와 서비스의 가격이 오르면 판매량이 증가할수록 총수입이 증가하며 이윤도 증가하므로 기업은 공급량을 증가시킨다. 반면에 가격이 하락하면 공급량은 감소한

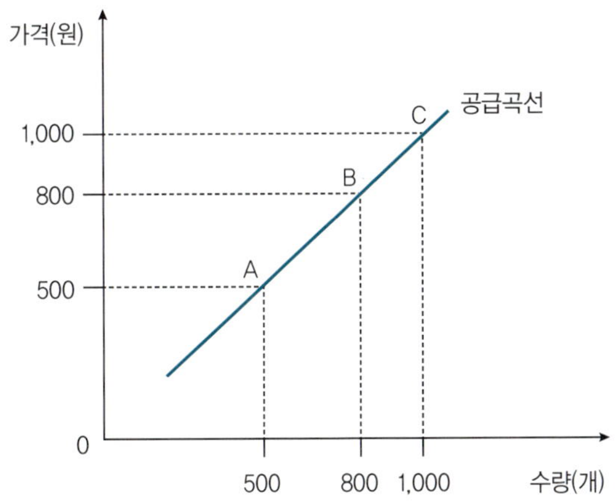

▶ 가격과 공급량 사이에 정(正)의 관계가 있는데, 이것을 공급의 법칙이라고 한다.

그림 4-1 우상향하는 공급곡선

다. 그러므로 재화의 가격과 공급량은 서로 같은 방향으로 움직이고 이것을 X축에는 공급량, Y축에는 가격이 표시되는 그림으로 나타내면 우상향의 공급곡선으로 나타난다. 이처럼 가격과 공급량 사이에 서로 같은 방향으로 움직이는 관계를 **공급의 법칙**이라고 한다. 이 법칙은 반드시 다른 요인이 불변일 때만 성립한다.

일정하다고 가정한 다른 요인들, 즉 생산요소의 가격, 기술, 예상, 자연조건 등이 변화하면 공급곡선 자체를 좌측으로 혹은 우측으로 이동시킨다. 이것에 대해서 다음 항에서 살펴본다.

4 공급을 변화시키는 요인들

공급을 변화시키는 요인, 즉 공급곡선을 좌측으로나 우측으로 이동시키는 요인이 몇 가지 있다. 어떤 요인의 변화가 공급을 증가시키면 공급곡선은 우측으로 이동하고 공급을 감소시키면 공급곡선은 좌측으로 이동한다. 공급을 변화시키는 요인에는 어떤 것들이 있는가?

생산요소 가격의 변화

생산요소 가격의 변화는 공급을 변화시킨다. 토지의 가격인 지대, 노동의 가격인 임금, 자본의 가격인 이자율 등이 상승하면 기업으로서는 생산비가 상승하여 종전과 같은 가격을 받으면 이윤이 감소하므로 공급량을 줄이게 된다. 예를 들어서 원유 가격이 오르면 기업들은 채산성이 악화되어 공급을 줄이므로 공급곡선은 좌측으로 이동한다. 반면에 생산요소의 가격이 하락하면 공급을 늘리므로 공급곡선은 우측으로 이동한다.

기술진보

기술이 진보하면 생산성이 향상되어 같은 수량을 생산하더라도 비용이 감소한다. 그러므로 기업이 공급을 증가시켜서 많이 판매할수록 이윤이 증가하므로 공급곡선은 우측으로 이동한다. 컴퓨터 제조 기술이 크게 발전하여 컴퓨터 공급량이 엄청나게 증가하였다.

예상의 변화

어떤 재화의 가격이 오를 것으로 예상되면 나중에 가격이 오른 다음에 팔기 위해서 현재의 공급을 줄인다. 반면에 가격 하락이 예상되면 가격이 내리기 전에 팔려고 공급을 증가시킨다.

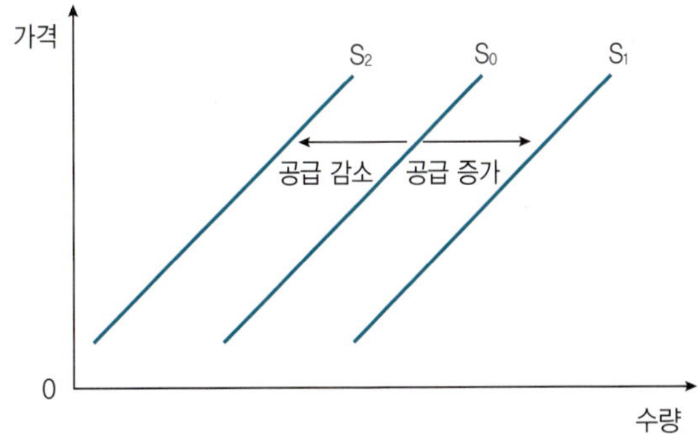

▶ 가격 이외의 다른 요인, 즉 생산요소의 가격, 기술, 예상 등의 변화가 있으면 공급곡선이 좌측으로나 우측으로 이동한다.

그림 4-2 공급곡선의 이동

공급자 수의 변화

어떤 재화나 서비스를 공급하는 공급자, 즉 기업의 수가 많아지면 공급은 증가하고 공급자의 수가 적어지면 공급도 감소한다. 몇 년 전 탕후루 가게가 잘된다는 소문이 나자 여기저기 우후죽순으로 생겨서 공급이 크게 늘었던 적이 있었는데, 얼마 안 있어 대다수가 도태되어 지금은 찾아보기 어려울 정도이다.

자연조건

곡물, 과일, 생선 등 농산물과 수산물은 자연조건에 따라 풍년이 되거나 흉년이 된다. 아직도 태풍, 홍수, 한발 등은 인위적으로 조절할 수 없는 영역이어서 우연적인 자연조건에 따라 공급량이 크게 영향을 받는다. 자연조건이 좋은 해에는 공급이 증가하고 그렇지 않은 해에는 공급이 감소한다.

요약하면, 공급량은 가격과 같은 방향으로 움직인다. 어떤 재화의 가격이 상승한다는 것은 공급자에게 공급을 증가시켜 이윤을 더 얻으라는 신호이다. 이런 우상향의 공급곡선은 위에서 말한 생산요소의 가격이 변화하거나 기술진보, 미래에 대한 예상 변화, 날씨 변화 등에 따라 우측으로 이동하든가 좌측으로 이동한다.

5 기업은 이윤극대화만 하면 되는가? : 기업의 사회적 책임

기업의 원래 목적은 재화와 서비스를 생산하여 이윤을 얻는 것이다. 위에서 본 것처럼 총수입을 증가시키고 총비용을 줄여서 이윤을 극대화하면 기업은 일단 존재의 의의를 실현하는 셈이다. 이러한 주장도 상당한 설득력을 가지고 있지만, 오늘날 기업은 이윤추구 이상의 어떤 책임을 지고 있다는 주장, 즉 **기업의 사회적 책임론**(corporate social responsibility)이 강하게 대두되고 있다. 이윤극대화로 끝나서는 안 된다는 것이다.

시카고학파의 대표적인 경제학자인 밀튼 프리드만(Milton Friedman)은 기업의 사회적 책임론을 비판하였다. 그는 기업이 기업 활동에서 속임수를 쓰지 않고 법과 규칙을 지키면서 이윤을 추구하는 것이 기업의 유일한 사회적 책임이라고 주장하였다.[★3] 기업은 이윤을 추구하는 과정에서 소비자가 필요로 하는 재화와 서비스를 공급하여 소비자들의 삶을 풍부하게 만들어 주며, 노동자들에게 일자리를 제공하고 임금을 지불한다. 그리고 정부에 세금을 납부하여 국가 재정에 기여한다. 이것은 국민생활에 대한 큰 기여라고 볼 수 있는 것이다. 따라서 이것으로 기업의 사회적 책임을 다한 것이고, 그 이상의 사회적 책임을 수행하기 위해서 주주의 이윤을 감소시키거나 소비자에게 그 비용을 떠넘기는 것은 경영자의 권한 밖이라고 프리드만은 주장하였다. 기업이 소비자를 속이지 않고, 기업가가 회사 자금을 빼돌리는 등의 부정을 저지르지 않으며 세금을 정직하게 내면서 이윤을 추구한다면 그런 기업은 대단히 좋은 기업이라고 칭찬할 만하다.

현실에서는 많은 기업에서 제품의 질을 속여서 소비자를 착취하고, 회삿돈을 도둑질하고, 관리에게 뇌물을 건네고, 거래처에 리베이트를 주고받는 등의 비윤리적 행위가 빈번하게 발생한다. 우리나라의 유수한 대기업주들이 비자금을 조성하여 횡령하고, 탈세하는 등 얼마나 빈번히 부정을 저지르곤 하는가? 상속 과정에서도 교묘한 수법으로 탈세를 하여 2, 3세에게 경영권을 상속시키려고 한다. 미국에서도 에너지 기업인 '엔론'(Enron)사는 기업의 부실을 숨기다 파산하였고, '타이코 인터내셔널'사의 경영진은 수억 달러를 횡령한 혐의로 체포되었다. 이런 모든 행위가 비윤리적 경영으로 타인을 속여서 자신의 이익을 추구하는 행위이다. 이런 행위는 국가경제에 큰 피해를 주고 결국 기업 자체도 망하게 하므로, 기업 관련자가 이러한 비윤리적 행위를 버려야 하는 것은 너무나 당연하다.

기업이 법과 규칙을 준수하는 수준을 넘어서서 보다 적극적으로 기업과 관련을 맺고 있는 소비자, 종업원, 주주, 지역사회 등 이해관계자들에게 기업 활동을 하면서 피해를 주지 않고, 나아가 그들의 삶의 질을 향상시킬 책임이 있다는 기업의 사회적 책임론이 제기되는데, 그 이유는 기업이 날로 비대해지면서 기업의 영향력이 커지고, 실제로 기업이 사회에 해를 주는 경우가 많기 때문이다.

기업이 사회적 책임을 다하기 위해서 자연환경을 보호하고, 소비자를 속이지 않고 오히려 배려하며, 종업원을 정당하게 대우하고, 정부의 법령을 준수하며, 지역사회의 발전에 기여하는 일을 해야 한다. 기업이 이러한 사회적 책임을 수행하면 그것이 기업의 평판을 높여서 기업의 제품에 대한 평가도 좋아지고 수익성을 개선하는 결과가 초래되는 경우가 많다. 따라서 기업은 윤리적 경영과 사회적 책임 수행에 적극적으로 참여할 필요가 있다. 이럴 때 기업과 기업을 둘러싼 이해관계자 모두가 더 나은 결과를 얻게 될 것이다.

★3 Friedman, Milton(1970), "The Social Responsibility of Business is to Increase Its Profits," *The New York Times Magazine*, Sep. 13, 1970.

Chapter

05

어디서나 작용하는 시장 원리 : 수요와 공급

1 교환과 시장의 탄생

제3장에서 소비자의 행동원리를, 그리고 제4장에서 생산자인 기업의 행동원리를 살펴보았다. 소비자와 생산자, 수요자와 공급자가 만나는 장소가 어디겠는가? 그곳은 바로 시장이다. 시장이란 재화와 서비스가 교환(거래)되는 장소이다. 과거에는 5일장이니 3일장이니 해서 정기적으로 장이 열렸다. 그러나 오늘날에는 남대문시장, 서문시장 등의 상설 재래시장도 있지만 백화점, 할인점, 식당, 약국 등등 수도 없이 많은 시장이 존재한다. 우리는 끊임없이 시장에서 물건을 사고팔면서 살고 있다.

사람들은 왜 이렇게 교환을 할까? 아이들이 노는 모습을 보면, 자기가 가지고 온 장난감을 가지고 놀다가 서로 바꾸어 노는 모습을 자주 볼 수 있다. 아담 스미스도 이런 모습을 보았는지 인간에게는 '교환본능'이 있다고 주장하였다. 개와 고양이끼리 서로 뭔가를 교환하는 것을 본 적이 없으니 교환이 인간의 고유한 본능인지 모를 일이다. 그러나 이것은 본능이라기보다는 교환을 통해서 서로 이익을 얻는 것을 알게 되었기 때문에 교환한다고 이해하는 것이 더 정확할 것이다.

옛날 사람들은 자신에게 필요한 것들을 대부분 스스로 생산하여 소비하였다. 그러다가 남는 재화가 있으면 이웃의 남는 물건들과 바꾸는 **물물교환**이 이루어졌다. 이것은 어디까지나 남는 물건의 교환이므로 매우 제한적으로 이루어졌다. 또한 옛날 사람들은 서로 만나서 교환조건을 정하여 교환하기보다는 일종의 선물로 이웃에게 여분의 재화를 주면, 나중에 이웃이 또 남는 재화를 선물로 주는 방식으로 교환이 이루어지기도 하였다. 우리나라에는 이런 인정스러운 교환이 잘 이루어졌다. 이것은 일시적으로 보면 일방적으로 주는 것이지만 장기적으로는 주고받는 교환관계였다.[★1]

★1 서양 사람들은 여러 사람이 같이 식사를 할 경우에 특별한 일이 없으면 각자가 자기 음식값을 지불한다. 이것을 흔히 더치페이라고 한다. 반면에 우리나라에는 아직도 일행 가운데 한 사람이 모든 사람의 음식값을 지불하는 모습을 볼 수 있다. 이것은 단기적으로 보면 일방적인 호의이지만 장기적으로는 교환 현상이라고 볼 수 있다. 서로 호의를 베풀기도 하면서 교환도 이루어지므로 좋은 면이 있다. 그렇지만 아주 친한 사람들 사이에는 괜찮겠으나, 그렇지 않은 사이에는 서로에게 부담이 될 수도 있기 때문에 우리나라에서도 점차 더치페이가 보편화되고 있다.

사람들은 처음에 좁은 범위에서 물물교환을 했지만 점점 교환의 범위를 확대하였는데, 교환이 확대되자 물물교환은 너무 불편하여 교환의 매개수단으로 화폐가 사용되기 시작하였다. 이 과정에서 교환을 활성화하는 상인들이 출현하였다. 상인들은 어떤 지방에서 많이 생산되어 가격이 싼 재화를 그것이 희소한 곳으로 가지고 가서 이윤을 얻었다. 마침내 15세기에 포르투갈과 스페인의 탐험가들과 무역상들은 이윤이 많이 남는 동방과의 무역(향신료, 면직물 등)을 위해서 유럽에서 가장 먼저 아프리카 남단을 돌아 아시아로 가는 새로운 항로를 개척하였다. 이렇게 시장은 확대되어 세계 전체가 거래에 의해 연결되기 시작하였다.

거래가 확대되기 위해서는 먼저 재산권이 보호되어야 한다. 만일 강도나 절도의 위험이 크다면 쉽사리 자신의 물건들을 노출시켜 사고팔 수 없을 것이다. 옛날 우리나라에서 문경새재 등과 같은 곳에는 많은 도적떼가 있었고, 그것은 거래를 저해하는 요인이 되었다. 그리고 교통과 통신이 발달해야 한다. 최근 교통과 통신 수단의 발전은 가히 혁명적이며, 그에 따라 시장이 세계적으로 확대되었다. 그리고 정치적이고 군사적인 면에서 평화가 중요하다. 또한 국가가 자유로운 거래의 중요성을 인식하고 그것을 장려하는 경제정책을 시행하는 것이 필요하다.

2 분업의 힘과 문제점

시장이 확대되고 교환이 활성화되어 생산물의 판로가 점점 확실해지자 사람들은 굳이 자신에게 필요한 재화를 모두 생산하는 것보다 가장 잘 생산할 수 있는 하나 혹은 소수의 품목만 생산하여 그것을 팔아서 다른 재화를 구입하는 것이 자신에게 더 유리하다는 것을 알게 되었다. 그래서 분업이 시작되었다. 분업이야말로 생산성 증대의 지름길이다.

분업이 이루어지면서 사람들은 자신이 다른 사람들보다 더 잘 생산할 수 있는 분야를 찾아 자기의 직업으로 삼았다. 어떤 사람은 식량과 채소를 다른 사람들보다 더 잘 생산하여서 농부로, 다른 사람은 상인으로, 또 다른 사람은 은행원이 되기로 선택하였다. 이렇게 직업이 분화되었다. 이러한 방식의 설명이 아담 스미스가 말하는 **절대우위설**이다.

이에 반해 리카도는 한 사람이 다른 사람들보다 모든 일을 더 잘하더라도 결국에는 상대적으로 더 잘하는 분야에 전문화하는 것이 더 낫다는 것을 보여주었다. 예를 들어 농구의 황제라고 불린 마이클 조단이 한때 야구선수로 뛰고자 한 적이 있었다. 그가 농구와 야구를 둘 다 다른 사람들보다 더 잘한다고 하자. 그렇지만 그는 농구를 다른 사람들보다 월등히 더 잘하고 야구는 조금 더 잘한다면 그는 농구와 야구 둘 다 하는 것보다 야구를 포기하고 농구에 전념하는 것이 낫다. 그가 야구를 하는 시간에는 농구를 못하기 때문에 포기하는 기회비용이 매우 크므로 그는 농구만 하는 것이 더 나은 것이다. 이것은 모든 분야에서 생산성이 낮은 사람에게도 희망을 준다. 왜냐하면 그 사람도 상대적으로 덜 못하는 분야가 있으며 바로 그 분야에 비교우위가 있는 것이다(**비교우위설**). 그러므로 이 세상에는 우등생뿐 아니라 열등생도 살 수 있게 되어 있다. 이러한 비교우위의 원리는 국내의 분업뿐 아니라 국제무역에서의 분업에도 그대로 적용된다.

이렇게 분업을 하면 각자가 비교우위가 있는 일을 하므로 사회 전체의 효율성이 높아져서 전체적인 생산량이 증가하고 그것을 교환하여 모든 사람의 소비량도 증가한다. 분업은 이런 단기적인 효과만 있는 것이 아니라, 각자가 장기적으로 한 가지 일에 전념함으로써 숙련도가 매우 높아지고 지식이 향상되어 생산성이 비약적으로 증가한다. 아담 스미스는 혼자서 일하는 핀 공장과 여러 사람이 분업을 하여 일하는 핀 공장을 견학하고 분업의 생산성 증대 효과에 감탄을 금치 못하였다. 오늘날 이렇게 1인당 소득수준이 높아진 데에는 다른 요인도 많지만 분업의 효과가 매우 큰 것이다.

분업에 좋은 점만 있는 것은 아니다. 사람들이 너무 좁은 범위의 일에만 몰두하다 보니 기업이 어떻게 돌아가는지, 사회가 어떻게 돌아가는지 알기가 어려워졌다. 자신이 하는 좁은 범위의 일이 어떤 역할을 하고 어떤 의미가 있는지도 알기 어렵다. 그래서 많은 사람이 거대한 사회의 하나의 부품처럼 생각되어서 무의미와 소외감을 느끼게 되었다. 채플린의 영화 '모던 타임스'에는 하루 종일 동그란 나사를 조이던 노동자가 퇴근 후 지나가는 여인의 가슴을 나사로 착각하고 조이려고 달려드는 장면이 나온다. 이것은 오로지 나사를 조이는 것만 생각하는 노동자의 소외를 보여주는 장면이다.

이러한 분업의 부정적인 측면을 해소하기 위해서 자신이 하는 일이 전체 과정 가운데 어떤 중요성이 있는지 알 필요가 있다. 기업도 노동자들에게 이러한 것을 알려줄 책임이 있다. 그리고 각자가 자신의 좁은 범위를 넘어서서 관심을 확대하고 전인격적 성장을 위해서 노력하는 자세가 필요하다.

마르크스와 엥겔스는 생산력이 고도로 발전한 공산주의 단계가 되면 분업이 사라지고, 일이 하나의 취미생활처럼 될 것이라는 희망을 피력했다. "아침에는 사냥하고, 오후에는 낚시하고, 저녁에는 소를 몰며, 저녁 식사 후에는 비평을 하면서, 그러면서도 사냥꾼으로도, 목동으로도, 비평가로도 되지 않는 일이 가능하게 된다."(『독일 이데올로기』). 그런 단계가 과연 올 수 있을지는 의문의 여지가 많다. 현재에는 생산성의 증대를 위해서 여전히 분업이 필요하다. 앞으로도 오랜 기간 그런 추세가 지속되고, 그런 가운데 분업의 부정적 측면을 해소하려는 노력도 계속될 것이다.

3 교환의 본질 : 이기심과 호혜성의 원리

오늘날 우리는 고도로 발전된 시장경제에서 살고 있다. 과거에 스스로 하던 일들을 거의 대부분 다른 사람들로부터 재화와 서비스를 구매함으로써 해결하고 있다. 생활필수품을 자급자족하던 관행으로부터 시장에서 구매하는 방식으로 바뀌었을 뿐 아니라 어린 자녀를 가르치는 일을 유치원이나 과외교사에게 맡기고, 음식을 만드는 일을 외식을 통해서 해결한다. 시장 보는 일, 관청에 서류 떼는 일 등을 스스로 하지 않고 심부름센터에 맡긴다. 이 순간에도 새로운 시장이 생기고 분업은 더 진전되고 있으며, 새로운 직업과 산업이 생기고 있다. 위에서 본 바와 같이 이런 교환과 분업의 확대가 효율성을 높이고 있는 것이다.

일찍이 아담 스미스는 교환은 본질적으로 이기적인 동기에 의해 이루어진다고 보았다. 즉 그는 그의 명저인 『국부론』에서 다음과 같이 말하였다.

> 우리가 식사를 할 수 있는 것은 정육점 주인, 양조장 주인, 빵집 주인의 자비심에 의한 것이 아니라 자기 이익에 대한 그들의 관심 때문이다. 우리는 그들의 인간애에 호소하지 않고 그들의 이기심에 호소하며, 그들에게 우리 자신의 필요를 이야기하지 않고 그들의 이익을 이야기한다. 거지 이외에는 아무도 전적으로 동료의 자비에 의지하려고 하지 않는다.★2

정육점 주인이나 양조장 주인이 우리를 위해서 쇠고기와 주류를 생산하여 제공하는 것은 아니다. 우리 자신이나 그들이나 충분한 자비심을 가지고 있지 못하다. 그리고 우리 모두가 타인의 필요를 충족시키기 위해 일한다면 자신의 필요는 어떻게 충족시킬 것인가? 그러므로 교환에 의해서 각자가 필요한 것을 주고받음으로써 자신의 필요를 충족시킨다. 이것을 스미스는 다음과 같이 표현하였다.

> 인간은 항상 동료의 도움을 필요로 하는데, 이것을 동료의 자비로부터 기대하는 것은 불가능하다. 이렇게 하는 것보다는 오히려 자기의 이익을 위해 동료의 이기심을 자극하고 자기의 요망사항을 들어주는 것이 그들 자신의 이익이 된다는 것을 보여주는 것이 훨씬 낫다. 타인에게 어떤 종류의 거래를 제의하는 사람은 누구든지 그렇게 하려고 한다. 내가 원하는 것을 나에게 주면 너는 네가 원하는 것을 가지게 될 것이라는 것이 이러한 모든 제의가 의미하는 바다. 그리고 이러한 방법으로 우리는 우리가 필요로 하는 호의의 대부분을 상호간에 얻어낸다.

★2 아담 스미스(김수행 역 : 1992), 『국부론』(상), 동아출판사, p. 22.

우리는 자신이 필요한 것들을 모두 생산할 수 없으므로 불가피하게 다른 사람들의 도움을 필요로 하는데, 어떻게 그들로 하여금 나를 돕게 만들 수 있을까? 그것은 그들이 나를 도우면 나는 그들이 원하는 것을 주는 방법이다. 이것이 바로 교환의 요체이다. 교환의 동기는 이기심이지만, 빼앗거나 구걸하는 것이 아니라 그들이 원하는 것을 줌으로써 내가 원하는 것을 얻는 방법이다. 즉 교환은 타인을 도움으로써 타인의 도움을 얻는 길이다. 그러므로 동기는 이기적이지만 결과는 서로에게 이익을 주므로 호혜적이다. 타인으로부터 강탈하는 것은 범죄이고 타인의 자비에 의존하는 것은 구걸이다. 교환은 떳떳하고 언제까지나 지속될 수 있으며, 서로에게 도움이 되는 방법이다. 예외적으로 자립할 수 없는 불우한 자들에게는 정부와 민간단체 혹은 개인들의 자비로운 도움이 필요하다. 그리고 친밀한 사람들 사이에 선물을 통해 사랑을 표현하는 것은 아름답다. 그렇지만 우리의 삶의 대부분은 교환에 의존하여 영위된다.

4 가격의 결정 원리

어떤 시장에서 수요자와 공급자가 만난다고 하자. 사람들은 자기 이익을 추구하므로 자신이 무언가를 팔 때에는 비싸게 팔려고 하고 살 때에는 싸게 사려고 한다. 그러면 가격은 어느 수준에서 결정될 것인가? 다이아몬드는 무척 비싸지만, 물은 아주 싸다. 왜 이런 차이가 나는 것일까?

가격이 어느 수준에서 결정되느냐에 따라 수요자가 유리할 수도 있고 공급자가 유리할 수도 있으므로 가격의 결정은 시장에 참여하는 사람들에게 매우 중요하다. 어느 해에 채소가 풍작을 이루자 가격이 폭락하여 농부들이 채소를 그대로 갈아 엎어버리는 모습을 볼 수 있었다. 이런 해에 수요자는 이익을 얻는 반면 공급자는 많은 손해를 본다. 이렇게 중요한 가격이 결정되는 원리에 대해 알아보자.

제3장에서는 우하향하는 수요곡선에 대해 설명하였고, 제4장에서는 우상향하는

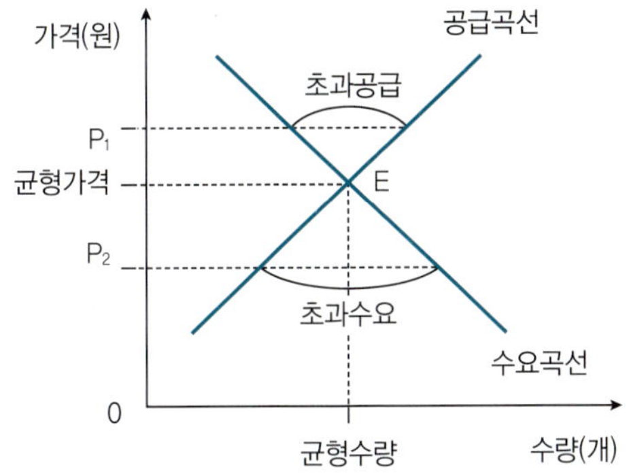

▶ 우하향하는 수요곡선과 우상향하는 공급곡선이 교차하는 E점에서 균형가격과 균형거래량이 결정된다.

그림 5-1 수요-공급에 의한 가격의 결정

공급곡선에 대해 설명하였다. 이제 X축에는 수량을, Y축에는 가격을 나타내는 좌표상에 우하향하는 수요곡선과 우상향하는 공급곡선을 동시에 그려보자. 그러면 두 곡선이 교차하는 점이 생기는데, 그 점에서 균형가격과 균형수량이 결정된다. 만일 가격이 균형가격보다 높으면 공급량이 수요량보다 많아서(초과공급) 재고가 쌓이게 된다. 그러면 공급자는 재고를 처분하기 위해서 가격을 낮추게 되므로 가격은 점점 하락하여 균형가격 수준으로 내려간다.

만일 가격이 균형가격보다 낮게 결정되면 수요량이 공급량보다 더 많아서(초과수요) 수요자들은 그 재화나 서비스를 구입하기 위해서 긴 줄을 서기도 하고, 구매하지 못하는 경우도 있을 것이다. 그러면 수요자들이 가격을 더 높게 주더라도 사려고 할 것이고, 공급자는 가격을 인상해도 되겠다고 생각하여 결국 가격은 균형가격으로 올라간다. 이렇게 하여 수요량과 공급량이 일치하는 점에서 가격이 결정된다. 이 균형은 수요와 공급을 변화시키는 다른 요인이 불변이라는 가정하에 성립된다.

5 완전경쟁시장 균형의 신비

위에서 본 것과 같이 수요곡선과 공급곡선이 교차하는 점에서 가격이 결정되는 현상은 모든 시장에서 그런 것이 아니고 완전경쟁시장에서만 그러하다. 완전경쟁시장이란 다음과 같은 몇 가지 조건이 갖추어진 시장을 말한다. 첫째, 수요자와 공급자가 다수여서 모두가 시장가격의 결정에 영향을 줄 수 없는 **가격순응자**(price-taker)이다. 둘째, 모든 기업 제품의 품질은 완전 동질적이다. 셋째, 새로운 기업이 자유롭게 이 산업에 진입할 수 있고, 기존 기업도 자유롭게 퇴출할 수 있다. 넷째, 제품의 품질과 가격에 대한 정보가 완전히 알려져 있다. 완전경쟁시장은 이상적인 시장형태로서 현실에서 찾아보기 어려운 '이데아의 세계'이며 다른 시장을 판단하는 기준이 된다.

완전경쟁시장의 균형은 매우 중요한 의미를 지닌다. 첫째, 균형점에서 공급자와 수요자의 이해관계가 적절하게 균형을 이루고 있다. 앞에서 본 것처럼 공급자는 비싸게 팔려고 하고 수요자는 싸게 사려고 하는데, 이들의 이해 대립은 결국 시장의 수요량과 공급량에 의해 조정된다. 만일 가격이 균형가격보다 높으면 수요량이 공급량보다 적어서 가격은 자동적으로 내려간다. 반면에 가격이 균형가격보다 낮으면 수요량이 공급량보다 많아서 가격은 자동적으로 올라간다. 결국 수요량과 공급량이 일치하는 선에서 가격이 결정된다. 수요와 공급의 힘에 의해 자동적으로 이해관계가 조정되는 것이다.

둘째, 균형에서 수요량과 공급량이 일치한다. 만일 수요량이 공급량보다 많으면 소비자는 물자를 구하지 못해 매우 불편하다. 과거 소련에서 정부가 소비재의 가격을 균형가격보다 낮게 통제했던 시절에, 소련 소비자들은 물자의 부족으로 어떤 물건이든 구입하려면 오랜 시간 동안 줄을 서야 했고, 주부들은 하루 평균 두 시간 정도를 쇼핑에 할애해야 할 정도였다. 거리를 지나가다가 상점 앞에 줄이 서 있으면 무조건 그 뒤에 서고, 앞 사람에게 무엇을 파느냐고 물으면 앞사람도 모른다고 했다는 에피소드가 전해진다. 반면에 공급량이 수요량보다 많아 재고가 쌓이면 공급자는 큰 손실을 보고 심지어 도산을 하기도 한다. 수요량과 공급량이 일치한다는 것은 이 재화가 적절한 수량만큼 생산되어 자원이 효율적으로 배분됨을 의미한다. 그것은 수요자와 공급자 모두 현 상태에 만족함을 나타낸다. 그러므로 완전경쟁시장에서 가격의 조절기능에 의해 자동적으로 수요량과 공급량이 일치한다는 것은 얼마나 다행인지 모른다. 시장에 이런 기능이 숨겨져 있다는 것은 신비로운 일이다.

셋째, 수요자와 공급자의 이해관계가 조정되고 수요량과 공급량이 일치되는 균형이 인위적인 조정 없이 자동적으로 이루어진다는 점이다. 그래서 수요자는 주어진 여건하에 자신의 필요와 욕망에 따라서 자유롭게 소비할 재화를 선택할 수 있고, 공급자 역시 주어진 여건하에서 영리 추구의 자유에 따라 사회의 규범 내에서 자유롭게 기업 활동을 할 수 있다. 즉 시장의 균형은 **경제적 자유**와 완전히 조화된다. 각자가 경제적 자유를 마음껏 누려도 균형이 달성될 수 있다는 것은 경제적 자유를 중요하게 생각하는 사람들에게는 매우 중요한 현상이다.

정부는 사유재산을 보호하고 거래 과정에서 사기나 강요를 방지하는 일만 하면 나머지는 각자에게 맡겨놓아도 시장이 자동적으로 균형을 달성해 나간다는 것이다. 이것이 아담 스미스가 말한 '**보이지 않는 손**'이다.

이런 신비한 기능을 수행하는 시장을 누가 발명했다면 노벨경제학상을 받을 충분한 자격이 있을 것이다. 시장이 발명된 것이 아니라 저절로 생겼다는 사실이 더욱 놀랍다. 마치 지구가 태양을 1년 만에 정확하게 한 바퀴 돌고, 24시간 만에 자전을 하듯이 사회에도 놀라운 법칙이 존재한다는 것이 신기하다. 시장의 법칙이 자연법칙만큼 정밀하거나 완벽하지는 않아서 때로는 땜질이 필요하지만 말이다.

이렇게 결정된 균형은 이제까지 우리가 일정불변으로 가정한 다른 요인들, 즉 수요를 변화시키는 요인인 소득, 기호 등과 공급을 변화시키는 요인인 생산요소의 가격, 기술 등이 변화하면 수요곡선이나 공급곡선이 좌측으로나 우측으로 이동하여 새로운 균형으로 이동한다. 예컨대 다른 요인은 그대로이고 소득만 증가하면, 일반적으로 재화의 수요가 증가하여 그 가격이 상승하고 수량도 증가한다. 그런데 수요를 변화시키는 요인과 공급을 변화시키는 요인이 많기 때문에 어떤 재화나 서비스의 가격이 앞으로 어떻게 변화할지 정확하게 예측하기는 쉽지 않다. 가격을 정확하게 예측하는 것은 그 재화나 서비스의 공급자나 그것을 대량으로 구매하는 수요자에게는 매우 중요한 일이므로 전문 연구기관의 도움을 받을 필요가 있다.

6 경제논리와 정치논리

정치인들이나 언론에서 어떤 문제를 경제논리로 풀어야 한다느니 정치논리로 풀어야 한다느니 하는 논란을 벌이는 것을 가끔 볼 수 있다. 흔히 경제논리는 1원1표의 논리이고, 정치논리는 1인1표의 논리라고 한다. 경제논리는 시장의 논리이며, 소비자가 구매력을 바탕으로 하여 원하는 대로 재화와 서비스를 구매하면 수요에 따라 그것들이 공급되는 원리이다. 시장에서 자율적으로 가격이 결정되고 거래를 통해서 거래 쌍방은 서로 이익을 얻는다. 정치논리는 다수의 힘을 바탕으로 소비자 주권을 무시하고 거래를 금지하거나 시장이 아닌 정부가 가격을 정하려고 하는 원리이다. 정치논리는 효율성보다 공평성이나 도덕성을 실현하고자 한다.

보통 구매력을 많이 가진 사람은 효율성의 입장에서 경제논리를 선호하고, 그렇지 않은 사람들은 형평성이나 도덕성을 이유로 하여 정치논리를 선호한다. 이 두 논리는 상반되지만, 둘 다 중요한 가치를 대변하므로 적절한 수준에서 조화될 필요가 있다.

정치논리의 사례 : 성매매 금지

우리나라에서 2004년부터 시행된 성매매금지법은 종전에 금지되어 오던 성을 파는 행위뿐 아니라 성을 사는 행위, 알선하는 행위도 금지시켰다. 성매매를 강요하기 위해서 여성을 납치하거나 인신매매를 하는 행위는 당연히 처벌해야 하지만, 그런 것과는 무관한 성매매자는 거래를 통하여 서로 이익을 얻을 것이므로 피해자가 없는데도 이 거래를 범죄로 간주하는 것은 얼른 이해되지 않을 수도 있다. 성 매수자는 성적 쾌락을 얻고, 성 판매자는 필요한 돈을 벌어 쌍방이 이익을 얻지 않는가? 이처럼 남을 해치지 않은 범죄를 '피해자 없는 범죄'(victimless crime)라고 하는데, 왜 이런 거래까지 금지하고 거래자를 처벌하는 것일까?

성이란 원래 자녀 출산과 관계되고, 사랑하는 사람 사이에만 허용되는 매우 고귀한 기능이므로 돈으로 그것을 사고파는 것은 인격에 대한 모독이라는 것이다. 그리고 성을 구매하는 사람이 일시적으로 쾌락을 얻을 수 있으나 장기적으로 인격적 손상과 자책감, 그리고 성병의 위험에 대한 노출 등으로 효용이 오히려 마이너스일 수도 있다. 또한 성을 판매하는 사람이 돈을 벌므로 이익이라고 볼 수 있으나, 그 역시 인격적 손상과 자책감, 성병 등으로 장기적으로 효용이 마이너스일 가능성이 높다는 것이다. 그래서 국가가 어버이와 같은 마음으로 어리석음에 빠질 수도 있는 개인들의 자유로운 선택을 제한하는 조치를 취하여 이 거래를 금지시키기에 이른다.

이것은 소비자보다 국가가 더 현명한 판단자라는 것을 의미하므로 소비자 주권에 위배된다. 국민의 다수가 성매매에 대한 부정적인 도덕적 신념을 가지고 있을 경우에, 그들은 정치 과정을 거쳐 성매매를 금지하는 조치를 취한다. 반면 거래 쌍방이 타인을 해치지 않는다면 거래 여부는 거래 당사자에게 맡겨야 한다는 주장도 설득력이 없는 것은 아니다. 그래서 나라마다 성매매에 대한 입장이 다르다.

외국의 사례를 보면, 일본, 중국, 대만, 필리핀, 미국의 일부 주, 스웨덴 등에서 성매매는 범죄행위로 금지되어 있다. 반면에 네덜란드, 독일, 스위스 등에서는 합법화되어 있다. 특이하게도 스웨덴에서는 성 판매자는 처벌되지 않고 성 구매자만 처벌되는데 연간 소득의 12%를 벌금으로 지불해야 하는 것으로 알려져 있다. 연봉이 5,000만 원인 사람은 약 600만 원, 연봉이 1억 원인 사람은 1,200만 원 정도의 엄청난 벌금을 내야 한다. 성매매에 대해서 나라마다 이런 차이가 있는 이유는 성의 거래가 당사자의 장기적 행복에 미칠 영향에 대한 판단의 차이에 기인하고, 이것은 그 나라의 성도덕과 밀접한 관련을 가진다.

이 외에도 어떤 재화나 서비스의 거래가 거래 당사자에게 실제로는 이롭지 않거나, 사회에 미치는 영향이 심히 부정적이어서 거래가 금지되는 경우는 마약, 장기(간, 콩팥 등), 투표권 등의 거래이다. 마약은 몽환적 쾌락을 주나 그것은 매우 짧고, 장기적으로 본인의 정신을 마비시킬 뿐 아니라 타인에게 피해를 주며, 추가적인 범죄의 원인이 되기도 한다. 장기의 거래는 그 자체가 인격의 존엄성을 해치며 유괴 등의 범죄를 유발할 수 있다. 투표권의 거래는 민주국가의 주권자로서 존엄성을 파괴하고 민주주의 자체를 붕괴시킨다. 그래서 이런 것들의 거래 금지에는 합당한 근거가 있는 것이다.

미국에서는 한때 금주법을 시행하여 술의 거래가 금지된 적이 있었으나 얼마 후에 그 금지 조치는 철회되었다. 법으로 금지해도 거래를 통해서 이익을 얻는 수요자와 공급자가 있는 한 거래를 완전히 막기는 불가능하며 암시장이 존재하기 마련이다. 금주법이 시행되고 있었을 때 시카고에서 악명 높았던 알 카포네를 중심으로 한 범죄조직이 암시장에서 주류를 거래하여 천문학적 이익을 챙긴 사례가 있다. 오늘날에도 마약 거래를 통해서 범죄조직이 엄청난 이익을 얻고 그 조직이 더 커지고 있어서 문제가 되고 있다. 그래서 어떤 경제학자는 마약 범죄조직을 약화시키기 위해서 어떤 범위의 마약을 합법화하여 그 가격을 폭락시키는 것이 더 낫다고 주장하기도 한다. 그러므로 제3자에게 거의 피해를 주지 않고 주로 자신에게 해로운 거래에 대해서 국가가 지나치게 정치논리로 개입하면 오히려 암시장과 범죄조직의 발생을 도와주는 결과를 초래할 수 있다.

담배, 술, 도박 등 당사자에게 오히려 해로운 것으로 인정되는 재화와 서비스(**비가치재**: demerit good)*3의 거래를 금지하는 것이 필요하나, 그것이 지나치게 개인의 자유를 제한하고 암시장의 번성 등에 의해 실효성도 없다고 판단되면 국가는 거래는 허용하되 고율의 세금을 물려서 생산과 소비를 줄이는 조치를 취할 수 있다. 이런 세금은 원래는 생산과 소비를 줄이기 위한 세금이지만, 소비자들이 소비를 많이 줄이지 않을 경우에 이 재원을 바탕으로 하여 비가치재 소비에서 나타나는 부작용을 치유하는 데 사용할 수 있다.

정부의 가격통제

정치논리의 한 예로서, 때로는 가격이 시장에서 결정되도록 하지 않고 정부가 직접 통제한다. 그 목적은 어려운 처지에 있는 수요자나 공급자를 보호하려는 것이다. 이것을 **가격통제**(price control)라고 하는데, 여기에는 공급자를 보호하려는 최저가격제와 수요자를 보호하려는 최고가격제가 있다. **최저가격제**의 예로는 농민들을 보호하기 위하여 농산물 가격을 시장가격보다 높여주는 농산물가격지지제와 미숙련 노동자를 보호하는 최저임금제가 있다. 농산물가격지지제는 농산물 가격을 시장가격보다 높은 지지가격 수준으로 유지하는 것이므로 농민들의 소득을 증대시키는 효과가 있다. 반면에 정부가 가격인상으로 인해 발생하는 초과공급량을 수매할 필요가 있게 되어 막대한 재정지출이 소요되는 문제가 생긴다.

최저임금제를 시행하면 보호 대상이 되는 미숙련 노동자들의 임금이 상승하므로 계속 고용되는 노동자들은 이익을 얻으나, 그 가운데에도 가장 열악한 처지에 있는 청소년, 노인, 그리고 여성 근로자가 먼저 실업을 당하는 부작용이 발생한다. 얼마 전 아파트 경비원들에게 최저임금제가 적용되면서 나이가 더 많은 경비원을 우선으로 하여 대량 해고 사태가 발생한 적이 있었다. 그럼에도 불구하고 해고되는 실업자보다는 계속 일하면서 최저임금제의 혜택을 받는 노동자들의 수가 훨씬 많기 때문에 최저임금제가 시행되는 국가들이 많다.

반면에 수요자를 보호하는 가격통제를 **최고가격제**라고 하는데, 여기에는 처지가 열악하다고 생각되는 주택 임차인을 보호하기 위해서 시행되는 임대료 상한제와 주택 매입자를 보호하는 아파트 분양가격상한제 등이 있다. 이 제도들은 수요자가 공급자에 비해 매우 불리하고 어려운 위치에 있다고 판단하여 그들을 보호하려는 취지에서 시행되는 제도이다. 임대료 통제를 실시한 선진국의 경우를 보면, 우선 임대료가 싸

★3 비가치재는 어떤 재화나 서비스가 소비되는 것이 바람직하지 않는 경우를 말한다. 반면에 인간생활에 꼭 필요하다고 생각되어 정부가 국민이 많이 소비하기를 희망하여 직접 공급하기도 하는 재화를 가치재(merit good)라고 한다. 여기에는 식량, 주택, 교육, 의료서비스 등이 있다. 이것들은 공공재는 아니지만 가치재여서 정부가 공급에 참여한다.

서 임차인들에게 유리하나 임대시장의 주택 공급이 장기적으로 더욱 감소하여 공급 부족이 심화되고 주택이 급속히 노후화되는 부작용이 나타났다.

이처럼 정부가 시장에 개입하여 거래를 금지시키거나 가격을 통제하여 일정한 목적을 달성할 수 있지만, 수요-공급의 원리는 끈질기게 작용하므로 암시장에서 거래가 계속되거나 낮은 가격으로 인해 제품의 질 하락 등과 같은 각종 부작용이 나타나기도 한다. 그러므로 시장 개입의 결과를 면밀하게 예측하여 비용과 편익을 분석한 후 개입여부와 그 정도를 결정하지 않으면 안 된다. 시장원리는 어디서나 작동하고 있으므로 함부로 이것을 어기면 시장의 보복을 당한다. 즉 심각한 부작용이 나타나는 것이다.

경제학은 주로 효율성에 중점을 두고 경제정책을 제안하는데 정치에서는 효율성 이외에 형평성 및 인격의 존엄성 같은 다른 도덕적 가치도 구현하고자 하므로 국민들 다수의 종교, 도덕, 문화 등이 정치적 과정에 의해 법으로 제정되어 시장에 영향을 미친다. 그래서 같은 자본주의라고 하더라도 그 나라의 정신문화와 전통에 따라 상당히 다른 유형의 자본주의가 존재하게 되는 것이다.

7 탄력성과 농산물 가격의 극심한 변동

어떤 해에 농사는 대풍작이라고 하는데 농민들은 오히려 울상인 경우가 있다. 풍작으로 농산물 공급이 많이 증가하자 가격이 곤두박질쳐서 과일, 채소 등에서 생산비도 건지지 못하여 농민들이 농산물을 땅에 묻어버리는 모습이 TV에 방영되기도 하였다. 반면에 마늘, 배추, 고추 등의 가격이 하늘로 치솟아 도시 서민들이 김장을 담그지 못해 아우성을 친 적도 여러 해 있었다. 왜 이렇게 농산물 가격은 변동이 심한가? 이런 재화의 가격변동이 심한 것은 **수요의 가격탄력성**과 밀접하게 연관되어 있다.

수요의 가격탄력성은 어떤 재화나 서비스의 수요량이 가격변동에 얼마나 민감하게 반응하는가를 나타내는 지표이다. 탄력성은 마치 용수철에 힘을 가하면 그것의 신축성에 따라 많이 혹은 조금 튀어 오르는 것처럼, 가격 변화가 있을 때 수요량이 반응하는 정도를 나타내며, 그 값은 다음과 같은 식으로 구해진다.

$$\text{수요의 가격탄력성} = \frac{\text{수요량의 변화율(\%)}}{\text{가격의 변화율(\%)}}$$

예를 들어 아이스크림의 가격이 1,000원에서 900원으로 10% 하락하자 수요량이 폭발적으로 증가하여 한 달에 1,000개에서 2,000개로 100% 늘었다면 수요의 가격탄력성은 10이다. 탄력성은 1을 기준으로 하여 그보다 크면 탄력적이라고 하고, 그것보다 작으면 비탄력적이라고 보기 때문에 이 아이스크림의 수요의 가격탄력성은 매우 큰 편이다. 어떤 재화의 수요량은 가격의 변화에 매우 민감하게 반응하는가 하면, 다른 재화의 수요량은 그것에 아주 둔감하게 반응한다.

농산물과 같은 필수품의 수요량은 가격의 변화에 대해서 거의 반응을 보이지 않는다. 쌀의 가격이 아무리 올라도 사람들은 하루 세 끼를 먹어야 하므로 수요량은 거의 줄어들지 않으며 가격이 아무리 내려도 하루에 네 끼 먹는 사람은 없으므로 수요량은 별로 늘지 않는다. 이런 재화의 수요의 가격탄력성은 아주 작으며, 이것을 비탄력적이라고 한다. 이처럼 수요의 가격탄력성이 작은 재화의 수요곡선은 매우 가파른 우하향곡선으로 그려진다. 이 경우에 공급이 증가하면 가격이 큰 폭으로 하락하고 공급이 줄어들면 가격은 대폭 상승하여 가격변동이 아주 심하다.

풍년이 들어 공급이 증가하면 가격이 폭락하여 농민들의 총수입은 오히려 크게 줄어든다(풍년기근현상 또는 농부의 역설). 그러므로 풍년이 드는 것이 농민들에게 기뻐할 일이 아니라, 오히려 슬퍼할 일이 되어 버렸다. 요즘에도 풍년이 들면 농촌에서 징과 꽹과리를 치며 자축하는데, 이것은 전통에서 온 것이고 농민들의 이해관계에서 온 것이 아니다. 풍년은 농민들이 아니라 오히려 도시 소비자들에게 기쁜 소식이다.

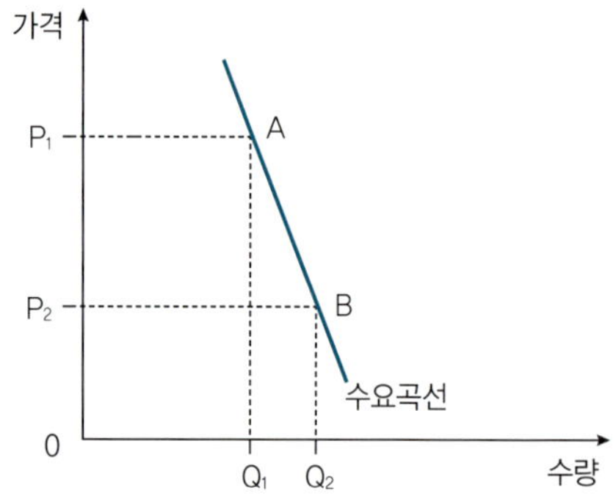

그림 5-2 농산물 수요의 가격탄력성 : 비탄력적

그래서 정부는 비축 가능한 농산물에 대해서 가격이 크게 하락하면 매입하여 비축하고, 가격이 크게 상승하면 비축된 농산물을 시장에 공급하여 가격을 안정시키려고 노력한다.

수요의 가격탄력성을 결정하는 요인들

그렇다면 수요의 가격탄력성을 결정하는 요인은 무엇인가?

밀접한 대체재의 존재 여부

밀접한 대체재가 많이 있으면 가격이 변할 경우에 수요량이 큰 폭으로 반응하므로 수요의 가격탄력성은 크다. 만일 닭고기의 가격이 오르면 사람들은 닭고기 대신에 쇠고기나 돼지고기, 오리고기 등의 밀접한 대체재로 수요를 이동시킬 것이므로 닭고기의 수요량은 크게 줄어들 것이다. 따라서 닭고기 수요의 가격탄력성은 크다. 반면에 밀접한 대체재가 없으면 수요의 가격 탄력성은 작다. 석유의 대체재는 아직 별로 없기 때문에 석유 수요의 가격탄력성은 작다.

필수품인가 사치품인가

식량과 같은 **필수품**은 가격이 오르거나 내리거나 거의 비슷한 수량을 소비하므로 가격의 변화에 대해 수요량은 거의 반응하지 않는다. 그러므로 수요의 가격탄력성은 아주 작다. 반면에 골프채, 30년 된 포도주 등의 사치품은 생활에 반드시 필요한 것이 아니므로 가격변동에 대해 수요량은 크게 반응하므로 수요의 가격탄력성이 크다.

지출액의 비중

볼펜이나 연필처럼 그 재화에 대한 지출액이 가계소비지출에서 차지하는 비중이 작은 재화인 경우에는 가격이 변동해도 수요량이 별로 반응하지 않으므로 수요의 가격탄력성은 작다. 그 재화에 대한 지출비중이 작아서 소비자들이 무시하기 때문이다. 반면에 자동차나 냉장고처럼 지출비중이 큰 재화인 경우에는 가격변동에 대해서 민감하게 반응하므로 수요의 가격탄력성은 크다.

Chapter

06

독과점기업의 횡포와 정부의 규제

1 독점이란 무엇인가?

2005년과 2006년에 삼성전자와 하이닉스(현재 : SK하이닉스)는 미국 독점규제법을 위반했다는 이유로 미국 법정에서 수억 달러의 벌금형을 선고받았고, 현지에 있는 임직원들이 징역형을 선고받아 복역한 적이 있었다. 독점이 무엇인데 이렇게 강력한 처벌을 받는 것일까? 독점을 이해하기 위해서 먼저 시장형태의 분류부터 알아보자.

시장의 분류와 독점시장

시장은 이상적인 시장형태로 간주되는 완전경쟁시장(perfect competition)과 그렇지 않은 불완전경쟁시장(imperfect competition)으로 크게 둘로 나뉜다. 5장에서 살펴본 완전경쟁시장을 다시 복습하면 그것은 다수의 공급자(가격순응자), 동질적 제품, 진입과 퇴출의 자유, 완전정보 등의 조건을 갖춘 시장이다. **불완전경쟁시장**이란 정도의 차이는 있지만 각 기업이 가격 결정에 영향을 줄 수 있는 시장을 말한다. 불완전경쟁시장에는 한 시장에 기업이 하나뿐인 독점시장, 소수의 기업이 있는 과점시장, 다수의 가업이 있으나 각 기업의 제품이 조금씩 차이가 나는 독점적 경쟁시장이 있다. 그 가운데 독점시장의 기업이 가장 큰 시장지배력을 가지며, 그다음에 과점시장, 독점적 경쟁시장의 기업 순이다. 가격에 영향을 미칠 수 있는 힘, 즉 **시장지배력**(market power)이 매우 큰 독점기

업과 과점기업을 합쳐서 독과점기업이라고 한다. 현실에서는 완전경쟁시장도 드물지만 독점시장도 드물어 대부분의 시장이 과점시장 혹은 독점적 경쟁시장이다.

제5장에서 살펴본 바와 같이 완전경쟁시장에서는 수요곡선과 공급곡선이 교차하는 균형점에서 가격과 거래량이 결정되어 수요자와 공급자가 만족할 수 있다. 반면에 독점시장(monopoly)에서 기업은 만족하나 소비자는 그렇지 않다. 독점기업은 생산량을 줄이고 가격을 올려서 독점이윤을 얻을 수 있는 반면에 소비자의 입장에서는 공급량은 줄어들고 가격은 올라서 피해를 입는다. 완전경쟁시장에서 누리던 소비자의 만족(**소비자잉여**)이 크게 줄어드는 것이다.

독점기업이 이런 이익을 얻는 것은 독점 상태가 계속 유지될 수 있기 때문이다. 왜 이 시장에 새로운 경쟁기업이 진입할 수 없는가? 그것은 어떤 이유이든 진입장벽이 존재하기 때문이며, 이러한 진입장벽에는 여러 가지가 있다.

독점을 일으키는 원인 : 진입장벽

자연독점(natural monopoly)

자연독점은 **규모의 경제**, 즉 기업의 규모가 클수록 상품 한 단위의 평균비용이 감소하는 현상 때문에 발생한다. 규모의 경제는 기업의 규모가 커지면 노동자들 사이에 분업이 발생하고, 기계와 같은 자본재도 서로 분업하여 전문화가 가능하며, 이전에는 비싸서 사용할 수 없었던 효율적인 기계를 도입하게 되어 평균비용이 점점 감소하는 현상이다. 규모의 경제가 시장수요의 크기에 비해서 매우 큰 범위에서 작용하면 한 시장에 한 기업만 있어도 충분하다. 만일 다른 기업이 이 시장에 진입하려면 기존기업보다 규모가 작아서 불리하므로 진입은 매우 힘들며, 기존기업보다 규모를 더 크게 하여 진입한다면 기존기업이 몰락하여 결국 한 기업만 살아남는다. 이렇게 규모의 경제 때문에 발생하는 독점을 **자연독점**이라고 한다. 여기에는 철도, 수도, 전기 등의 공익사업이 해당되며 대부분의 국가에서 이런 산업은 국가가 독점하고 있다.

특허제도와 인허가

정부가 어떤 이유로 경쟁기업의 진입을 막기 때문에 독점이 발생한다. 여기에는 우선 **특허제도**(patent)가 있다. 정부는 새로운 발명을 장려하기 위해서 특허제품에 대해서 일정 기간 동안 독점적인 생산과 판매의 권리를 부여한다. 예를 들어 스위스 제약회사인 노바티스사가 개발한 글리벡은 백혈병의 특효약인데, 독점기업인 그 회사는 한 달 복용분 약값을 수백만 원으로 책정하였다. 그 기업은 오랜 시간이 소요된 막대한 초기 개발비를 감안하여 가격을 매우 높게 정했다고 하나 소비자에게는 너무 큰 부담이다. 그렇지만 이런 특허권을 전혀 보호해주지 않으면 제약업체가 엄청난 비용을 들여서 특효약을 개발하지 않을 것이므로 개발비를 회수할 수 있을 정도의 적정한 보호는 불가피하다. 그런데 최근에는 특허 기술을 생산에 활용하기 위해서가 아니라 단순히 로열티를 받기 위해서 보유만 하는 특허 사냥기업이 출현하고 있어서 논란이 되고 있다.

때로는 정부의 **인허가**가 있어야 어떤 산업에 진입할 수 있는 경우가 있다. 정부는 중요한 산업에서 새로운 기업의 설립이 신청될 때, 사업계획을 심사하여 정부의 산업정책이나 시장상황을 고려하여 허가 여부를 결정한다.

희소한 자원의 독점

재화의 생산에 필수적인 생산요소나 자원을 한 회사 또는 한 나라가 독점적으로 소유하고 있다면 다른 회사나 다른 나라는 그 산업에 진입할 수 없다. 만약 전기차나 신재생에너지, 스마트폰 등 온갖 첨단산업에 반드시 필요한 희토류(rare earth element)를 한 회사나 한 국가만 소유하게 된다면 다른 기업은 이들 제품을 생산하기가 매우 어렵다.

망의 경제

망의 경제(network economies)라는 원인에 의해 독점이 발생하기도 한다. 이것은 한 제품의 사용자가 많아지면, 그 제품을 사용하는 것이 여러 가지 면에서 편리하여 소비자들이 그것을 더 많이 구입하게 되는 것을 말한다. MS가 공급하는 컴퓨터 운영체제인 윈도우즈가 어느 정도 보편화되면 그것과 호환이 되는 각종 소프트웨어가 개발되고 사용자들끼리도 서로 편리하게 연결되므로 다른 운영체제를 사용하는 것이 불편해진다. 그래서 윈도우즈가 시장을 독점할 수 있게 되는 것이다.

2 독점기업의 횡포

독재자가 횡포를 부리듯 독점기업도 횡포를 부린다. 한 시장에 기업이 하나만 있는 독점 상태가 되면 그 독점기업은 시장지배력(market power)을 이용하여 자신에게 가장 유리하도록 생산량을 줄이고 가격을 인상하게 된다. 그 결과 완전경쟁시장에 비해서 기업의 이윤(혹은 **생산자잉여**)은 증가하지만, 소비자의 이익(**소비자잉여**)은 감소한다.[*1] 앞에서도 보았듯이 백혈병 치료제인 글리벡의 엄청나게 비싼 가격과 MS 윈도우즈의 높은 가격을 보면 독점이 소비자에게 미치는 영향을 이해할 수 있을 것이다. 만일 경쟁기업이 진입할 수 있다면 생산량은 증가하고 가격은 하락하여 소비자잉여는 증가할 수 있게 되나 어떤 장벽에 의해 진입이 가로막혀 있는 것이다.

독점은 소비자의 이익을 침해할 뿐 아니라 자원을 비효율적으로 배분하는 결과를 초래한다. 즉 독점으로 인해서 증가한 생산자잉여보다 줄어든 소비자잉여가 더 커서 이 둘을 합한 총잉여가 감소하므로 국민 전체의 후생이 그만큼 감소한다. 이러한 비효율성을 독점으로 인한 **사회적 후생손실**(social welfare loss) 혹은 **자중손실**(dead-weight loss)이라고 한다.

그렇지만 모든 법칙에 예외가 있듯이 여기에도 예외가 있다. 규모의 경제 때문에 발생하는 자연독점일 경우에, 대규모 독점기업이 다수의 소규모 완전경쟁기업보다 더 적은 비용으로 생산할 수 있다. 그리고 규모가 큰 독점기업이 영세한 완전경쟁기업보다 더 빨리 기술진보를 이룩하는 것도 가능하다. 그러므로 독점기업이라고 해서 모두가 경제 전체에 해롭다고 단정할 수는 없으며, 독점의 좋은 성과는 오히려 살리는 것이 필요하다. 하지만 독점에는 부정적인 결과를 초래하는 경우가 많이 있으므로 여러 나라에서 정부가 다양한 방식으로 규제하고 있다.

3 과점시장 - 치열한 게임의 무대

같은 '과' 자인데도 過(과)는 '지나치게 많다'는 뜻이고, 寡(과)는 '적은', '소수'라는 뜻을 가지고 있어서 상반된 뜻을 지닌다. 과점시장(寡占市場)에서 寡 자는 '소수'라는 뜻이다.

과점시장에는 독점시장에서와 마찬가지로 진입장벽이 있으나 독점시장에서만큼 높지는 않아서 한 시장에 두 개 이상 소수의 기업이 존재한다. 이러한 과점시장은 독점시장보다 현실에서 훨씬 흔하게 존재하여 자동차, 가전제품, 조선, 반도체, 석유화학, 그리고 항공, 통신 등의 산업은 거의 대부분 과점시장에 해당한다.

경쟁자가 아주 많은 수능시험에서는 경쟁자를 의식하지 않는데 비해, 소수의 후보자가 출마하는 대통령선거나 총선거에서 경쟁은 엄청나게 치열하다. 마찬가지로 과점시장에서 경쟁이 완전경쟁시장에서보다 훨씬 더 치열하다. 과점시장에서는 기업이 소수이기 때문에 한 기업의 행동은 다른 기업에게 큰 영향을 미친다. A기업이 가격을 인하하면 다른 기업의 제품을 구매하던 수요자들이 A기업 제품을 수요하게 될 것이므로 다른 기업들도 이에 대해서 즉각 반응하게 된다. 그러므로 과점기업들은 서로의 행동에 대해 매우 예민하게 신경을 곤두세우고 있다. 이런 상황을 흔히 **상호의존적 상황**이라고 한다. 이런 상황에서 과점기업들은 자신의 행동에 대해 다른 기업들이 어떻게 반응할 것인가에 대한 예측에 따라 행동을 달리한다. 따라서 하나의 통

★1 생산자잉여는 기업이 재화의 판매대금으로 받는 금액에서 기업이 생산을 계속하기 위해서 꼭 받아야 하는 금액인 기회비용을 뺀 값을 말하며, 소비자잉여는 소비자가 기꺼이 지불하고자 하는 금액에서 실제 지불하는 금액을 뺀 값을 말한다. 생산자잉여는 거래를 통해서 생산자가 얻는 이익을 나타내며, 소비자잉여는 거래에서 소비자가 얻는 이익을 나타낸다.

일된 과점기업이론이 존재하지 않는다. 과점기업의 행동은 흔히 다음과 같은 세 가지 방식으로 설명된다.

굴절수요곡선이론

어떤 과점기업이 다음과 같이 예상한다고 하자. 즉 어떤 기업이 가격을 인하하면 다른 기업들 역시 고객을 빼앗기지 않기 위해서 가격을 내릴 것으로 예상한다. 또한 어떤 기업이 가격을 인상하면 다른 기업들은 고객 유치를 위해서 가격을 현재 수준에서 유지할 것으로 예상한다. 이럴 경우에 과점기업은 가격을 올리든 내리든 별 실익이 없다고 보아 웬만해서는 가격과 생산량을 변화시키지 않고 현상을 유지하려고 한다는 것이다. 이 주장은 미국 경제학자인 폴 스위지(Paul Sweezy)의 **굴절수요곡선이론**에 잘 나타나 있다.

게임이론

각 과점기업들은 서로 게임을 하고 있다고 보는 견해가 있다. 게임을 하는 기업들은 상대방의 전략을 예측하여 자신에게 가장 유리한 전략을 선택한다. 가위-바위-보 게임을 예로 들면, 상대방이 보를 낼 것으로 예상하면 자신은 가위를 내는 식이다. 경제학자들은 이런 복잡한 문제를 설명하기 위해서 게임이론(game theory)을 활용한다. 게임이 성립하려면 게임의 주체인 경기자(players), 선택할 수 있는 전략(strategies: 가위, 바위, 보 같은 것), 경기의 결과 승자와 패자에게 돌아가는 보상(payoffs)이 있어야 한다.

여러 가지 유형의 게임 가운데 **죄수의 딜레마 게임**(prisoner's dilemma game)이라고 하는 것이 있다. 이 게임은 서로 협조하면 쌍방에게 유리한 전략이 있음에도 불구하고 서로가 합리적으로 자신의 이익을 추구한 나머지 쌍방이 손해를 보는 전략을 선택하게 되는 게임이다. 원래 이 게임은 범죄 용의자 두 사람을 체포하여 따로 심문할 때, 둘 다 혐의를 부인하면 증거 불충분으로 가벼운 처벌을 받게 되지만 상대방이 자백하고 자신만 부인하면 중한 처벌을 받게 되므로 결국 둘 다 자백하여 중간 정도의 처벌을 받게 된다는 데서 죄수의 딜레마란 이름이 붙었는데, 이 게임은 경제, 정치, 국제관계 등에서 자주 응용되고 있다.

이 설명에 따르면 과점기업들은 자신의 이익만 추구한 나머지 모두에게 불리한 가격경쟁과 광고경쟁 등을 하여 서로가 손해를 보는 결과를 초래한다. 두 기업의 가격경쟁의 예를 보면, A기업이 매출증가를 위해 가격을 인하하면 B기업도 가격을 인하하는 것이 유리하므로 가격을 내린다. 그러면 A기업과 B기업이 가격을 내린 효과가 사라져 버려 A, B기업 모두 가격인하 이전보다 이윤이 감소하게 된다.

수년 전 상영된 '뷰티풀 마인드'라는 영화는 미국의 천재적인 수학자 존 내쉬(John Nash)의 삶을 영화화한 것이다. 그는 정신분열증에 걸리기도 하는 등 드라마틱한 삶을 살았기 때문에 영화의 소재가 되었다. 내쉬는 게임이론에서 내쉬 균형이라는 해를 제시하였고, 이것이 경제학의 과점이론에 빈번하게 사용되어 수학자로서 노벨경제학상을 수상하는 영예를 안았다. 과점기업의 행동을 설명하는 다른 게임이론이 바로 내쉬 균형인데, 이것은 상대방의 전략은 이미 주어진 것으로 전제하고 자신의 입장에서 최선의 전략을 선택하여 달성된 균형이다. 이 균형은 다소 복잡하므로 자세한 것은 생략한다.

카르텔

과점기업들은 서로의 행동에 대해서 예의 주시하고 그것에 따라 자신의 행동을 결정하기 때문에 항상 불확실한 상태에 놓이게 되므로 이러한 상황에서 벗어나고자 하며, 나아가 서로 연합하여 공동행위를 하려고 하는 경향이 강하게 나타난다. 과점기업들이 공동으로 생산량을 줄이고 가격을 올리기로 합의한다면 하나의 독점기업처럼 이윤을 증대시킬 수가 있다. 기업들이 공식적으로 협정을 맺고 가격인상을 하는 등의 공동행위를 하는 것을 **카르텔**(cartel)이라고 하는데, 대부분의 나라에서는 카르텔을 시장을 독점화하려는 시도로 보아 엄격하게 규제하고 있다. 카르텔의 대표적인 예가 **OPEC**(석유수출국기구)이다. 이 기구가 국제석유시장을 사실상 지배하여 석유 생산량을 줄이면서 그 가격을 높은 수준에서 유지하려고 해왔다. 이 기구는 여러 산유국 정부가 모여서 만든 국제적 카르텔이기 때문에 어느 나라 정부도 이것을 규제할 방법이 없다.

이처럼 과점기업들의 행동은 하나의 이론으로 설명하기는 어렵다. 그러나 과점시장에서는 기업의 시장지배력이 독점기업보다는 작지만 그래도 상당한 정도로 존재하므로 생산량의 감소와 가격의 상승이 생겨서 소비자의 이익이 많이 감소하고 경제의 비효율성도 발생한다. 다만 이 시장에서는 소수이지만 경쟁자가 있어서 그러한 부정적인 효과의 정도는 독점시장에서보다는 작다고 할 수 있다. 하지만 독점시장과 과점시장은 모두 소비자의 이익을 크게 침해하고 비효율성을 일으킨다는 점에서 매우 유사하므로 정부는 독과점에 대해서 여러 가지 방식으로 규제를 가하여 시정하고자 한다.

4 독과점에 대한 정부의 대책

현대판 공룡과 같은 독과점기업의 횡포에 맞설 수 있는 힘을 가지고 있고, 그 횡포를 시정할 수 있는 것은 정부이다. 독점기업과 과점기업(시장지배적사업자)은 시장지배력을 이용하여 이윤을 증가시키려고 한다. 그 결과 소비자의 이익을 희생시키고 국가경제의 비효율을 초래한다. 따라서 정부는 독점기업에 대해서 적절한 규제정책을 실시한다. **독점규제법**의 대표적인 예는 미국에서 1890년에 제정된 〈셔먼 反트러스트법〉(Sherman Antitrust Act)과 1914년에 제정된 〈클레이튼 反트러스트법〉(Clayton Antitrust Act)이다. 〈셔먼법〉은 스탠다드 오일(Standard Oil : 당시 세계 최대 부호였던 록펠러가 설립한 석유회사)이 주도한 거대한 독점체인 스탠다드 오일 트러스트를 여러 개의 기업으로 분리하는 것이 그 목적이었다. 시어도어 루스벨트 대통령 시절인 1911년에 그 트러스트는 34개의 회사로 분할되었다. 이 법에 따라 시장을 독점화하려는 기업들의 공동행위는 금지되었다. 〈클레이튼법〉은 〈셔먼법〉을 더 구체화하여 가격차별과 인수 합병(M&A) 등을 금지하였다.★2

우리나라에서도 1980년에 〈독점규제 및 공정거래에 관한 법률〉이 제정되어 독점기업이나 과점기업의 시장지배적 지위, 즉 독점력의 남용을 방지하고 경쟁을 촉진하여 소비자를 보호하고 경제발전을 도모하기 위해서 시행되고 있다. 이 법에 따르면 상위 1개사의 시장점유율이 50% 이상이거나 상위 2개사 혹은 3개사의 시장점유율이 75% 이상이면 시장지배적사업자(독과점업체)로 분류되어 경쟁을 제한하는 남용행위를 할 경우에 시정명령을 받거나 과징금이 부과되며, 이 업무는 공정거래위원회가 담당한다.

각국 정부의 독점규제정책의 구체적인 내용을 살펴보면 대략 다음과 같다.

독점화 금지 및 기업의 분할

기업들이 인수 혹은 합병하거나 공동행위(카르텔)를 통하여 시장을 독점화하려는 시도에 대해서 정부는 허용하지 않는다. 그리고 이미 독점적 지위에 있는 기업들에 대해서 강제적으로 **분할 명령**을 내리기도 한다. 그 대표적인 예는 20세기 초 스탠다드 오일 트러스트의 분할과 1974년에 시작된 미국 법무부와 당시 미국 최대의 전화회사였던 AT&T 사이의 소송의 결과 1984년에 그 회사가 여러 개의 회사로 분리된

★2 Samuelson, P.A. and W.D. Nordhaus(1989), ***Economics***, 13th ed. McGraw-Hill, pp. 617~619 참조.

예를 들 수 있다. 정부는 카르텔에 대해서도 엄격하게 규제하는데, 서두에서 말한 삼성전자와 하이닉스(현재 : SK하이닉스)가 미국 정부로부터 엄중한 처벌을 받은 것은 바로 반도체 가격 담합 혐의 때문이었다.

가격규제

규모의 경제가 작용하는 자연독점의 경우에 정부가 기업을 분할하면 오히려 평균비용이 상승하여 비효율이 발생한다. 그래서 정부는 독점을 허용하는 대신에 기업이 가격을 높은 수준에서 마음대로 정하지 못하도록 하고 정부가 적절한 수준에서 가격을 결정한다. 그 결과로 소비자는 더 낮은 가격에서 더 많은 수량을 소비할 수 있게 되며 경제의 효율성도 개선될 수 있다.

조세 부과

앞의 두 가지 정책의 실행이 여의치 않을 경우 정부는 독과점기업이 자율적으로 가격을 정하게 하는 대신에 그 기업이 획득한 독점적 이윤의 일부를 **조세**로 징수하여 분배상의 형평성을 기하려고 하는 정책을 추구한다. 이 정책은 독과점으로 인한 분배상의 불공평성을 시정하나 소비자의 이익 보호나 경제의 효율성 제고에는 영향을 주지 못한다.

국유화

규모의 경제가 크게 작용하여 독점이 불가피할 경우에, 그리고 국민 생활에 매우 중요한 산업일 경우에 정부가 독점기업을 **국유화**하여 직접 운영하는 방법을 택할 경우도 있다. 철도, 우편, 전력, 가스, 수도 등 규모의 경제가 크게 작용하고 국민 생활에 필수적인 공익사업 분야에서는 대부분 국가기관이나 공기업이 독점기업을 운영하고 있다. 이 경우에 가격은 민간기업처럼 독점이윤을 극대화하기 위해서 정해지는 것이 아니라 평균비용 수준에서 결정된다. 그렇게 해야 기업이 손실을 보지 않으면서 소비자에게 보다 저렴한 가격으로 공급할 수 있게 된다.

그런데 국유화가 소비자 보호와 효율성의 개선에 기여하는 면이 있으나, 장기적으로 국공유 기업의 경영자와 종업원들이 서로 담합하여 경영을 방만하게 하는 경향이 나타난다. 공기업 구성원들은 효율성 증가는 없으면서 급여를 대폭 인상하고 적자를 국민 세금으로 메우는 현상이 자주 발생한다. 그래서 공기업은 신이 내린 직장이라고 하더니, 신도 부러워하는 직장, 신도 다니고 싶어 하는 직장으로 승격되고 있다. 이것이 독점으로 인해 경쟁이 없어서 발생하는 **X-비효율**이다. 그래서 오늘날 국유기업의 민영화를 주장하는 사람이 늘어나고 있다.

5 독점적 경쟁은 매우 흔한 시장형태

거리에 나가서 간판이 보이는 대부분의 가게들, 즉 식당, 커피숍, 옷가게, 약국, 베이커리, 편의점, 미용실 등이 모두 **독점적 경쟁시장**에 속한다. 이 시장에는 많은 수요자와 공급자가 존재하는데, 이 점에서는 완전경쟁시장과 동일하다. 두 시장의 차이점은 완전경쟁시장에서는 각 기업에서 생산된 상품의 질이 완전히 동질적인데 반해, 독점적 경쟁시장에서는 무언가 서로 조금씩 다르다는 점, 즉 제품이 **차별화**되어 있다는 점이다. 국밥집이라 해도 이곳과 저곳의 맛이 조금씩 다르고, 하다못해 가게의 위치나 서비스가 다르다. 그래서 완전경쟁시장의 기업은 시장에서 결정되는 가격을 그대로 수용하면 되지만, 독점적 경쟁시장의 기업은 자신에게 가장 유리한 수준에서 가격을 결정할 수 있는 약간의 시장지배력을 가진다. 왜냐하면 자기 기업의 제품이 다른 기업의 제품과 조금씩 다르고 특색이 있기 때문에 가격을 조금 올려도 여전히 이 제품을 수요할 구매자가 존재하기 때문이다. 독점적 경쟁기업의 시장지배력은 크지 않은데, 그 이유는 각 기업들의 제품이 매우 유사하기 때문에 가격을 제법 많이 올리면 대부분의 수요자들이 다른 기업의 제품 구매로 이동해 버리기 때문이다.

그 결과 독점적 경쟁시장의 균형에서는 가격이 완전경쟁시장일 때보다 조금 상승한다. 그 대신에 완전경쟁시장에서 획일적인 제품이 생산되었지만 여기서는 다양한 제품이 생산되어 소비자들의 욕구를 더 잘 충족시킬 수 있게 된다. 획일적인 교복이나 유니폼을 입으면 더 싸게 구입할 수 있지만, 다양한 사복을 입으면 가격이 좀 더 비싸지는 것이다. 과거에는 쌀이나 밀 등의 농산물은 어디에서 생산되든 차이가 없어서 완전경쟁시장에 속했으나 요즘에는 지역별로, 혹은 생산자별로 각각 차별화되어 고유의 브랜드로 공급되고 있어서 농산물 시장이 독점적 경쟁시장으로 변화되었다. 그 결과 소비자들이 다양한 제품들 가운데서 선택할 수 있게 되었으나 가격이 좀 상승하는 대가를 치르고 있다. 독점적 경쟁시장에서는 생산량의 감소와 가격의 상승이 발생하나 그 정도가 별로 크지 않고, 제품이 다양화되는 장점도 있기 때문에 정부의 규제는 필요하지 않다.

6 정찰제와 에누리 : 가격차별

에누리를 해주는 재래시장에서 물건을 사는 것은 에누리를 잘하지 못하는 사람에게는 부담스럽게 느껴진다. 도대체 가격을 얼마나 깎아야 하는지 기준이 없기 때문이다.

백화점이나 대형 할인매장을 비롯한 많은 매장에서는 가격표에 따라 거래가 이루어지는 정찰제가 시행되고 있다. 그렇지만 아직도 재래시장 같은 곳에서 고객들은 가격을 깎아달라고 요구하고 가게 주인은 안 된다고 하면서 한참 동안 실랑이를 하다가 결국 어떤 가격에 합의하여 거래하는 것을 볼 수 있다. 어떤 고객은 물건값을 판매자가 부르는 가격의 절반 이하로 후려 깎는 에누리 전문가이지만, 어떤 사람은 잘 깎지 못한다. 중국을 여행하다 보면 호가의 1/10에 사는 경우도 있다고 한다. 이러한 에누리 흥정이 재미있다고 말하는 사람도 있으나 그것이 매우 피곤하게 느껴지는 사람도 적지 않다. 에누리가 있으면 판매자는 그것을 감안하여 더 높은 가격을 부르므로 구매자는 어느 수준의 가격이 적정한지 알기가 어려워서 에누리를 해서 샀더라도 바가지를 쓴 것은 아닌지 찜찜해한다. 그리고 쌍방이 거래가격에 합의하기까지 시간이 꽤 걸리므로 거래에 따른 비용, 즉 **거래비용**이 증가한다. 그런데 왜 이런 에누리 관행이 없어지지 않고 계속되는 것일까?

에누리는 오래된 거래 관행이어서 쉽게 사라지지 않는 점도 있지만, 기업의 판매전략 가운데 하나인 가격차별(price discrimination)의 한 형태로서 판매자에게 유리하기 때문에 지속되는 면도 있는 것이다.

가격차별이란 같은 상품을 누가 사느냐에 따라 가격을 달리하는 것을 말한다. 독과점기업이나 독점적 경쟁기업처럼 상품의 가격을 스스로 결정할 수 있는 힘을 가진 기업들이 소비자 집단들 사이에 수요의 가격탄력성의 차이가 있고, 싸게 살 수 있는 소비자가 비싸게 사야 하는 소비자에게 되파는 것이 불가능하면 가격차별을 해서 이윤을 더 증가시키려고 한다.

예를 들어, 어떤 고객이 10만 원짜리 원피스를 7만 원으로 깎아 달라고 30분 이상 졸라서 그 가격으로 사는가 하면, 다른 고객은 5,000원만 깎아서 사는 경우도 있다. 많은 에누리를 끈질지게 요구하는 고객은 에누리가 안 되면 구입하지 않을 사람이고, 에누리를 거의 하지 않는 사람은 가격이 비싸도 살 사람이다. 즉 에누리 전문가는 가격에 민감하여 수요의 가격탄력성이 큰 사람이고, 에누리를 별로 하지 않는 사람은 가격에 다소 둔감하여 수요의 가격탄력성이 작은 사람이다. 에누리를 얼마나 끈질지게 요구하는가가 바로 그 소비자의 수요의 가격탄력성을 나타내주는 신호이다. 가게 주인은 그 신호에 따라 수요의 가격탄력성이 큰 사람에게는 에누리를 많이 해주어서 더 많이 구입하도록 만들고, 에누리를 하지 않는 사람은 비싸도 구입할 사람이므로 더 높은 가격에 팔아서 이윤을 증가시키는 것이다.

일반적으로 소득은 적고 시간이 많은 사람들은 상품 가격이 조금이라도 싼 곳을 찾아다니고 상품 가격에 매우 민감하게 반응하므로 수요의 가격탄력성이 큰 소비자 집단이다. 이들에게는 가격을 좀 낮춰주면 수요량이 많이 증가한다. 반면에 소득은 많은데 시간이 별로 없는 사람들은 상품 가격에 둔감한 편이다. 그들은 어떤 상품의 가격이 좀 비싸도 소득은 많고 더 싼 것을 찾아다닐 시간은 부족하므로 그것을 바로 구입하는 사람들이다. 그러므로 이런 소비자에게는 비싸게 파는 것이 가게 주인에게 이득이다. 이런 가격차별의 예는 매우 다양하다.

가격차별의 사례

영화 관람료 할인

영화관에서 오전에 상영하는 영화 관람에 대해서 조조할인을 해준다. 이런 시간대에 관람하러 오는 사람들은 시간에 얽매여 있는 직장인이라기보다 비교적 자유로워 시간이 많은 사람들이고 경제적 여유는 적은 편에 속하는 사람들이 많을 것이다. 따라서 이들에게 가격할인을 해주면 수요량이 많이 증가할 수 있다. 그리고 노인과 청소년들은 비교적 소득은 적고 시간이 많아서 상대적으로 더 탄력적인 소비자 집단에 속한다. 따라서 이들에게도 할인을 해주는 경우가 적지 않다.

할인 쿠폰

치킨집이나 피자가게에서 쿠폰을 몇 장 모아오는 사람들에게 가격할인을 해주는 경우를 볼 수 있다. 왜 모든 고객에게 가격할인을 해주지 않고 쿠폰을 몇 장 모아서 가져오는 사람들에게만 가격할인을 해줄까? 그 이유는 쿠폰을 정성들여 모아 가지고 오는 사람들은 상대적으로 소득수준이 낮고 시간은 많아서 가격에 민감하게 반응하는(탄력적인) 사람들이므로 이들에게 가격할인을 해주면 수요량이 많이 증가한다. 반면에 쿠폰이 있음에도 불구하고 그것을 오려서 가지고 오지 않는 수요자들은 소득수준이 상대적으로 높고 시간은 적어서 가격에 비교적 둔감한 사람들이다. 이런 사람들은 가격할인을 해주지 않아도 여전히 구매하고, 가격할인을 해준다고 해서 수요량이 많이 늘지 않기 때문에 기업은 할인해 주지 않는다.

백화점 세일

백화점의 상품 가격은 상대적으로 비싸서 정기적으로 일정 기간 동안 가격할인을 해주는데 이것을 보통 세일이라고 한다. 이 경우에도 세일을 기다리지 않고 비싼 가격으로 구입하는 소비자들은 소득수준이 비교적 높고 세일을 기다릴 시간적 여유가 별로 없는 비탄력적인 수요자들이다. 반면에 세일 기간에 상품을 구입하는 소비자들은 소득수준이 상대적으로 낮고 시간적 여유가 많이 있는 탄력적인 수요자들이다.

이렇게 기업이 가격차별을 하는 것은 기업의 이윤을 증가시키려는 목적 때문이다. 그런데 상대적으로 비싼 가격으로 사야 하는 소비자 입장에서는 차별이 부당하다고 느낄 수가 있다. 그러나 비싼 가격이 정상가격이고 싸게 해주는 방식이 가격할인이므로 항의하는 사람은 거의 없다. 청소년이나 노인에 대한 가격할인의 경우에 가격할인을 받는 소비자들은 상대적으로 저소득층에 속하기 때문에 형평성의 기준에도 어긋나지 않는다. 그리고 가격차별은 비싼 가격으로만 판매할 때보다 가격차별로 소득수준이 낮은 소비자들에게도 판매함으로 기업의 생산량을 증가시킬 수 있고 이에 따라 고용증대의 효과도 가질 수 있으므로 불완전경쟁시장의 비효율을 개선하는 효과도 얻을 수 있다.

7 소비자도 단결이 필요하다

시장지배력을 가진 독과점기업들은 시장에서의 독과점적 지위와 거대한 기업규모를 무기로 해서 시장을 지배하기 때문에 소비자들은 매우 불리한 입장에 처하고 아주 무기력해지는 것을 느끼게 된다. 위에서 본 바와 같이 정부가 여러 가지 방법으로 독과점기업을 규제하지만 그것이 소비자에게 만족스럽지는 않다.

우선 가격 면에서 제조 원가에 비해서 턱없이 비싼 가격을 지불해야 하는 경우가 생기지만 마땅한 대체재가 없어서 울며 겨자 먹기로 구입하는 경우가 종종 있다. 품질 면에서 불량품이 생겨도 반품이나 교환을 해주지 않을 경우에 거대 기업을 상대로 소송을 한다는 것은 매우 부담스러운 일이다. 때로는 소비자에게 해롭거나 안전상 문제가 있는 제품이 공급되고, 기업은 과장광고나 허위광고를 하기도 한다. 이런 경우에 소비자 개인이 거대한 기업을 상대로 시정을 요구하거나 보상을 받을 힘이 없다. 그래서 소비자도 단결하여 독과점기업에 대항할 힘(대항력 : countervailing power)을 가질 필요가 있는 것이다.

이런 소비자 운동은 1844년에 영국에서 시작된 로치데일 소비자 협동조합, 1910년 미국에서 결성된 시카고 주부연합 등이 그 시초이며, 20세기 초에 미국의 〈식품의약품 청결법〉과 〈광고 진실법〉 등 여러 법의 통과도 소비자 운동과 관련되어 있다. 소비자 운동에서 가장 중요한 인물은 바로 미국의 변호사이자 소비자 운동가인 랄프 네이더(Ralph Nader)이다. 그는 초기에 자동차의 안전성에 큰 관심을 가지고 소비자 운동을 전개하여 그 결과 1966년에 〈전국 교통 및 자동차 안전법〉이 만장일치로 미국 의회에서 통과되었다. 그 후 육류, 천연가스, 방사능 등에 관련된 소비자 보호 입법이 그의 기여에 의해서 이루어졌다. 그 후 그는 몇 차례 미국 대통령 선거에 출마하기도 하였다.[★3]

우리나라의 소비자 보호 운동은 1950년대 중반에 시작되었고, 본격적인 활동은 1970년대 이후에 한국소비자연맹, 주부클럽연합회, 전국주부교실중앙회, 한국여성단체협의회 등의 단체가 주도해 왔다. 이 단체들은 1978년에 한국소비자보호단체협의회(현재 : 한국소비자단체협의회)를 설립하여 연합 활동을 하고 있으며, 현재 이 협의회에는 위 단체 이외에 녹색소비자 연대, 한국YMCA전국연맹, 한국YWCA연합회 등 9개 단체가 가입해 있다.

위에서 살펴본 예와 같이 소비자 단체는 소비자의 권익을 보호하기 위해서 다음과 같은 여러 가지 활동을 한다.

불매운동

소비자의 권익을 침해하는 기업의 제품에 대해서 소비자들이 단결하여 **불매운동**을 하도록 운동을 펼친다. 한 소비자가 구매하지 않는 것은 기업에 대해 아무런 영향을 주지 않지만 많은 소비자들이 단결하여 구매하지 않으면 큰 힘을 발휘할 수 있는 것이다.

정보 공개 요구

소비자들은 많은 제품의 품질과 가격에 대해서 정확한 정보를 가지고 있지 못하며, 정보를 얻는 데 많은 시간과 비용이 든다. 소비자가 상품 정보를 제대로 가지지 못하면 거래 단계에서 기업에 비해 매우 불리하며 심지어 속을 가능성도 있다. 그러므로 소비자 단체가 소비자들을 대표하여 기업이나 정부에 상세한 정보를 요구하고 이것을 각종 매체를 통해서 소비자에게 알리는 것이 소비자 권익 보호에 매우 중요하다. 나아가 소비자 단체가 커지면 스스로 제품의 성능과 안전성을 시험하여 공지하기도 한다.

★3 Leftwich, R. H. and A.M. Sharp(1982), *Economics of Social Issues*, Business Publications, Inc., Ch. 8 참조.

소비자 보호 입법 활동

소비자의 권익을 신장하는 각종 입법을 위하여 의회나 행정부에 의견을 전달하고, 로비와 시위를 통하여 그것이 입법화되도록 노력한다. 랄프 네이더도 입법에 많은 노력을 기울였으며, 그 결과 위에서 말한 법률 이외에도 많은 소비자 보호기관이 설립되었다. 그것은 연방거래위원회, 식품의약청, 연방항공청, 연방에너지규제위원회 등으로 수없이 많다. 한국에도 이와 비슷한 소비자 권익보호 기관이 설립되었으며, 1980년에 소비자보호법(현재 : 소비자기본법)이 통과되어 시행되었고, 이 법에 따라 1987년에 한국소비자보호원(현재 : 한국소비자원)이 설립되어 활동에 들어갔다.

대량 구매를 통한 가격할인

소비자들이 연합하여 대량 구매 또는 공동구매를 함으로써 가격할인을 받을 수 있다. 공급자들이 독과점기업이므로 소비자도 단결하여 일종의 독점체로서 대항력을 가지고 기업과 동등한 위치에 서서 가격협상을 벌일 수 있게 된다.★4

이러한 소비자 단체들이 소비자의 권익 향상에 많은 기여를 한 것이 사실이나 때로는 대다수 소비자들의 의사와는 무관하게 소비자 단체 지도자들의 판단에 따라, 오히려 소비자 선택의 범위를 좁히거나 소비자에게 보호의 비용이 적지 않게 전가되는 경우도 있다는 점에 유의할 필요가 있다.

★4 스웨글리(이기춘 외 역 : 1990), 『소비자와 시장』 비봉출판사, 제8장 참조.

생활 속의 경제학

Chapter

07 소득은 어떻게 분배되나?

1 놀라운 빈부격차의 실태

2009년에 많은 영화상을 수상한 '스럼독 밀리언에어'라는 인도 영화가 개봉되었다. 이 영화는 뭄바이(이전의 봄베이) 빈민가 출신의 청년이 아주 어려운 퀴즈 문제를 교육을 통해서가 아니라 체험을 통해서 얻은 지식으로 맞혀서 백만장자가 되는 이야기였다. 이 영화에서 매우 인상적이었던 것은 인도 최대의 상업 도시인 뭄바이의 상상할 수 없을 정도의 빈곤이었다. 어떻게 그런 비참한 삶이 가능한지 놀라울 따름이었다. 쓰러져 가는 판자집, 오물로 범벅이 된 개천, 뼈가 앙상한 아이들 등등.

세계 전체의 빈곤 상황을 보면 국제적 빈곤선인 하루 1.9달러(1990년대까지는 1달러) 이하로 생활하는 극빈자 수는 1990년에 약 12억 5천만 명이었다. 그것이 2015년에 약 7억 3,600만 명으로 감소하였지만, 아직도 세계 인구의 10%가량이 생존 자체가 어려운 상황에 놓여 있다.

반면에 2024년 3월에 미국의 경제 잡지인 '포브스' 지는 재산이 10억 달러(우리 돈으로 1조 4천억 원이 조금 넘는 금액) 이상인 세계적인 부호 2,781명의 명단을 발표하였다. 그 가운데 세계 1위의 부자는 패션 및 화장품 브랜드로 구성된 LVMH 제국을 감독하고 있는 베르나르 아르노(Bernard Arnault : 2,330억 달러)였으며, 2위는 일론 머스크(Elon Musk : 1,950억 달러)였다. 증권 투자의 귀재인 워렌 버핏(Warren Buffett : 1,330억 달러)과 MS사의 설립자인 빌 게이츠(Bill Gates: 680억 달러)는 6위와 7위를 차지하였다. 아르노와 머스크의 개인 재산은 우리나라 1년 예산과 비슷한 금액이다. 그런데 세계 17, 39, 44위의 부자가 인도 사람이라니 1인당 소득수준이 매우 낮은 저소득국인 인도의 빈부격차가 얼마나 큰지 가늠할 수 있다. 우리나라의 재벌 총수 가운데 이재용이 세계 173위(115억 달러), 서정진이 364위(73억달러)를 차지하였다.

우리나라에도 재산이 1조 원이 넘고 연소득이 수백억 원에 달하는 소수의 재벌 총수들이 있는가 하면 비참하기 짝이 없는 빈민들이 많이 있다. 소득 계층을 5개로 나누어 각 소득계층별 가구당 월평균소득을 보면 2024년 현재 가장 소득수준이 낮은 제1분위의 월평균소득은 115만 9천 원 정도인데 반해, 제5분위의 월평균소득은 1,065만 2천 원 정도로서 10배 격차를 보인다. 그리고 아직도 우리나라 인구의 10~15%는 빈곤 상태에 놓여 있다.(통계청 자료)

이것을 보면 세상이 정말 고르지 않다는 것을 알 수 있다. 소수의 부호가 천문학적인 재산을 가지고 엄청난 소득을 얻고 있는데, 다른 한편에서는 수많은 빈민들이 굶고 있는 이것이 자본주의 사회의 현실이다. 이 현실은 너무나 부조리하게 느껴진다. 그렇지만 이런 문제를 근본적으로 해결할 방법은 없고, 다만 여러 가지 정책으로 불평등과 빈곤을 줄여나가는 수밖에 없다. 왜냐하면 이런 부조리를 단숨에 해결하기 위해서 사회주의 혁명이라는 극단적인 방법을 택한 나라들은 오히려 국가 전체가 점점 정체상태로 빠져들었기 때문이다. 분배 측면만 고려한다면 평등한 분배가 바람직하지만, 생산 측면에서는 불평등을 허용하지 않으면 생산의 효율성이 크게 떨어진다는 점을 고려하지 않으면 안 된다. 그러므로 자본주의 체제를 기본적으로 유지하면서 빈부격차가 발생하는 원인을 찾아내고, 그것을 줄이는 대책을 마련하는 것이 절실하게 필요하다.

2 소득분배와 재산분배는 어떻게 결정되나?

자본주의 사회에서 소득의 분배는 생산요소시장에서 거의 자동적으로 결정된다. 정부는 공무원의 급여와 최저임금을 결정하는 것을 제외하고는 소득분배 과정에 별로 간섭하지 않고 있다가 분배가 끝난 다음에 재분배정책으로 개입할 뿐이다. 노동, 토지, 자본 등 생산요소를 소유한 가계가 그것을 기업에 빌려주고 그 대가인 임금, 지대, 이자와 이윤을 지급받는다. 그러므로 가구소득은 생산요소시장에서 결정되는 요소가격과 가구별 생산요소의 소유량에 따라 결정된다.

소득은 **근로소득**(임금)과 **재산소득**(지대, 이자, 이윤)으로 구성되어 있다. 근로소득은 주로 개인의 노동능력과 고용기회에 의해 결정되는데, 노동능력은 선천적인 재능, 교육수준, 가족의 사회경제적 배경, 자신의 노력 등에 의해 좌우된다. 근로소득이 많은 사람들은 주로 교육수준이 높은 전문직 종사자들로서 변리사, 변호사, 의사, 약사 등이 이에 해당되며, 대기업 전문경영인들의 소득도 아주 높다. 이들 이외에 오타니, 손흥민 등과 같은 스타플레이어와 BTS, 톰 크루즈 등과 같은 톱스타들도 엄청난 소득을 올리고 있다. 반면에 노동능력이 부족한 장애자, 미숙련 노동자 등은 적은 근로소득을 받게 되며, 실업자는 근로소득을 전혀 얻지 못한다.

근로소득이든 재산소득이든 어느 정도의 운(luck)이 작용한다. 시장의 수요와 공급을 결정하는 요인이 무수히 많고, 불확실성이 작용한다. 어떤 종류의 노동수요가 갑자기 증가하는 경우도 있고, 그 반대의 경우도 있다. 갑자기 전염병이 돌아 백신이 대량으로 필요할 경우도 있고 반면에 태풍이 와서 농작물을 쓸어버리는 경우도 있다. 이러한 통제 불가능하고 예측도 불가능한 요인이 소득분배와 재산형성에 어느 정도의 영향을 주는 것이 사실이다.

재산소득은 재산이 많은 사람들에게 많이 분배되며, 재산이 적은 사람에게는 적게 분배된다. 돈이 돈을 버는 것이다.

그러면 재산의 차이가 발생하는 원인은 무엇인가?

첫째, 자수성가 여부이다. **자수성가**를 하는 사람들은 독특한 사업적 재능을 가지거나 특별한 지식이나 기술을 가지고 있어서 중소기업을 아주 빠른 속도로 대기업으로 발전시킨 사람들이다. 이런 유형의 대표적인 예로 미국의 빌 게이츠, 워렌 버핏, 그리고 한국의 정주영 현대그룹 창업자 등을 들 수 있을 것이다. 이런 부자는 아니더라도 자신의 소득 가운데 일부를 알뜰히 저축하고 그것을 잘 운용하여 어느 정도의 재산을 축적할 수 있다. 소득이 너무 적어서 저축할 여력이 없거나 저축성향이 너무 낮아서 저축하지 못하는 사람들은 재산을 형성하지 못한다. 재산이 어느 정도 형성되면 그때부터 재산소득이 발생하므로 근로소득만 있을 경우보다 소득이 상당히 증가할 수 있다. 그러므로 젊었을 때 적극적으로 저축을 하는 것이 미래의 소득에 큰 영향을 준다.

둘째, 상속 재산의 차이이다. 상속 재산을 잘 활용할 수 있는 사람에게는 이것이 재산 증식에 큰 도움을 준다. 그러나 그것이 오히려 상속자의 소비성향을 부추겨 재산을 대부분 탕진해 버리게 하는 경우도 있으므로, 상속에 앞서서 부모들은 자녀들에게 경제관념을 철저하게 심어주는 것이 필요하다. 부자가 3대까지 가지 못한다는 말이 있지 않는가? 이에 반해 경주 최부자 집안은 12대 300여 년에 걸쳐서 만석꾼이었는데, '재산을 만석 이상으로 늘리지 말고 주변 지역에 굶는 사람들이 없도록 하라'는 가훈은 한국판 '노블레스 오블리제'로 유명하다.

그런데 상속제도는 **기회균등**에 위배되는 면이 있다. 누구의 자녀로 태어나느냐에 따라 인생의 출발점이 크게 달라지는 것은 불공평한 것이다. 그래서 많은 나라들에서 상속에 대해서는 높은 세율을 적용하는데, 최근에 상속세를 없애려고 시도하는 나라도 여럿 있다. 그런 가운데 미국에서는 부호인 워렌 버핏과 빌 게이츠의 아버지가 상속세 폐지에 반대하고 있다.

한국의 100대 부자 가운데 자수성가형은 22명에 불과하고 나머지 78명은 대기업가의 상속자라고 한다. 이에 비해 미국의 100대 부자 가운데 71명은 중소기업에서 출발하여 스스로 부자가 된 자수성가형이다. 컴퓨터 소프트웨어 지식으로 자수성가한 빌 게이츠와 증권 투자 지식을 발판으로 자수성가한 워렌 버핏이 대표적인 예이다. 한국과 미국의 이런 차이는 한국에서는 미국보다 시장규모가 작고, 중소기업이 성장할 여건이 잘 갖추어지지 않고 있으며, 기업가의 창의성이 부족하다는 원인에서 발생한 것으로 볼 수 있다.(조선일보, 2009. 7. 15)

부유층은 소득과 재산이 모두 많은 사람들이며 빈곤층은 소득과 재산이 모두 매우 적은 사람들이다. 이러한 차이를 흔히 빈부격차라고 한다. 재산의 격차도 매우 중요하지만 매일의 삶에서 생활수준을 결정하는 것은 주로 소득이므로 아래에서 소득분배의 원리와 소득불평등에 대해서 살펴볼 것이다.

3 왜 변리사와 점원의 임금 격차가 큰가?

우리나라에서 평균적으로 가장 고소득인 전문직 직종은 특허 업무를 담당하는 변리사로 알려져 있다. 똑같이 하루 8시간씩 일하는데도 왜 변리사의 급여는 점원이나 청소부의 몇십 배가 될까? 점원과 청소부의 일이 오히려 더 힘든데도 불구하고 왜 그런 차이가 생길까? 이것을 이해하기 위해서는 소득분배의 기본원리를 알아야 한다. 임금, 지대, 이자는 노동, 토지, 자본이라는 생산요소의 가격이다. 생산요소의 가격은 재화 및 서비스의 가격과 마찬가지로 각 생산요소시장의 수요와 공급에 의해서 결정된다.

임금(wage)은 노동시장에서 노동의 수요와 공급에 의해서 결정된다. 노동의 수요자는 주로 기업인데, 임금이 하락하면 기업의 고용 비용이 감소하므로 노동을 더 많이 고용하여 이윤을 증가시킬 수 있다. 따라서 노동수요량은 증가한다. 그러므로 노동수요곡선은 재화와 서비스의 수요곡선과 마찬가지로 우하향하는 곡선이다. 노동의 공급자는 노동자들이다. 노동자들은 임금이 상승하면 일을 더 많이 하여 근로소득을

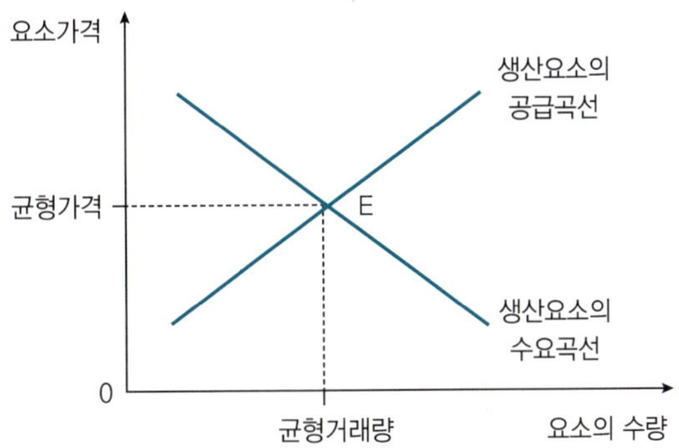

▶ 이 그림은 노동시장, 토지시장, 자금시장에 공통적으로 적용된다. 우하향의 수요곡선과 우상향의 공급곡선이 교차하는 점 E에서 균형가격과 균형거래량이 결정된다.

그림 7-1 생산요소시장의 균형

증가시키려고 하므로 노동공급량은 증가한다. 그러므로 노동공급곡선은 일반적으로 우상향곡선이다. 이와 같이 노동시장의 수요곡선과 공급곡선은 앞에서 살펴본 일반적인 재화시장의 수요곡선 및 공급곡선과 같은 모양이다. 우하향의 노동수요곡선과 우상향의 노동공급곡선이 교차하는 균형점에서 임금과 고용량이 결정된다.

노동시장은 한 나라의 노동시장을 한 묶음으로 살펴볼 수도 있고, 이질적인 노동시장을 세분해서 살펴볼 수도 있다. 먼저 노동시장을 하나의 단일한 시장으로 본다면 경기가 좋아져서 노동수요가 증가할 경우 임금은 전반적으로 상승하고, 불경기가 되어 노동수요가 감소하면 임금은 전반적으로 하락한다. 현실의 노동시장은 하나의 단일한 노동시장이 아니라 여러 가지 직종별로 나뉘고 교육수준과 숙련도에 따라서 여러 종류의 노동시장으로 분리된다. 분리된 노동시장의 수요와 공급에 따라 임금은 다양한 수준에서 결정된다. 각 노동시장별로 노동수요와 노동공급이 변화하면 그 시장의 임금이 변화한다.

이제 이 절의 서두에서 제기한 의문으로 돌아가 보자. 우리나라에서는 변리사, 변호사, 의사, 약사 등의 전문직이 있는데, 그 소득이 매우 높으며, 연예계와 스포츠계 스타들의 임금도 아주 높아서 연봉이 보통 수억 원에서 수십억 원에 달하는 반면에 편의점과 백화점 점원들의 임금은 아주 낮다. 왜 그런 차이가 발생할까?

이것 역시 수요와 공급의 원리에 의해서 설명될 수 있다. 변리사, 변호사, 의사 등의 전문지식을 요구하는 직종에서는 그들은 고도로 훈련된 노동자들이므로 생산성이 아주 높다. 반면에 그들의 전문적 자질을 유지하기 위해서 정부가 국가고시를 시행하여 합격자를 아주 소수로 제한하므로 공급이 매우 엄격하게 통제된다. 게다가 이들로 구성된 단체들은 자신들의 고임금, 고소득을 유지하기 위해서 정부에 압력을 행사하여 공급을 늘리지 못하도록 한다. 그래서 이들 직종의 노동시장에서는 수요에 비해 공급이 현저하게 적기 때문에 고임금, 고소득이 유지된다. 그 결과 소비자들은 법률서비스와 의료서비스를 비싸게 이용할 수밖에 없다. 따라서 정부는 이 직종의 공급을 점차 증가시켜 왔고, 그 결과 최근에 전문직의 보수도 조금씩 하향 안정화되고 있는 중이다. 많은 논란이 있음에도 불구하고 2025년 의과대학 입학 정원의 확대도 부족한 의사의 공급을 늘리기 위한 정부의 정책 중의 하나이다. 전문직 시장에서도 경쟁이 치열하여 경쟁력이 있는 변호사와 의사의 소득은 엄청나지만, 그 가운데 소수는 경영난으로 인해 개인파산까지 당하는 자가 나타난다고 한다.

이에 비해 점원 노동시장에서는 수요에 비해서 공급이 지나치게 많다. 이 직종의 노동은 미숙련 단순노동이므로 누구나 쉽게 이 노동시장에 참여할 수 있어서 공급이 많은 것이다. 그 결과 임금이 매우 낮은 수준에서 결정된다.

임금격차가 발생하는 일반적 원인은 무엇인가?

임금격차가 발생하는 데는 다음과 같은 몇 가지 요인들이 작용한다.

첫째는 **보상적 임금격차**인데, 이것은 노동의 질이 비슷한 노동자들 사이에 나타나는 임금격차이다. 이런 격차가 발생하는 이유는 작업환경의 차이 때문이다. 비슷한 자격을 갖춘 노동자라도 보다 위험하고 불결한 환경에서 일하는 사람에게는 더 많은 보수를 지급하고, 보다 안전하고 쾌적한 일을 하는 노동자들에게는 더 적은 보수를 지급하게 된다. 만일 위험하고 불결한 환경에서 일하는 노동자와 안전하고 쾌적한 환경에서 일하는 노동자가 같은 임금을 받는다면 많은 노동자가 안전하고 쾌적한 일 쪽으로 몰릴 것이다. 그러면 그 노동시장의 공급이 증가하므로 임금이 하락한다. 반면에 위험하고 불결한 일에는 노동공급이 줄어서 임금이 상승한다. 그래서 결국 금전적 보수와 비금전적 보수(쾌적함, 안전함 등)의 합이 균등하게 된다.

보상적 임금격차의 예는 여러 가지이다. 조종사나 스튜어디스들은 위험 부담의 대가로 임금을 더 많이 받는 것을 볼 수 있다. 어떤 경제학자는 말하기를 의사와 교수가 비슷한 교육 수준을 지니고 있음에도 불구하고 의사가 더 많은 임금을 받는 이유는 의사보다 교수가 캠퍼스라고 하는 더 좋은 환경에서 생기발랄한 청년들과 더불어 자유스러운 생활을 할 수 있기 때문이라고 하였다. 그리고 고층빌딩의 창문 청소부는 실내 청소부보다 위험한 일을 하므로 더 높은 임금을 받는 것이다.

둘째, 노동의 질적 차이 때문에 임금격차가 발생한다. 타고난 재능이 특출하거나 많은 교육과 훈련에 의해서 생산성이 높아진 노동자들에 대한 수요는 많은 데 비해서 공급이 적으므로 임금은 높은 수준에서 결정된다. 이것이 전문직 노동자들의 임금이 높은 이유이다. 이에 반해 미숙련 노동자들의 경우에는 생산성이 낮아 이들에 대한 수요는 적은 데 비해서 공급이 많으므로 임금이 매우 낮은 수준에서 결정된다. 그리고 소수 프로 스포츠 선수들의 연봉이 천문학적인 액수에 달하는 이유는 타고난 재능에 훈련이 합쳐져서 뛰어난 재간을 보여주는 선수가 아주 소수이기 때문이다. 연예인 가운데 타고난 미모와 끼, 그리고 연기력이 출중한 자는 극소수이므로 수요에 비해 공급이 너무나 적다. 따라서 그 보수는 엄청나게 높은 수준에서 결정된다.

셋째, 현실에서 임금은 노동시장의 수요와 공급 이외에 노동조합에 의해 많은 영향을 받는다. 기업별로 그리고 산업별 노동조합의 힘의 차이가 임금격차를 발생시킨다. 우리나라의 경우에 자동차회사 등 대기업에는 강력한 노동조합이 있어서 파업 등을 무기로 임금협상에서 유리한 고지를 차지하여 높은 임금 수준에 도달한다. 반면에 중소기업에는 노동조합이 없거나 있어도 힘이 약하여 낮은 임금을 수용하게 된다.

4 토지시장에서 지대와 지가가 결정된다

토지 없이 삶은 불가능하다. 모든 생산활동에는 토지가 필요하다. 농업에는 경작지가 필요하고 공업에는 공장 부지가 필요하다. 이처럼 토지는 필수적인 생산요소이다. 기업은 토지를 두 가지 방법으로 조달할 수 있다. 첫 번째의 방법은 토지를 빌려서 사용하는 방법이며, 두 번째는 토지를 매입하여 사용하는 방법이다. 농업부문에서는 토지를 원형 그대로 보존하므로 토지를 빌려서 사용하는 경우가 많으나, 공업부문에서 기업들은 토지 위에 건물 등 장기간 사용하는 설비를 설치하므로 많은 경우에 토지를 매입하여 생산에 투입한다. 그러나 경제이론은 보통 기업이 생산요소를 빌려서 사용한다고 가정하므로 여기서도 우선 토지를 빌려서 사용하는 경우를 보자.

토지임대시장

토지를 빌려주고 빌리는 시장을 **토지임대시장**이라고 한다. 토지를 수요하는 쪽은 주로 기업이고 공급하는 쪽은 주로 가계이다. 지대는 다른 재화나 생산요소의 가격 결정과 마찬가지로 토지의 수요와 공급에 의해서 결정된다. 토지의 수요자인 기업의 입장에서는 지대가 하락하면 그만큼 비용이 싸지므로 토지를 더 많이 활용하여 이윤을 증가시키려고 한다. 그래서 지대가 하락하면 토지의 수요량은 증가한다. 그러므로 토지의 수요곡선은 우하향곡선이 된다. 토지의 공급자는 지대가 상승하면 토지를 더 많이 공급하여 지대 수입을 증가시키려고 한다. 그래서 토지의 공급곡선은 우상향곡선이다. 그런데 토지의 면적은 거의 고정되어 있으므로 공급곡선은 매우 가파른 우상향곡선으로 나타난다.

우하향하는 토지수요곡선과 우상향하는 토지공급곡선이 교차하는 균형점에서 지대와 거래량이 결정된다. 생산활동이 활발하여 토지수요가 증가하면 지대는 상승한다. 반대로 경기가 나빠져서 생산활동이 둔화되면 토지수요도 감소하여 지대도 하락한다.

토지는 면적이 거의 고정되어 있고 위치가 이동될 수 없는 특성이 있다. 토지는 사람이 만든 것이 아니라 천부적인 생산요소이다. 그리고 그 위치도 모두 다르다. 사람들이 많이 모여 사는 대도시의 지대는 매우 높으나 아주 한적한 시골의 지대는 매우 낮다. 대도시의 토지면적은 매우 제한되어 있는데 비해 수요는 많기 때문에 지대는 높고, 반면에 시골의 토지에 대한 수요는 거의 없어 지대가 아주 낮게 결정되는 것이다. 도시의 지대가 아무리 올라도 시골의 토지가 그리로 이동할 수 없으므로 지대의 차이는 지속된다.

토지의 면적은 예나 지금이나 거의 그대로이다. 간척을 통해서 극히 일부분 증가될 수 있을 뿐이다. 일정한 면적의 토지 위에 인구는 늘어나고 그 위에서 더 많은 공장을 짓고 집을 지어 살아가므로 토지수요는 계속 증가한다. 토지공급은 거의 일정한데 토지수요가 증가하니 지대는 상승할 수밖에 없다. 노동과 자본은 가격이 상승하면 공급도 증가하므로 수요 증가에 따른 가격상승은 그리 가파르지 않으나 토지의 공급은 거의 일정하므로 수요 증가에 따라 지대는 다른 생산요소의 가격보다 상대적으로 가파르게 상승하는 경향이 있다.

토지는 위치를 이동시킬 수 없기 때문에 이웃에 무엇이 있는가에 따라 토지의 가치가 크게 영향을 받는다. 예를 들어 고속도로나 철도가 그 옆으로 뚫린다든지 다리가 놓인다든지 하면 이제까지 매우 싸던 지대가 급등한다. 지금은 서울의 노른자위가 되어 있는 강남구, 서초구 등의 지대가 과거에 강북지역보다 훨씬 낮았지만, 한강에 여러 개의 다리가 놓여 강북과 연결되면서 이 지역의 지대가 급등한 것이다. 그리고 용도가 농업지역에서 주거지역이나 상업지역으로 바뀌면 역시 지대는 급등한다.

토지매매시장과 투기적 수요

현실의 기업들은 토지를 주로 매입하여 생산에 투입하는데, 기업은 토지를 임대하는 경우와 매입하는 경우 어느 쪽이 유리한지 비교해서 한쪽을 선택할 것이다. 기업의 입장에서 토지를 빌릴 경우 앞으로 매년 지불할 지대와 자금을 빌려 토지를 매입하고서 매년 갚아야 할 이자를 비교해서 지대보다 이자가 작다면 토지를 매입하는 것이 빌리는 것보다 더 유리하다.

토지매매가격을 지가라고 하는데, 이것은 **토지매매시장**의 수요와 공급에 의해서 결정된다. 토지수요가격은 어떤 토지에서 앞으로 영속적으로 발생할 것으로 예상되는 지대를 이자율로 할인하여 구한 **현재가치**에 의해서 결정된다. 예를 들어서 향후 영구적으로 매년 1,000만 원의 지대가 발생할 것으로 예상되는 토지가 있다고 하자. 현재 이자율이 10%라면 이 토지의 현재가치는 1억 원이다. 이렇게 예상하는 수요자는 이 토지의 지가가 1억 원 이하이면 매입하려고 하나 1억 원 이상이면 매입하지 않을 것이다. 그러므로 토지가격이 하락하면 토지(매입) 수요량은 증가하므로 토지수요곡선도 역시 우하향곡선이다. 토지를 매각하려고 하는 공급자는 토지가격이 상승하면 더 많은 이익을 얻을 수 있으므로 공급량을 증가시킨다. 그러므로 토지의 공급곡선은 우상향곡선이다. 앞에서 말한 바와 같이 토지의 면적은 거의 고정되어 있으므로 토지공급곡선은 매우 가파른 우상향곡선으로 나타난다. 토지의 수요곡선과 공급곡선이 만나는 균형점에서 균형지가가 결정된다.

경기가 좋아지거나 아니면 어떤 지역에 개발이 예정되면 예상 지대가 상승한다. 그러면 토지의 수요자는 더 비싼 가격으로라도 토지를 매입하려고 하므로 토지수요는 증가한다. 그리고 이자율이 하락하면 토지를 빌리고 지대를 지불하는 것보다 돈을 빌려 토지를 매입한 후 싼 이자를 지불하는 것이 유리하므로 토지수요는 증가한다. 이럴 경우에 지가는 상승한다.

우리는 대도시에 고층 빌딩들이 즐비하게 늘어선 것을 보고 놀란다. 서울에도 고층 빌딩들이 많이 있지만, 특히 뉴욕이나 시카고의 고층빌딩을 보면 입을 다물 수 없을 정도이다. 왜 대도시에 고층 빌딩이 많을까? 그 이유는 대도시 중심가의 지가가 너무나 비싸기 때문에 토지를 최대한 경제적으로 활용하기 위해서 그 위에 높은 건물을 짓지 않을 수 없는 것이다.

토지매매시장에서 지가가 상승할 것이 예상되면 토지를 생산에 활용하기 위해서가 아니라 지가가 상승한 후 되팔아서 매매 차익을 얻기 위해서 토지를 매입하려고 하는 **투기적 수요**가 발생한다. 투기적 수요는 지가를 상승시키고, 지가 상승은 앞으로 더 오를 것이라는 맹목적인 기대를 낳아서 투기를 더 자극한다. 이런 과정으로 지가는 적정한 수준보다 훨씬 높은 수준까지 상승하게 되는데, 이것을 **거품**(bubble)이라고 한다. 거품은 조만간 꺼지기 때문에 거품이라고 부르는데, 거품이 갑자기 꺼지면 금융을 마비시키고 가계와 기업에 큰 타격을 주어 경제를 깊은 불황으로 몰고 간다. 1990년대 일본의 장기불황과 2008년 미국의 금융위기에서 부동산 거품의 갑작스러운 붕괴가 초래하는 위험을 여실히 볼 수 있다. 그러므로 정부는 미리 거품을 방지하여야 하고 이미 발생한 거품을 조심해서 다루어야 한다. 거품이 일시에 꺼지는 것은 매우 위험한 결과를 초래한다.

거품을 방지하는 방법에는 이자율의 점진적 인상이 가장 효과적이나 이것은 불경기를 초래하거나 거품의 갑작스러운 붕괴를 야기할 수 있으므로 아주 서서히 그리고 조심스럽게 이루어져야 한다. 이외에 부동산 부문에 대한 대출 축소가 바람직한 정책수단이 될 수 있다. 그리고 조세정책이 있는데, 토지 및 건물에 대해 다소 높은 재산세를 부과하면 이것이 투기를 억제할 수 있으며 양도소득에 대해서 다른 소득세보다 좀 더 높은 세율을 적용하면 투기를 억제하면서 불로소득의 일부를 세금으로 환수하는 목적도 달성할 수 있다.

네덜란드의 튤립 투기 광풍

투기와 거품의 대표적 사례로 17세기 네덜란드의 **튤립 투기 광풍**(tulip mania)을 자주 든다. 튤립은 15세기 중엽에 튀르키예(구 터키)에서 유럽으로 들여왔는데 네덜란드 지역에서 매우 인기 있는 꽃이었다. 처음에는 부유층이 이 희귀한 꽃을 좋아하였고, 17세기에 이 나라가 황금기에 들어서면서 이 꽃은 신분을 상징하는 사치재로 등장하여 중산층에 이르기까지 많이 수요하게 되자 가격이 상승하기 시작하였다. 그러자 튤립 구근을 투기의 대상으로 삼아 많은 투기 수요가 가세하여 가격이 걷잡을 수 없이 상승하였다. 1636년 말부터 3개월 남짓한 동안에 가격이 무려 20배 상승하여 튤립 뿌리 하나의 가격이 숙련된 장인의 연소득의 10배 이상에 달했다는 것이다. 이 가격을 현재 가격으로 어림잡아 계산해보면 숙련 노동자의 연봉을 5,000만 원으로 잡아도 튤립 뿌리 하나의 가격이 약 5억 원에 달한다.*[1] 어떻게 이런 터무니 없는 투기가 발생할 수 있었는지 이해하기가 어렵다. 그 가격은 3개월 후에 다시 1/20로 폭락했다. 이 사건이 최초의 투기적 거품으로 기록되어 있으며, 거품 붕괴 직전에 튤립을 샀던 많

17세기 네덜란드의 투기와 거품의
대표적 사례로 많이 거론된다

은 사람이 엄청난 손실을 보았다고 한다.

지대를 몰수하라 : 헨리 조지

19세기 후반 헨리 조지(Henry George)라는 미국의 경제학자는 당시 미국이 매우 빠른 속도로 경제성장을 이루었음에도 불구하고 노동자들은 더욱 빈곤해지는 모순적인 현상을 목격하고 그 원인을 밝히려고 애를 썼다. 그는 가난한 세관 서기의 아들로 태어나 정규 교육을 거의 받지 못하고 선원, 인쇄공 생활로 전전했으나 독학으로 마침내 언론인이자 경제사상가가 될 수 있었다. 그는 그의 대표 저서인 『진보와 빈곤』이란 책에서★2, 경제성장에도 불구하고 노동자들이 더 빈곤하게 된 원인은 경제성장의 과실이 대부분 지주계급에게 지대로 돌아가기 때문이라고 주장하였다. 앞에서 말한 바와 같이 토지의 면적은 고정되어 있는데, 인구가 계속 증가하고 경제가 성장함에 따라 토지수요도 지속적으로 증가하여 지대가 빠르게 상승한다는 것이다. 그래서 총생산 가운데 지대가 차지하는 비중도 증가하므로 노동자와 자본가는 경제성장의 혜택을 전혀 보지 못한다는 것이다.

노동자 계층이 경제성장에도 불구하고 계속 빈곤한 원인이 지대의 급속한 증가에 있다고 본 조지는 그 처방으로 지대를 모두 세금으로 징수하고 다른 세금은 모두 없애는 **토지가치세**(land value taxation: '토지단일세'라고도 함)를 제안하였다. 그러면 지주들에게는 지대가 전혀 돌아가지 않아 토지의 수익성은 영(zero)이 되므로 토지의 가격도 영으로 떨어진다. 이것은 토지를 국가가 몰수하는 것이나 마찬가지이다. 즉 지주로부터 토지에 대한 수익권을 박탈하는 셈이다. 이것은 사유재산제하에서 매우 중대한 재산권 침해인데 이것이 정당화될 수 있을까?

★1 어느 경제학자(E. Kerschner)의 계산에 따르면 튤립 뿌리 하나의 최고 가격이 1968년 달러 가치로 76,085달러라고 하니 1968년보다 2009년에 미국의 소비자 물가가 6배 올랐으므로 대략 6억 원 정도로 추산될 수 있다.

★2 George, Henry(1992), *Progress and Poverty*, Robert Schalkenbach Foundation, 헨리 조지(김윤상 역; 1997), 『진보와 빈곤』, 비봉출판사.

조지는 이 조치가 정당하다고 주장하였는데, 그 근거는 다음과 같다. 첫째, 토지는 누가 생산한 것이 아니라 조물주에 의해 인류 전체에게 주어진 것이므로 사유화되어서는 안 되는 공유재산이라는 주장이다. 그래서 그는 토지에 대해서 모든 사람이 평등한 권리를 가져야 한다고 주장하였다. 둘째, 지대는 지주의 노력 없이 인구증가와 경제성장에 의해 발생하는 소득이므로 지주가 그것을 가져가서는 안 된다고 주장하였다. 그러므로 사유화되어 있는 토지는 즉시 국유화해야 하지만, 이미 사유화되어 있으므로 혼란을 줄이기 위해 기존의 지주들에게 보유권과 사용권을 주되 수익권은 국가가 몰수한다는 것이다.

이러한 조지의 사상은 당시에 많은 영향을 미쳤는데, 특히 대문호 톨스토이에게 큰 영향을 주었다. 톨스토이는 조지의 사상에 감명을 받아 만년에 조지의 사상을 널리 전파하려고 많은 애를 썼으며 그의 글에도 조지에 대해서 빈번하게 언급하였다. 그리고 귀족인 그가 가졌던 봉건 영지를 농노들에게 분배하기도 하였으며, 이로 인해 부인과 큰 불화를 겪기도 하였다. 그래서 그는 죽기 직전에 가출하여 어느 시골 조그만 역사(驛舍)에서 객사하였다. 그 결과 그의 아내 소피아는 세계 3대 악처 가운데 하나로 이름을 올리게 되었다.

그렇지만 조지의 사상을 그대로 수용하기는 어려운 몇 가지 문제점이 발견된다. 첫째, 노동자 계층의 빈곤의 원인이 지대의 증가라는 주장은 이론적으로 그리고 실증적으로 입증되기가 어렵다. 그가 토대로 하고 있는 리카도의 지대론은 한계가 많으며, 또한 지대의 비중은 점점 감소하고 임금의 비중이 크게 증가한 사실은 그의 주장과 일치하지 않는다. 그러므로 빈곤의 원인이 지대의 증가라는 조지의 주장은 상당히 과장되어 있으며, 지대의 증가는 빈곤의 여러 가지 원인 가운데 하나라고 보는 것이 더 타당하다.

둘째, 토지가 사유화되어서는 안 되는 조지의 두 가지 근거는 어느 정도 설득력이 있다. 그러나 현재의 지주는 정당한 값을 지불하고 도덕적으로 그리고 법적으로 전혀 문제가 없는 과정으로 토지를 매입했는데, 어느 날 갑자기 그것이 부당하다고 하여 토지를 몰수한다는 것은 정당성을 가지기 어렵다. 원래 공유재산인 토지를 훔친 사람은 현재의 지주가 아니라 오래전에 최초로 사유화한 사람이며, 그다음의 소유주는 그로부터 순차적으로 정당한 값을 지불하고 매입한 사람들이다. 그러므로 현재의 지주를 장물 취득범으로 몰아 그에게만 그 책임을 묻는 것은 정당성을 가지기 어렵다. 사회 전체도 부지불식간에 토지를 도둑질당하고서도 오랫동안 방치한 책임이 있다.

그러므로 조지의 주장을 그대로 수용하기는 어렵고, 현실에 맞게 수정하여 지대에 대해서 100%가 아니라 다른 소득에 대해서보다 좀 더 높은 세율을 적용하는 방안을 선택할 수 있을 것이다. 이것은 **토지보유세**의 상향 조정과도 상당 부분 일치한다. 그러면 토지공개념을 어느 정도 구현할 수 있으며, 또한 토지에 대한 투기도 상당한 정도로 방지할 수 있는 자동안정장치의 기능을 할 것으로 기대된다.★3

만약 한 나라 토지소유권의 대부분이 거래에 의해서 취득된 것이 아니라 봉건 지주들의 후손이 상속받은 것이고, 토지가 매우 불균등하게 분배되어 있다면 토지개혁을 고려해 볼 필요가 있으며, 이것은 조지의 정신과도 통한다고 볼 수 있다.

5 이자와 이윤은 어떻게 결정되나?

농업을 기반으로 한 봉건사회에서 토지가 아주 중요한 생산요소였지만, 공업을 기초로 한 산업 자본주의 사회에서는 자본이 매우 중요한 생산요소가 되었다. 그래서 자본과 자본가가 지배적 위치에 있는 자본주의 사회가 성립되었다.

경제학에서 말하는 자본이란 '생산된 생산수단', 즉 재화와 서비스의 생산에 사용되는 기계, 건물, 도구, 재고 등을 말한다. 경제이론에서는 기업이 자본재를 빌리는 것으로 가정하지만, 현실의 기업은 돈을 빌려서 자본재를 구입한다. 가계는 저축된 자금을 기업에 빌려주는데, 그 방식에는 두 가지가 있다. 그중 하나는 은행과 같은 금융기관을 통해서 기업에 자금을 빌려주거나 아니면 기업이 발행한 채권을 매입하여

★3 이재율(2001), "토지가치세의 공정성 문제", 『국제경제연구』, 7(2), 한국국제경제학회 참조.

기업에 빌려주는 방식이다. 두 번째는 기업이 발행한 주식을 매입하여 기업에 출자하는 방식이다. 가계가 기업에 투자자금을 빌려주면 이자를 받게 되고 출자를 하면 이윤이 생길 때 배당금을 받게 된다. 이자는 사전에 정한 이자율에 따라 지급되지만 배당금은 이윤이 발생하지 않으면 지급되지 않는다.

이자는 왜, 얼마나 지급되나?

오늘날에는 돈을 빌려주고 이자를 받는 것이 당연하지만 중세까지만 해도 그렇지 않았다. 그리스 철학과 구약성서에서, 그리고 중세 교회의 가르침에서 이자는 금지되어 있었다. 당시에 이자가 금지된 것은, 돈을 빌리는 사람들은 대부분 매우 어려운 상황에 처해 있어서 생존을 위해서 불가피하게 돈을 빌리는 사람들이었기 때문이다. 이웃의 어려운 사정을 이용하여 이자를 받는 것은 사악한 행위로 간주되어 이자가 금지된 것이다. 이런 전통은 아직도 이슬람권에서 이어지고 있지만, 여러 가지 방식으로 사실상 이자가 수취되고 있다고 한다.

중세 말에는 상인이나 수공업자들이 사업을 하기 위해서 자금을 빌리는 경우가 많아졌으므로 종교개혁자들 가운데 일부는 이자를 정당화하기 시작하였다. 투자를 위해서 돈을 빌려 가면, 빌린 사람은 그 돈을 활용하여 이윤을 얻는다. 그러므로 이윤 가운데 일부를 이자로 지급하는 것은 당연한 일이다. 그런데 19세기 사회주의자였던 마르크스는 이자를 받는 것은 자본가가 노동자를 착취하는 행위라고 비판하였다. 그의 **착취론**은 이론적으로 문제가 많은데 여기서 자세히 말하기는 어렵고 하나의 예를 들기로 하자. 중국은 모택동 시절에 착취론에 따라 외국자본의 유입을 금지하였다. 외국자본이 중국에 투자되면 중국 노동자가 착취당한다고 생각했기 때문이다. 그러나 등소평 시대에 중국은 문을 활짝 열고 외국의 투자를 전폭적으로 받아들였다. 이것을 계기로 중국은 폭발적인 경제성장을 계속하고 있다. 이 변화를 착취론으로 어떻게 설명할 수 있을까?

현대에는 자금을 일정 기간 사용하는 대가로 이자를 지급하는 것이 당연시되고 있다. 거기에는 누구나 공감할 수 있는 타당한 이유가 있을까? 세 가지 근거가 제시될 수 있다.

첫째, 자본이 생산성을 증가시키는 기능을 한다. 맨손으로 물고기를 잡는 사람이 돈을 빌려 그물을 구입한다면 생산성이 월등히 증가하므로 그 일부를 이자로 지급한다. 둘째, 이자는 당장 소비하고자 하는 욕심을 절제한 절욕의 대가라는 주장과 현재 소비를 연기하여 미래 소비를 기다린 것에 대한 대가라는 학설이 있다. 셋째, 저축을 자신이 보유하지 않고 타인에게 빌려주는 것은 언제든지 쓸 수 있는 편리성을 일정 기간 포기하는 셈이다. 그래서 케인스는 이자란 '유동성을 일시적으로 포기하는 대가'라고 하였다. 그리고 자금을 빌려주는 것에는 여러 가지 위험도 따른다. 오늘날 이자의 정당성은 주로 '생산성의 증가'와 '유동성 포기'에 근거하고 있다.

자금의 공급자들은 이자율이 높은 수준이기를 바라고 수요자들은 낮은 수준이기를 원한다. 그러면 이자율(interest rate)이 어떻게 결정되는지 알아보자. 이자율은 자금이 거래되는 자금 시장에서 수요와 공급의 원리에 의해 결정된다. 자금의 주된 수요자는 기업이다. 기업은 자본재를 마련하기 위해서 투자자금을 빌리는데, 이자율은 빌리는 자금의 가격이다. 기업은 투자의 예상수익률(예: 10%)이 이자율(예: 5%)보다 높을 때 자금을 빌려서 투자한다. 그러므로 이자율이 하락하면 기업은 더 많은 자금을 빌려서 투자하는 것이 이윤을 증가시키는 방법이므로 자금의 수요가 증가한다. X축을 자금의 수요량으로 하고 Y축을 이자율로 하는 그래프에서 자금의 수요곡선은 다른 수요곡선과 마찬가지로 우하향곡선이 된다.

자금의 공급은 주로 소득 가운데 소비되지 않은 부분인 저축에서 나온다. 자금의 공급자는 이자율이 상승하면 자금을 더 많이 공급하여 이자소득을 증가시키려고 하므로 자금의 공급곡선은 우상향곡선이다. 이렇게 자금의 수요곡선과 공급곡선이 교차하는 점에서 이자율이 결정된다. 자금의 공급자는 빌려주는 자금의 양에 이자율을 곱한 만큼의 이자소득을 얻게 된다.

고리대금업의 역사와 이자율의 다양성

중세까지 이자가 금지되어 있었는데도 높은 이자를 받는 고리대금업이 은밀하게 이루어지고 있었다. 셰익스피어의 희곡 '베니스의 상인'에는 지독한 상인 샤일록이 등장하는데, 그는 채무자가 돈을 못 갚으면 그의 가슴살을 베어 달라고 요구한 비정한 유대인 상인이었다. 필자가 어렸을 때 농촌에서 가난한 농민들이 올해 쌀 한 가마를 빌리면 다음 해에 쌀 두 가마를 갚아야 했으므로 이자율이 대략 100%에 이르렀던 것으로 기억된다. 이것은 하나의 예에 불과하지만 당시에 고리대금이 많이 이루어지고 있었던 것이다. 5.16 직후에 군사 정부는 '농어촌고리채정리법'을 제정하여 연 12%를 초과하는 이자율을 고리채로 간주하여 신고하도록 하고 이자율을 연 12%로 제한하였다.

1997년 우리나라가 외환위기를 당하기 직전까지 이자제한법은 이자율을 25% 이하로 제한하였다. 그러나 외환위기 직후인 1998년에 정부는 IMF의 권고에 따라 이 법을 폐지하였다. 그러자 어떤 악덕 대부업자들은 연 1,000%를 넘는 지독한 고리대금을 하기에 이르렀고, 현대판 샤일록은 연체하는 채무자에게 신체포기각서를 요구하기도 하였다. 어떤 경우에는 성매매를 강요하였다. 이것은 채무자를 완전히 파멸로 이끄는 살인적인 고금리였다. 그래서 다시 법률로 이자제한을 두게 되었는데, 2024년 현재 연 20%로 법정최고이자율을 정하고 있다. 그러나 현실에서는 이 법을 지키지 않는 불법 고리대금업자들이 많이 있는 것으로 알려져 있다.

은행에서 돈을 빌리면 불과 5% 내외에서 돈을 빌릴 수 있음에도 불구하고 왜 이런 고리대금이 존재할까? 그것은 채무자의 신용도가 매우 낮기 때문이다. 담보를 제공할 수 없으며, 소득도 적고, 채무불이행의 전력이 있는 사람들은 이러한 좋은 조건의 자금을 빌릴 수 없으므로 어쩔 수 없이 고리대금업자로부터 빌리게 된다. 자금을 빌려주는 공금융기관과 대부업자들은 채무자의 신용도와 위험도에 따라 이자율을 매우 다양하게 적용한다. 신용도가 낮은 자금 수요자들에게는 자금을 빌려주는 것을 꺼리므로 이자율은 높게 올라간다. 그러므로 통일된 하나의 이자율이 존재하는 것이 아니라 신용도와 만기의 기간 등에 따라 매우 다양한 이자율이 존재한다. 따라서 돈을 빌리려는 사람들은 신용도를 높게 유지하는 것이 경제생활에서 매우 중요하다.

누가 이윤을 받을 자격이 있나?

기업은 이윤이 발생하면 그것을 출자자(주식회사의 주주들)에게 배당금으로 지불한다. 출자자는 기업의 주인이므로 이자를 받지 않고 영업의 결과 발생한 이윤을 받으며, 손실이 생기면 그것에 대해서 책임을 져야 한다. 혹자는 출자자가 이윤을 독차지하는 것은 부당하다고 보기도 한다. 마르크스는 이것 역시 자본가의 노동자 착취라고 비판하기도 하였다. 그러나 출자자는 손실이 발생하면 이에 대해서 책임을 지므로 매우 큰 위험을 부담하는 셈이다. 출자자들이 이윤을 받는 근거도 바로 이들이 위험을 부담하기 때문이다. 사람들은 대부분 위험을 싫어한다. 그래서 많은 사람이 스스로 출자하거나 돈을 빌려 기업을 운영할 수 있음에도 불구하고 종업원으로 취직하기를 원하는 이유는 바로 출자의 위험 때문이다. 출자자들의 **위험부담**으로 인해 새로운 일자리가 창출되고 재화와 서비스가 생산되므로, 이들은 사회에 중요한 기여를 하는 셈이다. 따라서 그들이 이윤을 분배받을 자격이 인정된다.

출자자에게 분배되는 이윤은 **회계학적 이윤**이다. 즉 총수입에서 회계학적 비용(명시적 비용)을 뺀 값이다. 앞에서 본 바와 같이 명시적 비용은 실제로 지불되는 비용, 즉 임금, 지대, 이자 등이다. 회계학적 이윤이 영(0)보다 크면 기업은 그것을 출자 지분에 따라 출자자에게 분배한다. **경제학적 이윤**은 회계학적 이윤에서 출자금의 기회비용(즉 사회적 평균이윤)을 뺀 금액이다. 경제학적 이윤은 사회적 평균이윤(정상이윤)을 초과하는 이윤이라고 해서 초과이윤이라 하기도 한다.

기업 이윤의 분배과정을 보면, 먼저 이윤에 대해서 법인세를 납부한다. 세후 이윤을 출자자에게 분배하는 방법에는 배당금으로 나누어 주는 방법, 사내에 유보하여 다시 투자를 하고 나중에 더 큰 이윤을 분배하는 방법, 그리고 자사주를 매입하여 소각함으로써 주가를 상승시켜 출자자에게 이익을 주는 법 등이 있다. 현실적으로 이윤이 모두 출자자에게 분배되는 것은 아니고, 일부는 경영자들과 노동자들에게 성과급으로 지급되기도 한다.

이런 방식으로 결정된 임금, 지대, 이자, 이윤의 합이 소득이다. 가구소득은 가구별로 합산된 소득이다.

생활 속의 경제학

Chapter

08

양극화, 어떻게 할 것인가?

1 소득불평등도와 빈곤을 측정하는 방법

최근에 세계적으로 소득과 부의 불평등도가 증가하고 있다. 그리고 빈곤도 더 증가하고 있다. 즉 양극화가 진행되고 있으며, 우리나라도 예외가 아니다. 왜 이런 현상이 발생하는지, 그리고 대책은 무엇인지 알아보자.

소득불평등도의 지표를 찾아서

'우리나라의 빈부격차가 다른 나라에 비해 어느 정도 심각하다고 생각하느냐'라고 물으면 상당수의 사람들이 다른 나라보다 훨씬 심각하다고 대답한다. 체감 불평등도가 매우 크게 나타나는 것이다. 그렇지만 이런 체감 불평등도는 정확하지 않다.

한 가구의 소득은 그 가구의 근로소득과 재산소득의 합이다. 가구별 근로소득의 격차가 크지만 지대, 이자, 이윤을 합한 재산소득의 격차는 더 크다. 그것은 가구별 재산의 차이가 매우 크기 때문이다. 한 나라의 소득불평등 정도를 실생활의 경험으로 어느 정도 알 수 있지만 그것은 부정확하므로 보다 체계적으로 측정할 필요가 있다. 사람들은 이웃에 잘사는 사람들이 있으면 자신은 매우 못사는 것처럼 느끼고 빈부격차를 크게 인식한다. 그러나 이것은 매우 주관적인 느낌일 뿐이다. 그래서 경제학자들은 여러 가지 방법으로 소득불평등도를 정확하게 측정하려고 노력하였다. 소득불평등도가 시기별로 더 증가했는지 아니면 줄었는지, 그리고 다른 나라와 비교해서 어느 정도로 불평등한지를 파악하는 것은 정책의 수립에도 매우 요긴한 자료가 된다.

소득불평등도를 측정하는 방법 가운데 가장 많이 사용되는 것이 **로렌츠 곡선**(Lorenz curve)과 거기서 도출되는 **지니계수**(Gini coefficient)이다. 로렌츠 곡선을 설명하기 위해 먼저 정사각형을 그리고 좌하 귀퉁이를 원점으로 한다. X축에는 소득순으로 인구의 누적비율을 표시하고 Y축에는 소득의 누적비율을 표시해서 소득이 낮은 계층부터 시작하여 하위 몇 %의 인구가 차지하는 소득비율을 나타내는 점들을 이으

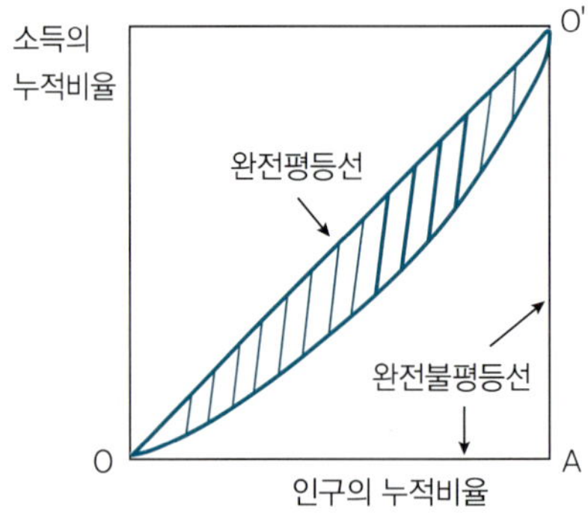

▶ 지니계수 = $\frac{\text{색칠한 초승달의 넓이}}{\text{삼각형 OAO'의 넓이}}$

그림 8-1 로렌츠 곡선과 지니계수

면 원점을 지나는 대각선 아래에 하나의 곡선이 그려지는데, 이 곡선을 로렌츠 곡선이라고 한다. 대각선과 로렌츠 곡선이 이루는 초승달 모양의 넓이를 정사각형을 대각선으로 나눈 삼각형의 넓이로 나눈 값이 지니계수이다. 지니계수는 0과 1 사이의 값을 가지는데, 0에 가까울수록 소득분배가 더 평등하고 1에 가까울수록 더 불평등하다.

도시가구의 지니계수를 기준으로 하여 우리나라 소득분배의 불평등 정도를 살펴보면, 외환위기 직전인 1997년에 0.274로 소득분배가 비교적 평등했으나 외환위기를 겪으면서 올라갔다가 조금씩 감소했고, 그 후 다시 증가하여 2023년 현재 가처분소득 기준 0.323로서 외환위기 직후만큼 불평등도가 높아진 셈이다. 이것은 우려스러운 부분이다. 그리고 상위20%소득계층의 소득점유비율을 하위20%소득계층의 소득점유비율로 나눈 값인 **소득5분위배율**로 보아도 소득불평등도가 점차 증가하는 것을 볼 수 있다. 도시가구의 소득5분위배율이 1997년에 4.09배에서 2023년에 5.72배로 증가하였다.

표 8-1 한국의 지니계수 추이

구 분	2011	2013	2015	2017	2019	2020	2021	2022	2023
처분가능 소득	0.387	0.372	0.352	0.354	0.339	0.331	0.333	0.324	0.323
시장소득	0.411	0.401	0.396	0.406	0.404	0.405	0.405	0.396	0.392

자료: 통계청

우리나라의 소득불평도를 다른 나라와 비교하면 어떨까? 아프리카와 중남미 국가들 가운데에는 지니계수가 0.5를 넘는 나라들이 많고, 심지어 남아프리카공화국의 지니계수는 0.63(2024년 기준)이었다. 반면에 북유럽 국가들과 동유럽 국가들의 지니계수는 0.3 이하로서 매우 평등한 모습을 보여준다. 미국의 지니계수는 0.41 내외로서 선진국 가운데에는 비교적 높은 소득불평등도를 보이고 있으며, 일본은 0.3 내외로서 우리나라보다 약간 평등한 분배를 보이고 있다. 미국은 정부의 개입이 약한 자유시장 경제이고 인종간의 격차가 심해서 소득불평등도가 높다. 일본은 선진국 가운데 비교적 소득불평등도가 낮은 나라였는데, 1990년대 장기불황을 겪으면서 실업자가 증가하고 종신고용제와 연공서열제가 점차 약화되자 소득불평등도가 증가하고 있다.

우리나라 소득불평등도가 최근 증가하고 있어서 우려되지만, 다른 나라들에 비해 비교적 양호한 범위에 속하는 이유가 몇 가지 지적된다. 첫째, 6.25전쟁으로 인해 전국토가 잿더미로 되어 경제적 불평등이 많이 사라졌다. 둘째, 1950년에 제정된 농지개혁법에 의해 농지의 불평등이 상당한 정도 해소되었다. 셋째, 1960년대 이후 노동집약적 경공업을 중심으로 한 고도성장으로 고용이 급속하게 증가되었다. 넷째, 일본으로부터 모방한 종신고용제와 연공서열제가 오랫동안 유지되었다.

빈곤의 발생

어떤 나라의 소득분배가 매우 불평등하면 하위에 있는 저소득층 가구는 당연히 빈곤상태로 떨어진다. 더구나 1인당 국민소득이 매우 낮은 개발도상국에서 소득불평등도가 크다면 많은 빈민들이 발생하게 된다. 빈곤이란 소득이 최저생계 유지에도 미치지 못하는 상태를 말한다. 그야말로 헐벗고 굶주리고, 병에 걸려도 치료받지 못하고 무지한 상태로 살아가며, 적절한 소득이 발생하는 일을 할 능력이 없는 채 살아가는 상태이다. 극단적인 빈곤은 아비규환의 지옥도를 방불케 한다. 세상에 가련한 사람들이 많지만 가난한 사람들이 가장 가련한 사람들 가운데 하나일 것이다. 그래서 기독교, 불교, 이슬람교 등 많은 고등종교들은 모두 가난한 사람들을 도울 것을 가르치고 있다.

빈곤에는 **절대빈곤**(absolute poverty)과 상대적 빈곤(relative poverty)이 있다. 절대빈곤은 가구소득이 최저생계비에 미치지 못하는 상태를 말하고, 빈곤 상태에 있는 인구의 비율을 절대빈곤율이라고 한다. 우리나라의 2인 이상 도시가구를 대상으로 한 절대빈곤율은 2003년 이후에 9% 정도에 달한다. 아직 이 비율은 다소 높지만, 1982년에 이 비율이 85.7%로서 인구의 거의 대부분이 절대빈곤 상태에 있었던 것과 비교하면 빈곤이 크게 감소한 것을 알 수 있다. 고도성장과 더불어 절대빈곤율은 지속적으로 감소하여 1996년에 7.1%로 역사상 가장 낮은 절대빈곤율을 기록하였다. 그러나 1998년 외환위기의 여파로 16.37%까지 치솟았다가 최근에 9%대를 유지하고 있다.

상대적 빈곤이란 가구의 소득이 중위소득(소득 순위가 한가운데인 사람의 소득)의 50%에 미치지 못하는 상태를 말한다. 중위소득은 평균소득보다 작은 것이 보통이다. 대략적으로 말하면 가구소득이 평균소득의 절반에도 못 미치는 상태를 상대적 빈곤이라고 한다. 도시가구를 대상을 할 때 상대적 빈곤율은 2019년 현재 16.7%로서 1990년의 7.6%에 비해 거의 두 배로 증가하였다. 2019년의 상대적 빈곤율은 외환위기 직후인 1999년의 12.8%보다 더 높은 비율이다.[★1]

우리나라의 빈곤율은 많은 개발도상국보다는 낮지만 선진국들보다는 높은 편이다. 그리고 최근에 올수록 점점 증가하는 추세라는 데 문제가 있다. 2019년을 기준으로 보면 미국의 상대적 빈곤율은 17.8%이고 일본은 15.7%로서 우리나라(16.7%)보다 더 높으며, OECD 평균은 11.1%이다.[★2]

2 불평등의 증대와 승자독식 사회의 출현

최근 우리나라의 소득불평등이 점점 심화되는 현상을 여러 가지 지표로 확인할 수 있다. 도시가구의 지니계수가 1982년에 0.316이었는데, 1992년에 0.257로 감소하였다. 그러나 외환위기를 계기로 1999년에 0.323으로 증가하였고, 그 후 약간 감소하였다가 2022년에 다시 0.324 수준으로 증가하였다.

중위소득의 50%에서 150% 사이의 소득계층을 중산층으로 보는데, 그 비율이 1992년에 75.2%까지 증가하였다가 2021년에 50.6%로 감소하였다. 상대적 빈곤층은 2006년 15.0%에서 2019년 17.0%로 크게 증가하였다. 그리고 상류층의 비율은 17.1%에서 22.4%로 증가하였다. 중산층의 비율이 많이 감소하고 빈민층과 상류층의 비율이 증가하여 양극화가 진행된 것을 알 수 있다.

2003년 이후 우리나라의 소득분배가 더 불평등해지고 빈곤이 증가하는 가장 중요한 이유는 경제성장률이 낮아지고 일자리가 창출되지 않기 때문이다. 최근에 우리나라의 경제성장은 대기업 중심의 수출 부문에 의존하고 있는데, 이 분야에서는 생산공정이 고도로 자동화되어 있어서 성장이 이루어져도 고용은 거의 늘지 않는다. 그리고 1997년 외환위기 이후에 비정규직 노동자가 크게 늘고, 급여 가운데 성과급 비중이 커진 것도 불평등 확대의 요인이다. 우리나라에서도 일본의 영향으로 인해 한 번 입사하면 정년까지 근무하는 종신고용제와 시간이 지나면 거의 자동적으로 승진과 승급이 이루어지는 연공서열제가 관행으로 되어 있었는데, 외환위기 이후 이것이 무너지기 시작하였다.

미국은 선진국 가운데 소득불평등이 가장 심한 나라 가운데 하나이다. 그리고 최근에 불평등 경향이 더 심각해지고 있어서 많은 우려를 낳고 있다.

1980년대 이후 세계 전반적으로 소득불평등이 대체로 심화되는 경향을 보여주고

★1 유경준(2009), "우리나라 빈곤변화 추이와 요인 분석", KDI 정책포럼 제215호 (2009. 7. 13), 통계청.
★2 전자신문, 2021. 10. 25.

있는데, 그 원인은 정부의 개입을 줄이는 신자유주의적 경제정책, 무역과 투자의 장벽을 제거한 세계화, 급속한 기술진보와 교육수준의 격차, 승자독식 시장의 출현 등이다. 이 요인들이 모두 중요하지만 여기서는 그 가운데 마지막 요인인 **승자독식 시장**의 출현에 대해서 더 깊이 살펴보려고 한다.

1995년에 미국 경제학자 두 사람이 『승자독식 사회』(The Winner-Take-All Society)라는 흥미 있는 책을 출간하였다. 그들은 이 책의 부제인 '왜 정상에 있는 극소수가 다른 사람들보다 그렇게도 많은 소득을 얻고 있는가?'라는 질문에 대해서 대답을 제시하였다. 그것은 바로 승자독식 시장의 출현이다. 즉 기술진보에 의해서 전달 매체의 획기적인 발전이 이루어진 것이다. 예컨대 극소수 정상급 음악가의 연주가 적은 비용으로 CD로 제작되어 전세계인들에게 팔리므로 그들보다 조금 못한 연주자들은 설 자리를 잃게 되었다. 소비자들은 아주 비싼 음악회에 가지 않고도 싼 가격으로 최상급 음악가의 연주를 들을 수 있으므로 그보다 조금이라도 못한 연주자에게는 거의 관심을 두지 않는다. 이것은 운동선수, 영화배우 등에도 그대로 적용된다. 오타니 쇼헤이의 야구 경기, 호나우드의 축구 경기, 나달이나 페더러의 테니스 경기가 전 세계에 중계되므로 그들은 엄청난 상금, 급여, 광고수입을 얻는다. 유명한 영화배우, 모델, TV 사회자, 작가 등도 마찬가지이다. 이들 정상급의 소수는 그들과 질적 차이가 거의 없는 다음 등급의 선수, 연기자 등을 시장에서 몰아내고 그들만의 잔치를 벌이는 것이다.[★3]

정보매체의 발달로 인해서 이런 승자독식 시장은 점점 확대되어 법률, 언론, 투자은행, 경영자 등에까지 침투하였다. 그래서 이 영역에서도 엄청난 소득을 얻는 **슈퍼스타**가 탄생하였다. 운동선수, 음악가, 배우, 경영자 등에서 슈퍼스타들의 연소득은 수

천만 달러에서 수억 달러에 달하며, 심지어 미국의 어느 투자은행 CEO의 연봉이 10억 달러(1조 원 이상)에 달한 적도 있었다. 이런 현상은 정도의 차이는 있지만 우리나라에도 마찬가지이다. 오징어 게임의 이정재, K-PoP BTS, 토트넘의 손흥민을 보라.

이런 슈퍼스타의 탄생은 많은 젊은이들로 하여금 이들을 선망하게 만들어 그 꿈을 향하여 나아가게 하는데, 결과는 대다수 사람이 그 꿈을 이루지 못하고 생산성이 낮은 일을 하는데 그친다는 사실이다. 예를 들어 마이클 조단의 성공 신화를 보고 많은 흑인 소년들이 농구계의 슈퍼스타가 되기를 원했지만 극소수만 성공하고 나머지는 미숙련 노동자가 된다는 것이다. 이것은 분배의 형평성을 저해할 뿐 아니라 자원이용의 비효율성을 초래한다는 데 문제가 있다.

3 재분배정책이 필요하다

자본주의 사회에서는 나라마다 정도의 차이가 있지만 상당히 큰 경제적 불평등이 발생한다. 그것은 소득불평등과 재산의 불평등을 말한다. 불평등은 상대적으로 열악한 위치에 있는 사람들을 빈곤으로 몰아넣는다. 빈곤은 그런 처지에 있는 사람들에게 많은 고통과 서러움을 가져다준다. 그리고 그들이 최소한의 인간다운 삶조차 누리지 못하게 만든다. 인간의 삶이 배고픔과 헐벗음, 질병과 영양실조, 무지 가운데 고통당하다가 짧게 끝나는 삶이라면 너무나 비참한 삶일 것이다. 사회의 적지 않은 구성원이 빈곤하면 범죄의 가능성이 높아지고, 거리가 슬럼화하고 불결해지며, 질병의 가능성도 높아져서 다른 구성원들의 삶에도 나쁜 영향을 미친다.

빈곤 문제가 아니라고 하더라도 지나친 불평등은 그 자체가 사회의 통합을 저해하여 갈등과 분열, 시기와 적대감을 조장하는 경향이 있다. 그러므로 경제적 불평등은 가급적 축소되는 것이 바람직하다. 생산에서의 효율성을 달성하기 위해서 어느 정도의 불평등은 허용되어야 하지만, 그 이상의 불평등은 바람직하지 않다는 것이다.

★3 Frank, Robert H. and Philip J. Cook(1995), *The Winner-Take-All* Society, Penguin Books.

우리나라에서는 경제성장률이 높고 일자리가 빨리 증가한 시기에 소득불평등도가 낮아지고 빈곤도 줄었다. 그러므로 최근의 불평등 확대와 빈곤의 증가에 대한 가장 중요한 대책은 경제성장률의 회복과 일자리 창출이다. 그리고 무역의 자유화로 인해서 피해를 보는 부문에 대한 적절한 지원대책을 통해서 경쟁력을 갖출 수 있도록 하는 노력이 필요하다. 그렇지만 여러 가지 이유로 이것이 쉽지 않으므로 재분배정책이 필요한 것이다. 이런 필요성에 대해서는 대부분의 사람들이 공감하지만, 구체적으로 어느 정도의 재분배가 필요한가에 대해서는 합의가 어렵다. 재분배에 대한 몇 가지 입장을 알아보자.

분배의 형평성 기준

첫째, **공리주의자**들은 한계효용체감의 법칙에 근거하여 재분배정책에 동의한다. 예를 들어 고소득층에게 세금을 100만 원 부과하여 그만큼을 저소득층에게 재분배하면 고소득층은 소득이 매우 많으므로 100만 원의 소득이 줄어도 행복(효용)이 별로 감소하지 않는다. 그러나 저소득층에게 같은 금액의 소득이 증가하면 행복이 크게 증가하므로 재분배정책에 의해서 사회전체 행복의 크기가 증가하여 그 정책은 정당하다는 것이다. 그렇지만 공리주의자들도 평등한 분배는 경제활력을 약화시켜서 생산을 줄인다는 문제점을 인식하므로 완전 평등을 주장하지는 않는다.

둘째, 미국의 철학자 **존 롤즈**(John Rawls)는 그의 대표 저서인 『정의론』(A Theory of Justice)에서 다음과 같이 공정성의 기준을 도출하였다. 사회의 구성원들이 자신이 어떤 위치에 있는지 알면 이기적 동기로 자기에게 유리한 방향으로 분배의 질서를 만들려고 하지만, 그것을 전혀 모른다고 하면 공정한 규칙이 도출될 수 있을 것이다. 롤즈는, 모든 사람이 자기가 어떤 사람인지 어떤 위치에 있는지 모르는 '**무지의 베일**'하에 있다면 사람들은 위험을 회피하려고 하는 성향이 있으므로 자신이 가장 열악한 위치로 떨어질 경우에도 어느 정도 인간답게 살 수 있는 '**최소극대화**' 원리를 선택할 것이라고 주장하였다. 그래서 그는 '최소극대화'(maximin) 원리가 공정한 분배 원칙이라고 하였다. 이 주장은 바로 빈곤층에 대한 재분배정책을 강하게 지지하는 근거가 될 수 있다.

셋째, 노직(Robert Nozick)은 자발적 거래, 증여, 상속 등과 같이 당사자 사이의 자유로운 동의에 의한 소유권의 이전은 정의롭다고 하는 자신의 '**소유권리론**'에 입각하여, 자유로운 시장에서 결정된 분배는 아무리 불평등해도 정당하다고 주장하였다. 그는 고소득층에 대한 과세를 통해서 빈곤층에게 재분배하는 것은 고소득층에 대한 인권침해라고 주장하기도 하였다. 그러나 그는 만년에 그의 입장을 좀 완화하였다.

이처럼 재분배정책에 대해서 이견이 존재하므로 현실에서는 어떤 정당이 집권하느냐에 따라 정책이 변화하지만, 시장에서 이루어진 분배상태를 그대로 두자고 주장하는 경우는 거의 없고, 재분배의 정도에 대해서 이견이 있을 뿐이다.

재분배정책의 수단

불평등을 완화하고 빈곤을 해소하기 위해서 다양한 정책이 필요하다. 교육기회를 확대하여 누구나 노동능력을 가지게 하고 적절한 경제성장을 통해서 일자리를 제공하는 것이 우선적으로 필요한 정책이다. 그렇지만 그것으로 충분하지는 않으므로 재분배정책이 필요하다. 재분배정책에는 소득재분배정책과 재산재분배정책이 있다. 소득재분배정책에는 누진세제도와 사회보험 및 공적부조 등의 사회보장제도가 있다. 사회보장제도를 잘 갖춘 국가를 흔히 **복지국가**(welfare state)라고 한다.

누진세(progressive tax)

소득이나 재산 등 과세대상의 금액이 증가할수록 세율도 증가하는 것을 말한다. 누진세제도의 도입에 대해서 찬성측과 반대측 사이에 치열한 논쟁이 있었으나 현대 사회에서는 대부분 이 제도를 도입하였다. 우리나라에도 소득세, 재산세, 상속세 등에서 누진세제도를 채택하고 있다. 과세대상의 증가에 따라 얼마만큼 세율을 가파르게 올리느냐에 대해서 이견이 있어서 재분배를 옹호하는 정부는 누진의 정도를 높게 한다. 부유층에 대해 더 높은 세율로 과세하고 서민층에게는 세율이 낮으므로 세후 소득은 보다 더 평등하게 된다. 그리고 누진세제는 복지제도의 확충에 필요한 재원 확보에도 도움이 된다.

지나치게 가파른 누진세율은 경제활동의 유인을 감소시키고, 또한 조세는 세금이 부과된 재화를 덜 생산하게 만드는 비효율성을 초래하기도 하므로 누진의 정도는 적절히 조절할 필요가 있다. 북유럽과 같은 이상적인 복지국가들 가운데 누진세율을 다소 완화하는 조치를 취하는 경향이 있다.

사회보험(social insurance)

사회보험은 가입과 탈퇴가 자유로운 민간보험과는 달리 법률에서 정해진 모든 사람의 가입이 의무화되어 있거나 정부의 재정지원으로 인해 가입하는 것이 더 유리한 보험이다. 사회보험은 보통 가입자가 반을, 고용주가 반을 부담하는 보험료로 운영되며, 정부가 일부 지원하기도 한다. 질병이나 실업 등의 불운을 당하지 않은 사람이 불운을 당한 사람을 돕는 것이 바로 보험이다. 사회보험은 누구나 당할 수 있는 여러 가지 위험으로부터 국민들을 보호하기 위한 제도이며, 소득이나 재산이 많을수록 보험료나 사회보장세를 더 많이 낸다. 사회보험 가입자는 보험료를 많이 내든 적게 내든 동일한 혜택을 받는다는 점에서 민간보험과 차이가 있으며, 이런 점에서 이 제도는 어느 정도 소득재분배 효과를 지닌다. 다만 우리나라 국민연금의 가입자는 보험료에 따라 연금 금액의 차이가 있으나 그 차이는 보험료 차이만큼 크지 않다.

사회보험에는 질병의 위험에 대비한 건강보험(의료보험), 실업의 위험에 대비한 고용보험(실업보험), 노령에 대비한 국민연금, 산업재해에 대비한 산업재해보상보험이 있다. 이러한 사회보험은 19세기 말 독일제국에서 비스마르크 수상에 의해서 시작되었다. 그는 계급간의 사회갈등을 방지하기 위해서 이 계획을 주도하였다.

이 가운데 우리나라의 **건강보험**(health insurance)은 1977년에 시작되어 1989년에 모든 국민이 가입하여 혜택을 누리는 제도로서 많은 나라들이 부러워하는 제도이다. 미국에는 약 70%의 인구가 주로 고용주가 제공하는 민간 건강보험에 가입해 있고,

15% 정도는 정부가 제공하는 공적 건강보험(노인을 대상으로 한 Medicare, 빈곤층을 대상으로 한 Medicaid 등)에 의존하나 약 15%에 달하는 4,700만 명 정도의 시민들이 아무런 건강보험 없이 살고 있다. 미국의 의료비는 우리로서는 상상할 수 없을 만큼 비싸기 때문에 건강보험이 없는 사람들이 질병에 걸리면 개인파산의 위기에 내몰린다.

미국의 의료비가 이렇게 천정부지로 뛰는 이유가 있다. 소득이 증가하고 고령화가 진행되면서 의료서비스의 수요가 빠르게 증가한다. 또한 의료서비스는 워낙 전문적인 분야라 의사가 공급자일 뿐 아니라 수요도 거의 결정한다. 의사가 '초음파 검사가 필요하다, MRI 검사가 필요하다.'고 하면 환자들은 내용을 알 수 없으므로 대부분 의사의 요구대로 따르게 된다. 의사의 도덕적 해이로 인한 과잉진료의 가능성이 열려 있는 것이다. 그리고 의공학의 발달로 인해 고가의 첨단장비가 개발되어 의료비 상승의 요인이 된다. 우리나라에서는 의료서비스 가격을 보건당국과 의사 및 병원 단체의 협상에 의해 결정하므로 어느 정도 통제가 되지만, 미국에서는 시장원리에 따라 매우 빠르게 상승한다.

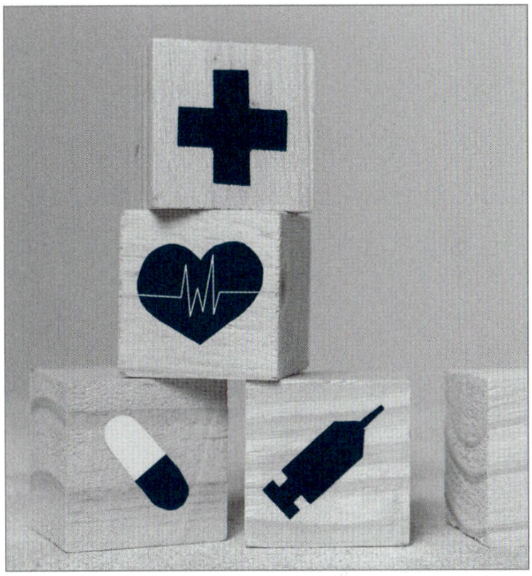

그래서 1990년대 초 클린턴 행정부가 건강보험의 사각지대를 없애기 위해 건강보험 제도를 개혁하려고 했으나 민간보험회사, 의사단체, 보수적인 정치인과 지식인 등의 반대로 실패하였는데, 오바마 행정부가 다시 개혁을 시도하였다. 오바마 행정부에서도 역시 여러 집단의 저항에 직면하여 성공할 수 있을지 초미의 관심사가 되었는데, 다행히 이 법안이 하원과 상원을 가까스로 통과하였다.

우리나라의 사회보험 가운데 비교적 잘 되어 있는 건강보험도 중병에 걸린 환자에게는 보장성이 약하다는 평가를 받는다. 우리의 소득수준이 아직 선진국 수준에는 못 미치므로 저보험료-저수가-저급여 정책을 계속하고 있다. 그래서 앞으로 개선해야 할 필요성이 있다. 고용보험과 국민연금 등 다른 사회보험도 마찬가지이다. 그러나 이것을 일시에 해결하려면 보험료를 빠른 속도로 올려야 하는데, 그럴 만한 능력은 아직 미흡하므로 점진적으로, 우리의 경제적 능력에 맞게 개선해 나가야 할 것이다.

공적부조(public assistance)

소득이 최저생계비에 미치지 못하는 사람들에게 정부가 생활비를 보조하는 제도를 공적부조라고 한다. 이것은 어떤 이유로든 자립하지 못하는 계층에게 **사회안전망**(social safety net)을 제공하는 제도이다. 우리나라에서는 종래에 생활보호정책이 시행되었는데, 그것을 확대 개편하여 2000년부터 국민기초생활보장법이 시행되어 모든 국민에게 최저생활을 보장하려고 한다. 이 법에 따라 보건복지부 장관은 중위소득기준에 미달하는 가구에 급여를 시행한다.

이 지원을 받기 위해서는 부양의무자가 능력이 없어야 하고, 재산도 거의 없어야 한다. 공적부조의 재원은 아직 미흡하기는 하지만 상당히 빠르게 증가하고 있다. 그런데 매년 여러 차례 해외여행을 하는 부유층까지 부정으로 생계비를 타먹고, 복지담당 공무원이 수십억 원을 횡령하는 일도 일어나고 있어서 관리 감독이 시급하다.

위에서 재분배정책을 살펴보았는데, 우리나라에서는 소득불평등 문제도 중요하지만 재산의 불평등 문제가 더욱 심각하다. 특히 부동산 가격의 급등으로 인한 재산의 불평등은 여러 가지 문제를 일으킨다. 수도권, 그 가운데 강남 지역의 부동산 가격이 급등하여 그곳에 주택을 가진 사람들과 그렇지 못한 사람들 사이에 현격한 재산의 차이를 발생시킨다. 이러한 불로소득의 발생은 투기를 더욱 자극하여 생산활동보다 투기에 더 골몰하게 만들고, 열심히 일하는 사람들에게 근로의욕을 약화시키며 허탈감과 박탈감을 안겨준다. 그러므로 정부는 부동산 보유에 대해서 세율을 적절하게 인상하고 부동산의 양도소득에 대해서도 다른 소득보다 더 높은 세율로 과세하여 투기를 진정시키고 재산의 불평등 문제를 해소하는 조치가 절실히 필요하다. 부동산 가격의 안정은 세금만으로는 불가능하다. 이자율의 적절한 인상과 대출 축소, 그리고 주택공급의 증가 등의 정책이 조화되어야 그것이 가능하다.

우리나라의 복지제도는 아직 미흡한 상태이다. 그러나 우리나라가 처한 경제발전 단계를 고려하면, 급속한 복지의 확대가 경제성장을 저해할 가능성이 있으므로 이 점을 고려하여 복지 확대의 적절한 속도를 결정해야 할 것이다.

Chapter 09

외부효과가 시장을 탈선시킨다

1 시장은 왜 실패하나?

이상적인 시장이라면 흠 없이 잘 작동되므로 아담 스미스의 '보이지 않는 손'만으로 충분할 것이다. 그러나 현실의 시장은 그렇게 이상적인 시장이 아니다. 따라서 '보이는 손'★1이 등장하게 된다.

시장실패(market failure)란 시장이 효율적인 자원배분을 이루지 못하는 상태를 말한다. 즉 시장이 사회후생의 극대화 혹은 파레토 최적을 달성하지 못하는 상태이다. 사회후생의 극대화란 생산자잉여와 소비자잉여의 합이 극대화되는 것을 말한다. **파레토 최적**이란 앞에서 본 것처럼 구성원 모두의 만족이 동시에 증가하는 것이 더 이상 불가능하여 구성원 가운데 일부의 만족이 증가하기 위해서는 반드시 다른 구성원들의 만족이 감소해야 하는 자원배분 상태를 말한다. 따라서 구성원 모두의 만족을 동시에 증가시킬 수 있음에도 불구하고 그렇게 하지 않고 있는 상태가 바로 시장실패인 것이다.

그러나 시장실패를 넓게 해석하면 시장이 효율성 달성에 실패하는 것뿐 아니라 빈부격차의 확대, 심한 경기변동, 경제성장의 실패 등도 시장실패라고 할 수 있을 것이다. 빈부격차에 대해서는 제7, 8장에서 다뤘고, 경기변동과 경제성장 및 발전은 다음에 살펴볼 것이다. 그래서 여기서는 효율성 달성에 실패하는 원래 의미의 시장실패에 대해서 살펴보기로 한다.

시장은 어떤 경우에 효율적 자원배분에 실패하는가? 첫째, 시장이 완전경쟁시장이 아니라 **불완전경쟁시장**이 될 때 실패한다. 시장이 독과점시장으로 되면 기업이 이윤을 증가시키기 위해서 생산량을 줄이고 가격을 인상하여 소비자의 이익을 침해하며, 아울러 사회전체의 만족을 감소시킨다. 그래서 정부는 여러 가지 독점규제정책을 시행하는 것이다. 이에 대해서는 이미 제6장에서 살펴보았다.

둘째, **외부효과**(external effects, 외부성이라고도 함)가 발생하면 시장이 실패한다. 외부

★1 정부를 말한다

효과란 기업의 생산활동과 가계의 소비활동이 시장거래를 통하지 않고(대가 없이) 제3자에게 이익이나 손해를 주는 것을 말한다. 여러 가지 종류의 외부효과가 존재하는데, 가장 대표적인 것이 바로 환경오염 현상이다. 환경오염은 시장에 맡겨두어서는 해결되지 않으므로 정부가 개입한다.

셋째, **공공재**(public goods)가 존재하면 역시 시장이 실패한다. 공공재란 비경합성과 비배제성이란 희한한 특성을 가진 재화나 서비스를 말한다. 비경합성이란 갑돌이가 어떤 재화나 서비스를 소비할 때 갑순이가 그것을 똑같이 소비할 수 있는 것을 말한다. 비배제성이란 대가를 지불하지 않아도 공짜로 소비할 수 있는 것을 말한다. 즉 갑돌이가 어떤 공공재를 소비하면 갑순이가 그 옆에서 그것을 동일하게 소비하는데도 쫓아낼 수 없다. 이런 특성을 가진 재화는 시장에서 충분히 공급되지 못하는 성질을 가지고 있어서 정부가 공급하게 된다.

넷째, 정보가 불완전할 때 시장실패가 발생한다. 우리는 현실에서 우리가 사려는 재화나 서비스의 품질과 가격에 대해서 충분히 알지 못할 때가 많다. 특히 사고 난 중고차를 파는 사람은 그 차가 사고 난 차인 줄 알지만, 그가 그 정보를 은폐할 때 사는 사람은 그 사실을 알지 못한다. 이런 상태를 **비대칭적 정보**라고 하는데, 이런 경우에 사는 사람들이 중고차 전체에 대해서 불신하기 때문에 중고차 시장이 기능을 올바로 하지 못하게 된다.

위의 네 가지 시장실패 요인 가운데 불완전경쟁시장에 대해서는 이미 살펴보았고, 비대칭적 정보는 다소 어려우므로 이 장에서는 외부효과가 어떻게 시장실패를 일으키는지, 이 실패를 정부가 개입하여 어떻게 시정할 수 있는지를 알아본다. 그리고 제

10장에서 공공재로 인한 시장실패와 정부의 공공재 공급에 대해서 살펴볼 것이다. 아울러 정부가 개입하여 도리어 사태를 악화시키는 정부의 실패에 대해서도 살펴볼 것이다.

2 외부효과의 사례에는 어떤 것이 있나?

우리는 살아가면서 이웃의 소중함을 더욱 느끼게 된다. 좋은 이웃을 만나면 공짜로 떡이 생기지만 나쁜 이웃을 만나면 애꿎게 봉변을 당한다. 외부효과란 바로 이웃과의 관계이다. **외부효과** 혹은 **외부성**(externality)은 어떤 사람의 생산활동이나 소비활동이 시장에서의 거래 당사자가 아닌 제3자에게 보상을 주지도 받지도 않으면서 효용이나 이윤에 영향을 주는 현상을 말한다. 보통의 경우에는 시장에서의 거래를 통해서 생산자는 이윤을 얻고 소비자는 만족을 얻으므로, 시장거래에 참여하지 않는 사람들은 전혀 영향을 받지 않는다. 시장에서 사람들은 생산자와 소비자, 혹은 수요자와 공급자로 만나며 서로 이익을 주고받는다. 그런데 외부효과가 발생할 경우에는 시장 밖에서, 즉 장외에서 제3자와 관련을 맺는 것이다. 거래에 참여하지 않는 제3자가 다른 사람들의 생산과 소비로부터 영향을 받게 된다. 외부효과에는 제3자에게 이익을 주는 **외부경제**(external economies)와 손해를 주는 **외부불경제**(external diseconomies)가 있다.

외부경제의 사례

소비에 있어서의 외부경제

어떤 사람의 소비행위가 공짜로 다른 사람들에게 이익을 줄 경우가 있다. 한 사람이 예방주사를 맞으면 다른 사람들에게 전염병을 옮기지 않으므로 예방주사를 맞지 않은 다른 사람들에게도 이익을 준다(이와는 반대로 합법적으로 학교에 결석하기 위해 눈병에 걸린 학우의 눈을 자기 손으로 비벼서 스스로 전염되게 하는 철부지 학생들도 있다. 이 아이들은 다른 아이들에게 전염시키는 외부불경제를 초래한다). 이것은 교육의 경우에도 비슷하다. 어떤 사람이 교육을 받으면 그의 행동이 사회에 도움이 되는 방향으로 변하고, 그 지식은 알게 모르게 이웃에게 대가 없이 전달된다. 교육을 받는 사람은 자기의 성장과 앞으로 더 많은 소득을 얻기 위해서 교육을 받지만, 이외에 다른 사람들에게 전혀 의도하지 않은 유익을 주는 것이다.

대구에서 시작된 담장 허물기 운동이 전국에 파급되고 있다고 하는데, 담장을 허물면 집안의 정원을 다른 행인들이 볼 수 있어서 기분이 좋아진다. 한 개인이 집안의 정원을 잘 가꾸어 그것을 즐기는 행위가 제3자인 행인들의 만족을 증가시키는 것이다. 좋은 이웃은 이웃사람들에게 공짜로 이익을 준다. 이처럼 예방접종, 교육, 정원 등을 소비하는 행위가 다른 사람들에게 대가 없이 유익을 주는 것을 소비에 있어서의 외부경제라고 한다.

생산에 있어서의 외부경제

한 생산자의 생산활동이 다른 생산자나 소비자에게 이익을 주는 경우가 발생한다. 과수원은 양봉업자에게 큰 유익을 준다. 그 이유는 과수원에서 꿀벌이 꿀을 많이 채집할 수 있기 때문이다. 반대로 양봉업자도 과수업자에게 이익을 준다. 왜냐하면 벌들이 꽃 수정을 도와 과일 생산량을 증가시키기 때문이다. 이것이 바로 윈-윈 게임이다. 그런데 요즘 우리나라와 미국에 벌의 수가 많이 줄어서 과수원에 비상이 걸렸다고 한다. 만일 벌의 수가 회복되지 않으면 수정을 인공적으로 해야 하므로 거기에 많은 비용이 소요될 것이다.

그 외에 어떤 지역에 철도나 도로, 다리가 건설되면 그 지역의 개발 가능성이 높아지므로 땅값이 크게 상승한다. 한강 다리가 여러 개 놓인 후 서울 강남의 땅값 상승을 보라. 대도시에 지하철이 건설되면 그 노선상에 있는 사업장의 매출이 증가한다. 이것이 이른바 역세권 효과이며, 이것도 역시 외부경제이다. 그리고 어떤 지역에 스포츠센터, 공연장, 공원, 대학교, 관공서 등이 들어서면 그 지역에서 사업을 하는 사람들에게 이익을 주는데, 그 이유는 그 지역에 사람들이 더 많이 몰려오기 때문이다. 세상살이에는 좋은 이웃이 정말 중요하다. 공짜로 여러 가지 이익을 얻을 수 있는 것이다. 좋은 이웃이 많이 생기는 것이 사회 전체에 바람직하다.

이처럼 주변 지역에 이익을 주는 시설을 유치하려고 지방자치 단체나 이익 단체가 발 벗고 나서는 것을 **핌피**(PIMFY: Please In My Front Yard) 현상이라고 한다.

외부불경제의 사례

소비에 있어서의 외부불경제

우리의 소비생활이 부지불식간에 이웃에게 피해를 주는 경우가 많다. 우리가 주말에 자동차를 몰고 거리로 나가는 것 자체가 타인에게 혼잡이라는 피해를 주고, 배기가스는 행인들의 건강과 기분을 해치며, 소음으로 피해를 주기도 한다. 국립공원에 있는 좁은 등산로에 등산객이 많은데도 굳이 자동차를 타고 올라가는 행위는 그들에게 피해를 준다. 교통규칙을 지키지 않는 운전자도 교통사고를 발생시켜 타인에게 큰 피해를 준다.

아파트에서 밤늦게 오디오를 크게 트는 경우, 목욕물을 내리는 경우, 러닝머신을 타는 경우에도 이웃에게 피해를 준다. 여름 휴가철에 유명한 해수욕장이나 계곡에 쓰레기가 천지에 널려 있는 광경을 본다. 소주병, 과일껍질, 비닐봉지, 음식찌꺼기 등등 해도 해도 너무한다는 느낌을 지울 수 없다. 그 이외에도 쓰레기 분리수거를 하지 않는 행위, 술주정, 공공장소에서의 흡연, 도로에서 굉음을 내며 질주하는 자동차나 오토바이 등이 모두 타인에게 피해를 주는 소비행위이다. 이처럼 우리가 주의를 기울이지 않고 자기 편한대로 소비행위를 하면 주위에 피해를 주므로, 소비에 있어서의 외부불경제를 발생시키게 된다. 우리 각자는 주변에 있는 사람들에게 좋은 이웃일까 나쁜 이웃일까?

생산에 있어서의 외부불경제

어떤 생산활동은 다른 생산자나 소비자에게 피해를 주는 경우가 많다. 대표적인 예가 환경오염이다. 공장에서 나오는 매연, 폐수, 산업 쓰레기 등이 대기오염, 수질오염, 토양오염 등을 일으킨다. 환경오염은 날로 심각해지고 있으며, 특히 온실가스로 말미암아 기후가 변화하는 현상까지 나타나고 있다.

근처에 나이트클럽이나 노래방이 들어서면 소음 때문에 이웃에 있는 사업장이나 주민들이 피해를 입는다. 백화점이나 예식장이 근처에 들어오면 교통 혼잡으로 고통당한다. 가까이에 공항이 있으면 엄청난 소음에 시달린다. 또한 원자력 발전소나 핵폐기물 처리장이 있으면 근처의 주민들은 방사능에 노출될 위험성이 있다. 이런 모든 현상들이 생산에 있어서의 외부불경제이다. 화장장이나 장애인 시설 등 혐오시설이라고 일컬어지는 시설이 들어오면 주민들이 생활환경의 악화와 땅값 하락을 우려하여 결사적으로 반대한다. 이것을 **님비**(NIMBY: Not In My Back Yard) 현상이라고 한다.

외부효과는 어떻게 시장을 왜곡시키나?

외부효과라는 일종의 장외 시장이 생기면 시장의 기능 장애가 생긴다. 외부효과가 발생하면 시장이 자원을 효율적으로 배분하지 못하는 것이다. 먼저 외부경제가 발생하는 경우에, 소비활동이나 생산활동은 제3자에게 대가 없이 이익을 주므로 시장에서 결정되는 소비량(생산량)보다 더 많이 소비(생산)되는 것이 사회에 바람직하다. 30,000원을 주고 독감 예방주사를 맞은 사람이 있다고 하자. 그가 이웃 사람들에게 자신의 접종으로 인해 약간의 혜택을 얻었으니 1,000원씩 자기에게 지불하라고 요구하면 그들은 "누가 맞으랬니?"라고 하면서 거절할 것이다. 제3자에게 외부경제에 대해 대가를 받을 수 있다면 비용부담이 적어지므로 보다 많은 사람이 예방접종을 하겠지만, 이것은 현실적으로 불가능하다. 그러므로 보다 많은 사람이 더 접종하도록 유도할 수 있는 다른 방법이 있으면 사회 전체가 얻는 혜택이 커진다.

반면에 외부불경제가 발생하는 경우에 시장에서 결정되는 소비량이나 생산량은 그것이 제3자에게 주는 피해를 고려하면 지나치게 많으므로 그것을 줄이는 것이 사회에 바람직하다. 강 상류에 폐수를 배출하는 화학공장이 여러 개 있을 경우에 강 유역에 살고 있는 많은 사람이 피해를 본다. 강에서 물고기를 잡는 사람, 농사를 짓는 사람, 그 물을 식수로 사용하는 사람 등등 여러 사람이 피해를 입지만, 강의 재산권이 폐수를 배출하는 기업이나 피해자의 소유가 아니라 국가에 의해 소유되기 때문에 누가 어떤 권리를 가지고 있는지 모호하다. 즉 기업이 강을 오염시킬 권리를 가지는지, 피해자가 보상을 받을 권리를 가지는지 모호한 것이다. 그리고 피해자의 피해 정도와 가해 기업의 가해 정도를 확인하기도 어렵다.

만일 피해 보상이 이루어진다면 기업은 공짜로 폐수를 방류할 수 없으므로 폐수를 줄이는 장치를 설치할 것이다. 그러면 생산비가 많이 들므로 결국 오염물질을 많이 배출하는 재화와 서비스의 생산량도 줄 것이다. 그런데 피해 보상이 이루어지지 않으니 기업들은 마음 놓고 오염물질을 배출하게 되고 많은 사람이 억울하게 피해를 본다.

공기나 바다처럼 주인이 없는 자원을 **공유지**(the commons) 혹은 **공유자원**(common resource)이라고 한다. 주인이 없으면 '먼저 보는 사람이 임자'이다. 공기도 내가 마음대로 써서 오염시키고 강도 바다도 함부로 오염시킨다. 바다에 있는 물고기도 씨를 말릴 정도로 잡는다. 각자가 자신의 행동이 다른 사람에게 미치는 외부불경제를 고려하지 않고 자기 이익만 추구하다 보니 공유자원이 파괴되어 모두가 피해자가 된다. 이런 나쁜 결과를 생태학자인 하딘(G. Hardin)이 "공유지의 비극"(tragedy of the commons)이라고 불렀다. 그는 중세 시대의 공유 목초지가 주인이 없는 공유지여서 너도 나도 방목하는 양과 소를 늘려 결국 그것이 파괴되었다는 예를 들어 공유자산이 비효율적으로 사용되는 점을 지적하였다.

이와 같이 외부효과로 인한 비효율적인 상태를 그대로 두기에 비효율성이 너무 크다면 누군가 나서야 하는데, 그것이 바로 정부이다. 정부는 외부효과라는 시장 밖에 생긴 장외의 관계를 시장 내로 끌어들이는(내부화) 기능을 한다.

3 비효율을 시정하기 위해 정부가 나서다

시장 스스로 외부효과를 해결하지 못하므로 정부의 개입을 부르게 된다. 외부효과가 발생하는 시장에서 결정되는 생산량과 소비량은 사회적으로 바람직한 수량과 일치하지 않는다. 시장에 참여하는 생산자와 소비자는 제3자에게 미치는 영향은 전혀 고려하지 않고, 사적 편익과 사적 비용만을 고려하므로 양자가 일치하는 점에서 균형수량이 결정된다(**사적 편익=사적 비용**). 그러나 사회적으로 바람직한 균형수량은 외부효과를 고려하여 사회적 편익(사적 편익+외부 편익)과 사회적 비용(사적 비용+외부 비용)이 일치하는 점에서 결정되어야 한다(**사회적 편익=사회적 비용**). 그러므로 정부가 시장에 개입하여 시장의 균형수량이 사회적으로 바람직한 균형수량과 일치하도록 조치를 취한다. 그 방법에는 다음과 같은 몇 가지가 있다.

보조금 지급

예방접종이나 교육처럼 외부경제가 발생할 경우에 이런 소비행위는 사회에 공짜로 유익을 주므로 장려될 필요가 있다. 어떤 예방접종의 가격이 30,000원이라고 하자. 그런데 한 사람의 예방접종이 다른 사람들에게 20,000원어치의 혜택을 준다면 예방접종 비용 가운데 20,000원을 정부가 보조금으로 지급하여 10,000원에 접종할 수 있도록 하면 보다 더 많은 사람이 예방접종을 하게 되어 사회 전체적으로 가장 바람직한(효율적인) 수량만큼 접종이 될 수 있다.

전염병이 유행할 때 정부는 무상으로 예방접종을 시행하거나 보조금을 지급하여 아주 싼 가격으로 접종할 수 있도록 한다. 교육도 비슷한 외부경제를 발생시키므로 우리나라 정부는 엄청난 교육비를 투입하여 현재 고등학교까지 무상 의무교육을 시행하고 있다. 개인의 정원을 시민들이 향유하게 해주는 담장 허물기도 지방자치단체의 지원으로 효과를 나타내고 있다.

그 이외에도 외부경제를 발생시키는 일이 있다면 정부가 적절한 정도의 보조금을 지급하여 사회 전체의 만족도를 증가시킬 수 있다. 예방접종, 교육 등은 전혀 의도하지 않은 선행이지만 정부가 보조금으로 장려할 필요가 있는 것이다.

조세 부과

자동차의 운행은 이용자의 만족을 증가시키나 여러 가지 면에서 사회에 피해, 즉 외부불경제를 발생시킨다. 공공재인 도로를 마모시키고 교통 혼잡을 일으키며, 대기오염과 소음공해를 유발한다. 그러므로 사회 전체적으로 보면 자동차 운행이 유발하는 외부불경제만큼 운행의 비용을 증가시키면 자동차 운행이 적절한 수준으로 감소할 것이다. 그래서 우리나라 정부는 〈교통에너지환경세법〉에 따라 휘발유와 경유 등에 높은 세금을 부과하여 자동차 운행을 적절한 수준으로 줄이도록 유도하고 있다.

백화점과 대형 할인점 등 교통 혼잡을 유발하는 건물에 대해서 '교통유발부담금'을 부과하여 거기서 판매하는 상품의 가격을 올리면 소비자가 덜 몰리게 되며, 결과적으로 교통 혼잡이 완화될 수 있고, 그 재원을 교통시설의 확충에 사용할 수 있다. 또한 환경오염물질을 다량 배출하는 자에게 '환경개선부담금'과 '배출부과금'을 부과하여 환경개선을 유도하고, 징수된 돈을 환경개선 사업의 재원으로 사용한다.

직접규제

위의 두 가지 방법은 정부가 개입하되 시장을 활용하여 바람직한 방향으로 유도하는 방법이다. 이것보다 더 강력한 방법은 정부의 기준을 넘어서는 외부불경제에 대해서 형사처벌하는 방법이다. 우리나라 정부는 〈자연환경보전법〉, 〈대기환경보전법〉 등 몇 가지 '환경보전법'을 통하여 환경파괴 및 오염 행위에 대해서 징역형과 벌금형으로 처벌하고 있다.

사회에 도저히 묵과할 수 없는 피해를 주는 행위에 대해서 직접규제를 하는 것은 불가피하다. 예를 들어 매우 독성이 강한 물질을 배출하는 사업주는 처벌을 받아야 할 것이다. "모진 놈 옆에 있다 벼락 맞는다"는 말이 있는데, 이웃에게 벼락을 맞게 하는 모진 사람은 불가피하게 형사처벌을 받아야 할 것이다. 그러나 일반적으로는 조세의 방법이 더 효율적으로 외부불경제를 줄일 수 있는 방법으로 알려져 있다. 왜냐하면 직접규제는 정해진 규제 수준 이하로만 오염을 줄이도록 하지만, 조세는 그보다 더 많이 줄이도록 유도하는 효과를 가지기 때문이다.

오염배출권의 거래

이 제도는 기본적으로 각 기업에 일정 정도의 오염배출은 허용하면서, 스스로 오염배출을 줄여서 남는 오염배출권을 시장에서 팔 수 있도록 하는 제도이다. 예를 들어 기업당 100톤씩 오염배출권을 부여하면 오염을 줄여서 50톤만 배출하는 기업은 나머지 50톤의 배출권을 더 많이 배출하는 기업에 팔 수 있다. 이 기업은 비교적 적은 비용으로 오염을 줄이고 남는 배출권을 파는 것이 더 이익이라고 판단한 것이다. 배출권을 사는 기업은 쉽게 오염을 줄일 수 없는 기업이다. 그렇게 되면 비용을 덜 들이고 오염을 줄일 수 있는 기업이 오염을 많이 줄이고, 오염을 줄이는 비용이 많이 드는 기업은 배출권을 매입하므로 사회 전체적으로 비용을 적게 들이면서 오염을 줄일 수 있다.

1997년에 온실가스를 규제하기 위해 체결된 '교토의정서'에 따라 국가별 배출 기준 이하로 온실가스를 줄인 나라는 배출권을 다른 나라에 팔 수 있다. 이 제도는 최소의 비용으로 오염을 줄인다는 점에서 효율성이 있지만 처음에 공짜로 배출권을 나눠준다면 그것이 공정한가라는 문제가 제기될 수 있다.

당사자 사이의 협상

강을 오염시킨 기업에 피해자들이 보상을 받을 수 있다면 그 보상비용이 제품 가격을 인상시키므로 생산량이 감소하며, 기업은 보상비를 줄이기 위해서 오염방지시설을 설치하게 되고, 그러면 오염물질의 배출량도 감소할 것이다. 외부불경제가 있을 때 이런 보상이 이루어지지 않는 것은 강이나 공기 등의 재산권이 모호하기 때문이다. 공유자원에 재산권을 정해주면 재산권을 가진 사람이 그것을 침해한 자로부터 보상을 받게 되며, 보상금액은 당사자 간의 협상에 의해서 서로에게 이익이 되는 수준에서 결정될 것이다. 외부불경제로 인한 비효율을 이렇게 해결하는 방법을 제시한 학자는 노벨경제학상을 수상한 코즈(R. H. Coase)였다. 그래서 이 원리를 **코즈 정리**라고 부른다.

그런데 현실에서는 여전히 공유자원의 재산권이 모호한 경우가 적지 않고, 이해 당사자의 수가 많아서 협상이 쉽게 이루어지지 않으므로 결국 소송을 통해 사법부의 심판에 맡기는 경우가 많다.

이 외에 타인이 느끼는 불편이나 고통에 공감할 수 있도록 하는 교육을 통해서 외부불경제 문제를 해결할 수 있다. 내가 쓰레기를 아무 곳에나 버림으로써 편한 것은 사실이지만, 이웃 사람들이 그것으로 인해 느낄 불쾌감에 내가 공감한다면 그런 행동을 삼가게 될 것이다. 이 교육은 가정교육, 학교교육, 사회교육이 서로 연합하여야 가능하다.

4 환경오염을 어느 정도까지 막아야 할까?

우리는 지구라는 환경 가운데서 살고 있다. 환경이란 땅, 물, 공기, 그리고 지구상의 모든 생명체를 말하는데, 자연과 같은 뜻으로 이해할 수 있다. 아득한 옛날에 사람들은 사냥을 하고 물고기를 잡아서 살았다. 처음에는 사냥감이 풍부했지만, 인구가 늘면서 사냥이 쉽지 않았다. 그래서 고대인들은 스스로 짐승을 기르고 작물을 재배하게 되었다. 이러한 삶이 오랫동안 지속되었는데, 농경생활은 자연에 크게 의존하는 생활이었다. 인간의 노력도 중요했지만 강우량, 바람, 일조량 등이 생산량을 많이 좌우하였다. 반면에 인간이 자연에 미치는 영향은 적은 편이었다.

환경은 인간에게 삶의 터전을 제공했지만, 동시에 인간을 위협하는 존재이기도 했다. 초기의 인류는 인간보다 힘이 훨씬 센 동물들에게 생명을 잃기도 하였고, 홍수와 가뭄, 폭풍 등의 자연재해 앞에서 속수무책이었다. 자연 속에는 많은 병균이 있어서 수많은 사람의 목숨을 앗아가기도 하였다. 인간과 환경의 관계는 이중적이다. 인간이 자연을 활용하면서도 동시에 그것과 싸워야 하는 관계인 것이다. 그런데 이 싸움은 이기기가 쉽지 않았다. 그것은 약 200년 전까지 가장 선진 지역인 유럽의 평균수명이 40세 정도였던 사실에서 잘 알 수 있다.

자연을 이용하고 또한 그것과 싸우는 과정에서 인류가 결정적인 승기를 맞게 된 것은 18세기 후반에 시작된 산업혁명이며, 그 기초는 바로 근대 과학과 기술이었다. 그 후 약 200여 년 동안에 인류의 삶은 획기적으로 변화하였다. 생활수준이 비약적으로 향상되었고 평균수명은 길게 연장되었다. 이런 변화와 함께 찾아온 것이 바로 환경오염이다.

인류는 기계의 힘을 빌려 자연을 인간의 필요에 맞게 변화시키는 과정에서 산을 깎고, 강의 흐름을 바꾸어 자연을 파괴하였다. 공장 굴뚝의 연기와 자동차에서 나오는 매연 등이 공기를 오염시켰다. 공장의 폐수와 가정에서 나오는 생활하수가 강과 바다를 오염시켰다. 강에는 악취가 나며 물고기가 살 수 없게 되고, 그 물을 식수로 사용할 수 없는 지경에 이르렀다. 많은 쓰레기와 폐유를 땅에 묻으면서 토양도 오염

되었다. 공장과 자동차, 기차, 항공기에서 나오는 소음도 고통을 준다. 또한 악취와 진동도 고통스럽기는 마찬가지이다. 각종 원자력 관련 시설에서는 방사능이 누출되기도 한다. 인류가 환경을 정복하면서 맞이한 불청객이 바로 환경오염이다.

환경오염으로 인한 최악의 사태 가운데 하나는 1952년에 발생한 '런던 스모그' 사건인데, 석탄에서 발생한 아황산가스와 매연으로 인해 약 4,000명이나 사망하였다. 또한 1986년 우크라이나에 있던 체르노빌 원자력 발전소가 폭발하여 방사능 유출로 인해 7,000여 명이 사망하였고 70만 명 가량이 피해를 입었다. 그 외에도 환경오염이 일으키는 여러 가지 질병이 발생하기도 하였다.

환경에 대한 두 가지 입장 : 인간중심주의와 심층 생태주의

환경오염을 바라보는 두 가지 입장이 있다. 첫 번째는 **인간중심적**(anthropocentric)으로 보는 관점이다. 환경오염이 자연 자체에 해를 주지만, 그것보다는 그것으로 인해 인간생활에 피해를 준다는 사실을 더 중요시하는 입장이다. 인간은 재화와 서비스를 생산하여 소비하는 데서 행복을 얻는데, 그 과정에서 발생하는 환경오염으로 인해 고통이 발생하므로 그것을 빼면 소비에서 얻는 순행복이 작아진다. 그러므로 환경오염을 많이 일으키는 재화와 서비스의 생산량을 줄여야 한다는 입장이다. 따라서 이 관점은 환경오염을 줄이는 데서 얻는 편익과 비용을 비교하여 편익이 더 클 경우에 오염을 줄이자는 것이다. 이런 인간중심적 관점이 바로 경제학의 관점이다.

두 번째 관점은 **심층 생태주의적**(deep ecology) 관점이다. 이것은 급진적인 환경운동의 입장인데, 인간을 포함한 지구상의 모든 생명체는 고유의 본질적인 가치(intrinsic value)를 가진다고 본다. 즉 모든 생명의 가치를 거의 동등하게 인정하는 것이다. 그래서 인간에게 필수불가결한 필요의 충족이라는 목적 이외에는 어떤 이유로도 생명의 풍부성과 다양성을 침해해서는 안 된다고 말한다. 나아가 인간을 제외한 다른 생명체의 번성을 위해서 인구의 감소가 필요하다고까지 말한다.

이 입장은 인간중심주의적 환경관을 배격하고 인간을 생태계의 일원으로 본다. 흔히 말하는 '인간은 만물의 영장'이라는 사고는 여기서 부정된다. 이것은 새로운 세계관이고 하나의 종교라고 볼 수도 있다. 이제까지 근대적 사고는 인간을 중심으로 한 사고였다. 그런데 환경오염이라는 문제 앞에서 모든 생명의 가치를 동등하게 보는 데까지 이르게 되었다.

그동안 인류는 귀족과 평민, 남자와 여자, 유산자와 무산자 등의 차별을 철폐하고 '만인의' 평등한 가치를 실현하기 위해서 줄기차게 노력해 왔는데, 이제 '만물의' 평등한 가치를 위해 노력하는 단계에 이르렀다. 그렇지만 인간은 인간만이 가진 이성과 감정, 의지라는 높은 정신적 차원을 가진 점에서 다른 생명체와 확연히 구별된다. 그런 점에서 인간의 생명과 다른 생명체의 가치는 생명이라는 점에서는 같지만, 그 질에서는 분명한 차이가 있다. 이것에 관한 논란은 궁극적으로 신념의 문제요 세계관의 문제이다.

우리나라에서 2004년에 경부고속철도의 천성산 구간(울산과 부산 사이)의 공사 중단 사태가 발생하였다. 공사 중단 소송을 제기한 도롱뇽과 그 대리인인 '도롱뇽의 친구들'은 생태계 보호를 위해서 공사를 중단해야 한다고 주장하였다. 이 싸움은 환경보호와 경제발전의 조화를 꾀하는 인간중심주의와 모든 생명의 동등한 가치를 보장하려는 심층 생태주의 환경관의 충돌이라고 볼 수 있다. 결국 대법원이 공사 재개 판결을 내림으로써 다시 공사가 진행되었다.

모든 생명의 가치를 동일하게 보지는 않더라도 인간중심주의만을 고집하기는 점점 어려워질 것으로 보인다. 인간이 자연과 더 밀접한 관계를 가지면서 그것을 애호하게 되고, 동물의 감정에 공감하면서 그들의 고통 경감과 만족의 증대에 더 관심을 가지게 될 것이다.

녹색산업의 전성시대

환경오염을 줄이는 것이 발등의 불로 인식이 되면서 새로운 산업이 성장할 계기를 맞이하게 되었다. 각국은 '교토의정서'에 따라 이산화탄소(CO_2)를 중심으로 한 온실가스를 줄여야 한다. 선진국들은 2008~2012년 사이에 1990년을 기준으로 하여 평균 5.2%, 2013년부터 2020년까지는 1990년에 비해 25~40%의 온실가스를 감축해야 한다. "교토의정서 이후 2015년 프랑스 파리에서 전 세계 국가들이 기후변화에 공동으로 대응하기 위해 파리 기후협약을 체결하였다. 이 협약은 지구 온난화를 산업화 이전 대비 2도 이하로 제한하고, 가능하면 1.5도로 억제하는 것을 목표로 하고 있다." 현재 우리 정부는 우리나라가 '개발도상국'임을 내세워 자율적 기준을 정하여 온실가스를 줄이겠다고 한다. 우리나라는 온실가스를 매우 많이 배출하는 국가에 속하기 때문에 우리 정부의 '개발도상국 지위' 주장이 국제적 동의를 지속적으로 얻을 수 있을지는 미지수이다.

온실가스 감축 필요성과 동시에 석유와 석탄 같은 화석연료 에너지원의 고갈이 눈앞에 보이므로 새로운 에너지원을 찾는 작업이 시급하게 요청된다. 그래서 저탄소 기술과 신재생 에너지 기술의 개발이 절실히 요구된다. 석유 자동차 연비의 획기적 개선을 꾀하고, 전기 자동차, 수소 자동차 등을 개발하며, 태양열 발전, 풍력 및 조력 발전의 비율을 늘리고, 각종 폐기물과 폐수를 줄이는 친환경 기술의 개발이 경제성장의 핵으로 떠오르고 있다.

우리나라 정부는 녹색산업을 성장동력 산업으로 선택하여 이 분야의 성장을 촉진시키려고 각종 지원책을 마련하고 있다. 이것이 이른바 녹색성장이다. 이것은 환경오염의 감소와 경제성장이라는 두 마리 토끼를 동시에 잡고자 하는 전략이다. 그런데 이 분야에도 정부의 지원 때문에 과잉투자가 이루어지지 않도록 속도 조절이 필요하다.

Chapter 10

국가 공룡의 등장 : 공공재와 나라 살림

1 국방과 치안이 국가의 원래 존재 이유이다

만일 이 순간에 국가가 없어진다면 어떻게 될까? 1977년 7월 13일 뉴욕시에 25시간 동안 정전 사고가 발생하였다. 1천만 명 가량의 시민들이 완전한 암흑에 갇혀 버렸다. 그러자 3,000여 개의 점포가 약탈당하였고 70여 곳에 방화로 보이는 화재가 발생하였다. 정전 사고에도 이런 무질서가 발생하는데, 국가가 붕괴한다면 어떻게 될 것인지 충분히 상상해 볼 수 있다. 국가가 제공하는 가장 중요한 서비스는 바로 안전이고, 이것은 국방과 치안에 의해 확보된다. 국방과 치안이 가장 중요한 공공재인데, 이것 때문에 시장이 실패하므로 그것을 보완하기 위해 국가가 등장한다.

오랜 옛날부터 사람들은 국가를 이루며 살아왔다. 왜 국가가 필요한가? 이기적인 존재인 인간의 사회에는 무엇이든 부족하면 그것을 차지하려는 싸움이 벌어졌다. 사람이든 땅이든 돈이든 재화이든 혹은 권력이든 그것을 차지하려는 싸움은 계속되었다. 따라서 사람이 살 수 있는 기본 조건으로 생필품의 조달과 더불어 질서유지가 필수적이었다. 무정부상태에서는 모두의 삶이 위태롭고 불안정하였다. 힘센 사람은 괜찮을 것 같지만, 몇 사람이 공모하여 그를 공격하면 그도 별수 없다. 사악하여 남을 해치는 사람도 오래 가지 못한다. 그도 곧 보복을 받게 된다.

군주국가든 민주국가든 국가의 가장 중요한 기능은 국민들의 생명과 재산을 보호하여 안전한 삶을 영위할 수 있게 하는 것이다. 그러기 위해서는 외적의 침입을 막고, 살인과 강도, 절도를 막을 힘이 필요하다. 즉 조직화된 힘이 필요한 것이다. 개인은 미약하지만 강력한 지도자가 명령권을 가지고 군대와 경찰을 조직한다면 외적을 막을 수 있고 도적이나 강도도 잡을 수 있다. 국가는 국민에게 복종을 강요할 수 있는 조직체이다. 명령에 불복종하는 자에게는 상응하는 형벌을 줄 수 있는 처벌권을 가진다. 이처럼 국가는 명령, 강요, 형벌 등으로 국민을 괴롭히는 측면이 있지만 국가가 국민들에게 안전을 보장하므로 그들은 국가체제에 순응하여 살아간다. 그래서 절대군주제를 정당화한 토마스 홉스는 국가를 거대한 괴물인 '리바이어던'이라 불렀다. 오늘날 자유민주주의 시대에도 국가는 권력과 공공재 공급을 독점하는 공룡 같은 독점체이다. 이것이 국민들의 자연권을 잘 보호하도록 길들이지 못하면 국가는 국민들을 착취하고 억압하는 도구가 된다. 현대의 민주국가에서는 국민이 주권자가 되므로 국가는 생명과 재산뿐 아니라 자유까지 보호하기 위해서 존재한다.

국방과 치안처럼 국가가 제공하는 서비스를 공공재라고 하는데, 이것은 왜 다른 재화나 서비스처럼 시장에서 공급되지 못하고 국가가 공급해야 할까? 국방 회사와 치안 회사가 국가를 대신할 수 없을까? 그것을 알기 위해서는 공공재의 독특한 성격을 이해할 필요가 있다.

2 공공재는 무임승차를 부추긴다

공공재(public goods)는 공짜로 쓸 수 있는 서비스이다. 이런 서비스를 생산하는 기업이 장사가 될 리가 없으니 결국 망하고 만다. 따라서 어쩔 수 없이 정부가 나서서 공급하지 않으면 안 된다. 공공재가 도대체 무엇이길래 이런 결과가 나타날까?

공공재의 특성은 비경합성(non-rivalry)과 비배제성(non-excludability)이다. 먼저 비경합성에 대해 살펴보자. 보통의 재화나 서비스, 즉 **사용재**(private goods)는 경합적이다. 한 사람이 아이스크림을 먹어버리면 다른 사람이 그것을 먹을 수 없다. 이것과는 달리 공공재에는 **비경합성**이 있어서 한 사람이 그것을 소비해도 이웃에 있는 사람들이 그것을 동일하게 소비할 수 있다. 해변에 있는 등대가 불빛을 비출 때, 배 한 척이 그것을 보고 지나가도 다른 배가 동시에 그 불빛을 볼 수 있다. 한 사람이 야구 중계방송을 시청해도 다른 많은 사람이 동시에 그 방송을 시청할 수 있다. 한 사람이 불꽃놀이를 한다면 이웃의 많은 사람이 동시에 그것을 볼 수 있다. 공공재에서는 한 사람의 소비가 다른 사람의 소비를 전혀 방해하지 않는다.

비경합성은 앞에서 살펴본 외부경제와 매우 유사하다. 한 사람이 예방접종을 하면 다른 사람들이 그것으로부터 약간의 혜택을 얻는다. 만약에 한 사람이 예방접종을 할 때 그 효과가 주변 모든 사람에게 동일하게 미친다면 그것은 공공재가 될 가능성이 있다. 공공재는 외부경제 효과가 100%인 재화 혹은 서비스이다.

공공재의 나머지 하나의 특성은 **비배제성**이다. 아이스크림의 예를 보면 가게 주인은 갑돌이가 값을 치르지 않을 경우에 아이스크림을 주지 않는다. 이와 달리 등대지기는 멀리 지나가는 배로부터 불빛 사용의 대가를 받을 방법이 없다. 가로등 불빛의 경우에도 가로등 회사가 행인이나 지나가는 자동차로부터 사용료를 받기가 불가능하다. 방송의 경우에는 이와 다르다. 공영방송인 KBS는 시청자로부터 시청료를 징수하고 있다. 한참 전에는 방송국이 시청료를 내지 않는 가정에서 TV를 압류하기도 했다. 오늘날에는 전기료 등의 공공요금과 통합해서 징수하므로 TV 시청료를 납부하지 않으면 전기공급이 중단될 수도 있다. 그래서 방송은 비경합성은 있으나 비배제성은 없다.

비경합성과 비배제성을 둘 다 가진 재화를 공공재라고 하는데, 대표적인 사례가 위에서 든 등대, 가로등, 불꽃놀이 이외에 국방, 치안, 깨끗한 공기와 강, 아름다운 산천 등이다. 반면에 고속도로, 교량, 방송 등은 비경합성이 있지만 비배제성은 없으므로 순수한 공공재는 아니다. 두 가지 성질을 모두 가진 순수 공공재가 그리 많지는 않다.

얌체들의 무임승차

공공재는 얌체를 양산한다. 그 이유는 비경합성과 비배제성 때문이다. 주민들이 가로등의 필요성을 절감하고 있다고 하자. 그것을 알고 어느 회사가 가로등 사업을 하면 수익성이 높을 것으로 생각하고 가로등을 설치하고 주민들로부터 요금을 받으려고 한다. 그런데 가로등을 절실하게 필요로 하는 소수의 사람들 이외에 대다수는 부정직하게 '나는 가로등이 필요 없다'고 말한다. 그 이유는 가로등 회사가 요금을 내는 사람에게만 가로등을 비출 방법이 없으므로 돈을 내지 않아도 그 서비스를 소비할 수 있기 때문이다. 등대 회사가 등대를 설치하고 지나가는 배로부터 요금을 징수하려고 하면 많은 배가 불빛의 도움을 받으면서도 필요 없다고 할 것이다. 그래서 공공재를 공급하는 기업은 망하고 만다.

국방 서비스도 마찬가지이다. 국방 회사가 국방은 모두가 절실히 필요로 하는 서비스이므로 많은 사람이 수요할 것이라고 예상하고 군인들을 고용하고 무기를 구입하여 국방 서비스를 생산하였다고 하자. 그 회사가 국민에게 대금을 청구하자, 국방을 절실하게 필요로 하는 소수 이외의 대다수로부터 '나는 그것이 필요 없다'는 대답이 돌아온다. 그들은 다른 사람이 대금을 지불하여 그 서비스가 공급되면 자기는 거기에 기대어 서비스를 누리려 하는 무임승차족이 되는 것이다. 결국 국방 회사는 파산하고 말 것이다. 치안 회사도 비슷한 운명이다.

공공재는 시장에서 민간기업이 제대로 공급할 수 없다. 공공재는 결국 국가가 공급해야 하는 재화와 서비스이다. 공공재 공급을 위해 국가가 나서는 것이 불가피하지만, 국가가 공공재 공급을 독점하므로 여기에는 독점의 비효율이 발생할 가능성이 항상 열려 있다. 정부가 공공재를 공급하려면 재원이 필요하다. 이 재원은 국가가 강제적으로 조세를 징수하여 조달한다. 그래서 아래에서 조세의 징수와 정부의 지출, 즉 나라 살림에 대해서 살펴본다.

3 공공재 공급을 위해 국가가 세금을 걷다

미국 건국의 아버지 가운데 한 사람인 벤저민 프랭클린(Benjamin Franklin)은 "이 세상에 죽음과 세금 이외에 확실한 것은 없다."고 말하였다. 인간이 피할 수 없는 두 가지 운명이 죽음과 세금이라는 풍자이다. 우리는 죽을 때까지 세금을 피할 수 없다. 그런데 때로는 조세법이 범죄자를 처벌하는 최선의 수단으로 활용되기도 한다. 앞에서 언급한 시카고의 갱 두목 알카포네는 살인, 협박, 밀주 거래 등 온갖 범죄를 저질렀지만, 공포 분위기로 인해 법정에서 증언하려는 사람이 없어서 미국 정부는 그를 탈세 혐의로 기소하여 11년 동안 감옥에 처넣을 수 있었다. 세금은 그에게도 피할 수 없는 것이었다.[★1]

국방, 치안, 법률의 집행, 환경, 기타 공공재를 공급하기 위해서 정부는 재원을 필요로 한다. 정부의 기능은 원래 공공재 공급에서 비롯되었지만 점점 확대되었다. 정부는 산업활동을 촉진하기 위해서 도로, 항만, 철도, 공항, 교량, 수도, 전력, 통신 등의 인프라(사회간접자본)를 공급하게 되었고, 경기조절(경제안정화) 기능도 하며, 특정한 성장가능 산업을 육성하기도 한다. 나아가 국민의 복지에 대해서도 책임을 지면서 각종 사회보장제도를 운영하게 되었다. 이런 확대된 정부의 기능을 수행하기 위해서 인적 물적 자원이 필요하므로 재원 조달이 필수적이다. 정부는 그 재원을 대부분 조세(세금)에 의해서 조달한다.

조세는 국가가 어떤 대가도 치르지 않고 국민으로부터 강제로 징수하는 금액이다. 조세권은 오직 국가만이 가질 수 있는 엄청난 권력이다. 국가는 어떻게 이런 큰 힘을 가지게 되었을까? 그것은 국가만이 공공재를 공급할 수 있기 때문이다. 그런데 고대부터 현대까지 지배계층은 국가의 기능 유지에 필요한 만큼의 조세를 걷는 것이 아니라 그것보다 훨씬 많이 걷어서 백성들을 도탄에 빠뜨리고, 지배계급과 세리들의 배를 살찌우는 데 사용하였다. 그래서 역사적으로 조세와 관련된 많은 불행한 사건들이 발생하였다.

조세가 역사를 바꾼 대사건의 계기가 된 적이 여러 번 있었다. 1776년 미국의 **독립전쟁**이 발발한 원인은 북미에 주둔한 영국군의 전비 부담이 커서 영국 정부가 설탕, 차 등 미국의 수입품에 대한 관세와 함께 인지세를 부과한 조치였다. 조세 부담이 늘어난 식민지 주민들은 이에 반발하여 인디언 복장을 하고서 보스턴항에 정박한 영국

★1 전태영(2005). 『세금 이야기』. 생각의 나무.

배에 실린 차를 모조리 바다에 처넣었다. 이것이 '보스턴 티 파티'라고 불리는 사건이며, 미국 독립전쟁의 도화선이 되었다.

1861년에 발발한 미국 **남북전쟁**의 원인이 노예해방을 둘러싼 대립이기도 했지만, 더 근원적으로 링컨 대통령이 북부 공업지역에 유리한 보호무역정책을 시행한 것이 불씨가 되었다. 남부는 농업지역이어서 농산물의 대부분을 유럽 지역에 수출하고 공산품을 수입하였으므로 자유무역을 원하였다. 보호무역으로 인한 관세 부담으로 남부 사람들은 유럽에서 수입된 공산품을 비싸게 사야 했고, 반면에 북부지역은 공업화를 통해 빠르게 성장할 수 있게 되었으므로 남부인들은 보호무역정책에 반대했다. 그래서 남부지역은 연방에서 이탈하게 되었고 이것이 남북전쟁으로 이어졌다.[*2]

조세가 정상적으로 징수되지 않고 학정 및 부패와 관련된 때도 많았고, 이 전통은 오늘날에도 상당히 남아 있으므로 당국은 이런 불법을 차단하기 위해 최선을 다해야 한다. 이런 조치만으로 부족할 수도 있으므로 국민이 시민단체 등을 통해서 감시하는 노력도 필요하다.

조세는 국가가 필요할 때 언제든지 부과할 수 있으므로 마치 도깨비 방망이 같다. 그런데 조세를 징수하는 것이 그리 쉽지 않다. 무엇에 대해서 얼마만큼의 세율로 과세할 것인지 결정하기가 어렵다. 과거에는 백성들의 소득이나 재산 정도를 정확하게 파악하기가 어려워서 주택 내에 설치된 화로에 대해 부과한 '화로세'와 창문의 개수에 따라 부과한 '창문세'가 있었고, 결혼할 때 영주에게 바치는 '결혼세'와 같은 희한한 조세도 있었다.

현대 국가들은 나라마다 차이는 있지만, 주로 개인의 소득에 대해 부과하는 소득세, 재화와 서비스를 구매할 때 그 금액에 대해 부과하는 소비세(판매세), 기업의 이윤에 대해 부과하는 법인세, 토지와 건물 등의 재산에 대해 부과하는 재산세 등의 세금에 의해 재원을 확보한다. 위에서 살펴본 것처럼 조세가 공평하지 않으면 국민의 조세저항으로 인해 정치적 혼란이 생긴다. 어떤 대상에 얼마의 세율로 과세해야 공정한 조세가 될 수 있을지 고민해 봐야 한다. 또한 조세로 인해 비용이 많이 발생한다면 그것도 문제가 된다.

4 조세에 원칙이 있어야 한다

일찍이 아담 스미스는 조세에 대해 숙고한 후, **조세의 네 가지 원칙**을 제시하였는데, 오늘날의 기준으로 봐도 매우 적절하다. 그 내용을 간략히 살펴보자. ❶ 세금은 공평해야 한다(**공평성의 원칙**). 그러기 위해서 조세는 조세부담 능력에 비례하여 부담하고, 국가로부터 얻는 혜택에 비례하여 부담해야 한다. ❷ 조세는 명확하여야 한다(**투명성의 원칙**). 조세의 세율, 납부시기와 방법 등이 명확해야 착취와 부정부패가 발붙일 수 없다. ❸ 납부가 편리해야 한다(**편리성의 원칙**). 납부가 편리한 시기에 편리한 방법으로 징수되어야만 국민들의 불편이 줄어든다. ❹ 징세 비용이 최소화되어야 한다(**효율성의 원칙**). 그는 행정비용, 납세협력비용, 초과부담 등을 나열하고 그 비용이 최소화되어야 좋은 조세라고 하였다.

스미스의 네 가지 원칙을 크게 두 가지로 나누면 ❶은 공평성에 관한 원칙이고, ❷, ❸, ❹는 효율성에 관한 것이다. 대부분의 구성원이 조세를 걷는 비용이 적게 들고 그 부담이 공평해야 한다고 믿고 있다. 다음에 효율성과 공평성이라는 조세의 두 원칙에 대해서 살펴보자.

조세의 효율성

조세의 두 원칙 가운데 먼저 **조세의 효율성**에 대해서 살펴본다. 구멍이 뚫린 물통으로 물을 떠오면 오는 동안에 물이 많이 새어 나간다. 세금을 걷는 통에도 구멍이 뚫려 있어서, 세금을 100원 걷을 동안에 몇십 원이 새어 나가버린다. 통 바닥의 구멍이 크다면 통 안에 물이 거의 남지 않을 수도 있으니 이것은 큰 문제가 된다. 이처럼 세금을 걷는 동안에 새어나가는 물이 총징세비용이다. 그러므로 조세는 가능한 한 징세비용이 적게 드는 효율성의 원칙에 부합해야 한다.

★2 조세와 관련된 역사적 사건들에 대해서 다음 책을 참조 바람. 전태영(2005). 『세금 이야기』. 생각의 나무.

정부가 총사업비 1조 원이 드는 새로운 복지사업을 계획한다고 하자. 1조 원의 세금을 걷는 데 추가로 징세비용이 든다. 세무서의 인력이 늘어나거나 근무시간이 늘어나는 비용이 발생한다(행정비용). 세금을 납부하는 개인이나 법인도 장부를 정리하고, 세무사의 도움을 얻으며, 세금을 계산하여 납부하는 데 비용이 든다(납세협력비용). 이런 직접적인 비용 이외에 간접적으로 국가경제에 지우는 부담이 발생한다(초과부담). 즉 세금이 부과되면 모든 경제 주체들은 세금부담을 줄이는 방향으로 행동을 바꾸므로 다음과 같은 현상이 나타난다. 첫째, 소비자들이 세금을 피하려 하므로 수요량이 감소하여 생산이 줄어들고 소비자의 만족과 생산자의 이윤이 감소한다. 둘째, 소득세, 법인세 등의 직접세는 각 경제 주체들의 경제 활력을 약화시킨다. 세후에 받는 순소득이 감소하므로 근로, 저축, 투자의 의욕을 약화시키는 경향이 있어서 결국 국민소득이 감소한다.

세금을 걷는 데 드는 비용 가운데 행정비용은 정확하게 계산이 가능하지만, 납세협력비용과 초과부담은 추계가 쉽지 않다. 미국 의회의 한 연구에 따르면 2006 회계연도에 행정비용이 연방 조세수입의 0.5%이고, 납세 협력 비용이 9.4%, 그리고 초과부담은 무려 40%에 달한다고 한다(Jim Saxton). 우리나라의 납세협력비용은 2007년 7조 140억 원, 2011년 9조 8,878억 원, 2016년 11조 1,179억 원였다(국회예산정책처). 이 추계가 얼마나 정확한지 판단하기는 어렵지만 총징세비용이 예상보다 많음을 보여준다. 그러므로 조세를 징수하는 데 드는 총비용을 될 수 있는 한 줄이려는 노력이 필요하다. 그러기 위해서 조세행정의 효율화와 부패의 방지가 요구되며, 초과부담이 적은 조세를 개발할 필요가 있고, 높은 세율이 초래하는 의욕 약화도 고려하여 과세를 해야 할 것이다.

조세의 공평성

조세의 효율성도 중요하지만 **조세의 공평성**도 매우 중요하다. 공평성이 결여된 조세는 국민의 분노를 일으켜서 거센 조세저항이 나타나게 한다. 조세를 어떤 방식으로 부과해야 공평할까? 정부로부터 제공되는 공공서비스의 혜택을 많이 받는 사람이 오히려 더 적은 부담을 진다면 그것은 불공평하다. 서민에게 부자보다 더 많은 세금을 부과한다면 그것도 불공평하다. 조세의 공평성의 기준으로 편익원칙과 능력원칙 두 가지가 있다.

편익원칙(benefit principle)

편익원칙은 정부로부터 혜택을 많이 받는 사람이 세금을 많이 내고, 혜택을 적게 받는 사람은 세금을 적게 내는 원칙이다. 시장에서 거래되는 사용재(private good)인 아이스크림을 더 많이 소비하는 사람이 더 많은 값을 치르는 것과 같이, 공공재인 도로를 더 많이 사용하는 사람이 세금을 더 많이 내야 한다는 것이다. 그래서 이 원칙은 수익자부담 원칙이라고도 한다. 이 원칙에 따른 조세는 납세자가 혜택을 보는 만큼 값(세금)을 치르는 원칙이므로 공공재를 필요한 만큼만 소비하게 만든다. 그러므로 이런 조세는 공평할 뿐 아니라 효율적이기도 하다. 이 원칙을 철저히 적용하려면 모든 도로와 다리, 공원 등에 통행료와 입장료를 부과해야 하는데, 여기에는 비용과 시간이 들어 불편할 수 있다.

보다 간편한 하나의 방법이 휘발유와 경유 등에 부과하는 유류세이다. 자동차를 더 많이 운행하는 사람이 공공재인 도로를 더 많이 사용하므로 세금을 더 많이 내야 공평하다. 유류세는 자동차를 운행하는 거리에 거의 비례하도록 부과되므로 편익원칙에 부합하는 세금이다. 오늘날에는 자동차 운행이 도로를 사용할 뿐 아니라 공공재인 환경을 오염시킨다는 면에서 유류세는 오염자부담 원칙에도 부합한다.

정부가 제공하는 국방, 치안, 소방 등의 공공재의 혜택을 누가 많이 볼까? 재산이나 소득이 많은 사람이 공공재로부터 사유재산보호라는 혜택을 더 많이 받는다. 그러므로 부유층이 더 많은 세금을 내는 것이 편익원칙에 부합한다. 부유층이 더 많은 세금을 내는 것은 다음에 설명할 능력원칙에도 부합한다.

편익원칙은 매우 공감할 수 있는 공평성의 기준이다. 그렇지만 공공재로부터 누가, 얼마만큼의 혜택을 얻는지 정확하게 가려내기가 어려운 경우가 많다. 그리고 소득재분배의 경우에는 수익자라고 해서 빈곤층에게 세금을 부과할 수는 없다. 그러면 재분배 자체가 성립하지 않는다. 그러므로 편익원칙만으로 조세의 공평성을 확보할 수 없으므로 다른 기준, 즉 능력원칙이 필요하다.

능력원칙(ability-to-pay principle)

능력원칙은 소득과 재산 등 세금을 부담할 수 있는 능력에 따라 조세를 부과하는 원칙을 말한다. 이 원칙은 편익원칙과 조화되는 부분도 많다. 그러나 편익원칙의 적용에 있어서 누가, 어느 정도의 편익을 누리는지 정확하게 측정할 수 없고, 재분배에는 아예 편익원칙이 적용되지 않는 문제가 있으므로 새로운 기준인 능력원칙이 도입될 필요가 생기는 것이다.

능력원칙은 광범한 동의를 얻은 공평성의 기준이다. 그러나 이 기준에도 의문이 제기될 수는 있다. 부담능력이 많다는 그 하나의 이유로 왜 더 많이 세금을 내야 하나? 부자가 봉인가, 아니면 죄인인가? 이런 문제 제기에 대해서 다음과 같은 대답이 가능할 것이다. 시장에서 소득을 많이 얻는 사람은 국방, 치안, 소방 서비스 이외에도 사유재산제도와 시장제도라는 공공재의 혜택도 더 많이 받고 있을 가능성이 높으므로 공공재 공급 비용을 더 많이 부담하는 것이 공평하다.

아담 스미스는 편익원칙과 능력원칙 사이에 갈등이 생기는 것으로 보지 않은 것 같다. 당시에 국가의 기능은 거의 공공재 공급에 국한되어 있었고, 소득재분배 기능이나 경제안정화 기능은 없었기 때문에 스미스의 주장에 타당성이 있다. 그러나 오늘날 국가의 기능이 확대되면서 두 원칙 사이에 서로 부합하지 않는 측면이 생기게 되었다.

능력원칙이란 조세를 부담할 수 있는 능력(담세능력)에 따라 차등적으로 조세를 부과하는 원칙이다. 그러면 담세능력을 무엇으로 볼 것인지, 담세능력이 증가할 때 세금이 어느 정도 증가해야 하는지 결정해야 한다. 능력원칙을 구체적으로 적용하는 세부적 원칙이 수평적 공평성과 수직적 공평성이다.

❶ 수평적 공평성(horizontal equity)

이 원칙은 담세능력이 동일한 사람은 동일한 세금을 내야 한다는 원칙이다. 무엇을 담세능력으로 볼 수 있을까? 연소득이 5,000만 원인 두 사람이 있다고 하자. 한 사람은 부양가족이 4명이고 다른 한 사람은 독신이면 두 사람의 담세능력이 같은가, 다른가? 이럴 경우에 가족이 있는 사람은 부양비용이 들므로 담세능력이 독신자에 비해 적은 것으로 인정된다. 따라서 세금도 적게 내야 공평하다. 질병으로 인해 의료비가 많이 든 사람도 담세능력이 적으므로 세금을 적게 내는 것이 공평하다. 이런 점을 고려하여 현행의 조세제도에서 부양가족, 장애인, 교육비, 의료비 등에 대해서 과세대상소득에서 빼주는 각종 공제제도가 시행되고 있다.

❷ 수직적 공평성(vertical equity)

이 원칙은 담세능력이 더 많은 사람이 더 많은 세금을 내야 한다는 원칙이며, 능력원칙에 비추어 자명한 원칙이다. 그런데 이 원칙은 담세능력이 증가할 때, 세금이 얼마나 증가하는 것이 공평한지에 대해서는 말하지 않고 있다. 예를 들어 담세능력이 2배일 때, 세금은 1.5배, 2배, 3배 가운데 어느 것이 공평한가? 담세능력이 2배일 때, 세금이 1.5배로 되는 것처럼 소득증가에 따라 세율이 점점 감소하는 조세를 **역진세**(regressive tax)라고 하고, 세금이 꼭 2배가 되어 세율이 일정한 것을 **비례세**(proportional tax, flat tax), 그리고 세금이 3배가 되는 것처럼 소득증가에 따라 세율이 증가하는 것을 **누진세**(progressive tax)라고 한다.

존 스튜어트 밀(John Stuart Mill)은 조세가 공평한 것을 '조세의 평등'이라고 하고, 조세가 평등하려면 누구나 동일한 세금을 내는 것이 아니라 동일한 희생을 해야 한다고 했다. 가난한 사람이 세금을 조금 내고 부유한 사람이 더 많은 세금을 내야 동일한 희생이 된다는 것이다. 그는 동일한 희생 원칙에 부합하는 조세가 '비례세'라고 말하고, 누진세는 열심히 일하여 소득을 많이 얻는 사람들을 벌주는 제도로서 온건하기는 하지만 일종의 강탈이라고 보았다.

누진세에 대해 여러 가지 논란이 있었다. 그러나 자본주의 사회에서 부유층이 더 많은 소득창출 기회를 가지며, 빈부격차는 정치적 불안정을 초래하고, 재분배를 통해서 사회 전체의 행복이 증가한다는 등 몇 가지 근거에 의해서 누진세가 현대 국가에 보편화되어 있다. 이에 대해서 반론을 제기하는 학자들도 적지 않다. 그것은 누진세가 저축을 감소시켜 경제발전을 저해하고 경제활력을 약화시키며 세금을 피하기 위한 목적의 두뇌유출을 발생시킨다는 등의 이유이다. 이들 가운데 비례세를 주장하는 다소 급진적인 사람들과 누진의 정도를 낮추자고 주장하는 보다 온건한 사람들 등 두 부류의 사람들이 있다. 그래서 높은 누진세율을 적용하던 나라에서 누진의 정도를 다소 낮추는 방향으로 세율을 조정하는 경우도 있다.

담세능력을 측정하는 기준은 소득일까, 소비일까, 아니면 재산일까? 소득이 많은 사람은 확실히 세금을 더 많이 낼 능력이 있다. 그래서 소득은 널리 활용되는 담세능력의 기준이다. 우리나라를 포함한 대부분의 나라들에서 **소득세**가 누진적으로 부과된다. 문제는 납세자들이 가능하면 소득을 숨기려고 하므로 소득을 정확하게 파악하는 것이 어렵다는 점이다. 우리나라에서는 자영업자와 변호사, 의사, 변리사 등 전문직의 사업소득이 제대로 파악되지 못하고 있어서 소득이 100% 파악되는 까닭에 '유리알 지갑'이라 불리는 봉급생활자가 매우 불리한 상황에 있다. 소득세의 하나로 법인의 소득(이윤)에 대해서 법인세가 부과된다.

소비도 담세능력의 기준이 될 수 있다. 소비를 많이 한다는 것은 그만큼 세금을 낼 능력이 많이 있음을 의미한다. 소득은 감출 수 있지만 소비는 감추기가 어려우므로 세원으로 더 적합한 면이 있다. 소비세의 이름은 소비세, 판매세 등인데, 우리나라에서는 부가가치세라고 불린다. 소비세는 일정한 세율로 부과되므로 비례세의 형태를 띤다. 그런데 고소득층은 소득 가운데 소비하는 비중이 적기 때문에 소비세 부담도 적어져서 이 세는 사실상 역진세라는 비판이 있다. 소비세는 실제 부담하는 사람은 소비자이지만 납부하는 사람은 판매자이므로 간접세이다. 정부의 입장에서 소비세는 매우 편리한 세금이다. 왜냐하면 세원이 쉽게 노출되고 세율이 일정하며 조세저항도 별로 없기 때문이다. 우리나라에서는 부가가치세의 비중이 법인세 비중과 비슷하다.

재산도 담세능력의 하나가 될 수 있기 때문에 재산세를 부과한다. 주택, 토지, 사업용 건물 등에 대해서 누진적으로 과세된다. 보통 재산세는 지방세로 분류되어 지방재정의 세수가 된다. 재산세율이 지나치게 높으면 재산을 처분해야만 세금을 납부할 수 있게 되는 문제가 있어서 이 세금은 중요한 세원이 아니라 소득세와 소비세를 보완하는 수준에 그치고 있다.

요약하면 편익원칙이 정확하게 적용될 수 있는 공공재일 경우에는 이 원칙에 따라 재원을 조달하나 편익원칙이 정확하게 적용될 수 없거나 전혀 적용되지 않을 경우에는 능력원칙이 적용된다. 그래서 도로, 다리, 공원 등 수익자부담 원칙이 적용되는 것 이외에 대부분은 능력원칙에 따라 과세된다.

조세는 원래 정부의 활동을 위한 재원 마련을 위해 부과된다. 그런데 어떤 경우에는 소비 억제를 위해서 부과되기도 한다. 담배, 술 등은 건강에 해롭고 사회에 치료비를 부담시킨다. 그래서 국가는 이런 재화에 대해 고율의 소비억제세(sumptuary tax)를 부과하여 소비량을 줄이려고 한다. 사치품에 대해서도 이런 의미에서 조세가 부과되는데, 우리나라에서는 개별소비세라고 불린다.

5 우리나라의 살림살이는 어떻게 운영되나?

가계는 얼마 안 되는 수입과 지출이지만 사전에 예산을 짠다. 하물며 엄청난 규모의 살림살이를 하는 정부는 더 말할 나위가 없다. 정부는 공공재 공급, 경제안정화, 소득재분배, 경제발전 등 여러 기능을 수행하기 위해서 재원을 조달하고 그것을 지출한다. 행정부가 다음 해에 정부의 기능을 수행하기 위해서 얼마의 재원이 필요하고, 그것을 어떤 방법으로 조달할 것인지에 대해서 예산안을 수립하여 국회의 심의 및 동의를 거쳐서 집행한다. 철도, 도로, 항만 건설, 교육의 질 향상, 무기 현대화 등 정부가 할 일이 참 많지만, 그 일을 다 하자면 세금을 더 걷어야 하고, 그것은 국민들의 가처분소득을 감소시키고 비효율을 발생시킬 수 있으므로, 여러 가지 요소를 고려하여 최종적으로 국회에서 결정한다. 아래에서 우리나라의 살림살이인 재정수입(세입)과 재정지출(세출)에 대해서 알아보자.

우리나라 2025년 세입 예산

한 나라가 어떤 방식으로 살림살이를 하는지 우리나라 2025년 예산을 예로 들어서 알아보자. 한 국가에는 국가 전체를 통치하는 중앙정부와 지역을 통치하는 지방정부가 있다. 그래서 재정은 중앙정부의 재정과 지방정부의 재정으로 나눈다.

2025년 예산을 기준으로 살펴보면 총수입은 국세수입 382.4조 원과 세외수입 36.4조 원, 그리고 기금 232.8조 원으로 총 651.6조 원에 달한다. 이 금액은 2023년 우리나라 GDP(국내총생산 : 약 2,400조 원)의 약 27%에 달하는 막대한 금액이다. 정부의 예산 가운데 대부분의 수입은 일반회계에 속하고, 농어촌특별세 등의 특별회계와 사회보장기여금 등의 기금으로 구성되고 있다.

총수입(약 651조 원)
= **국세수입**(약 382조 원) + **세외수입**(약 36조 원) + **기금**(약 233조 원)

국세수입과 세외수입 그리고 기금을 합한 총수입 약 651조 원 가운데 58.7%가 국세수입이고 나머지 41.3%가 세외수입과 기금이다. 국세란 중앙정부가 걷는 세금이며 소득세, 법인세, 부가가치세 등의 내국세와 관세, 목적세(교통·에너지·환경세, 교육세, 농어촌특별세)로 구성된다. 세외수입이란 경상이전수입, 재산수입, 관수물매각대 등이며 수입 가운데 그 비중은 작다.

> 국세(371.8조 원) = 내국세(338.1조 원) + 관세(8.4조 원) + 교통 · 에너지 · 환경세(15.1조 원)
> + 교육세(6.0조 원) + 종합부동산세(4.1조 원)

중앙정부가 걷는 세금 약 372조 원 가운데 관세, 목적세의 비중은 작으며, 그것을 뺀 내국세가 약 338조 원을 차지한다. 내국세 가운데 어떤 세금이 가장 큰 비중을 차지할까? 소득세가 약 126조 원(37.3%)으로 1위이고, 그 다음이 기업의 이윤인 법인세가 약 88조 원(26.0%), 소비세인 부가가치세가 약 87조 원(25.7%)으로 3위를 차지한다. 법인세도 일종의 소득세이므로 개인소득세와 법인세를 합하면 63.3%에 달한다. 거기에 부가가치세를 합하면 89.0%를 차지하여 상속세, 증권거래세 등 나머지를 합쳐서도 11.0%에 지나지 않는다.

우리나라 조세제도를 다음 표로 보다 간편히 알아보자. 세금은 중앙정부가 징수하는 국세와 지방정부가 징수하는 지방세로 나뉘며, 국세의 대부분을 차지하는 내국세는 납부자와 부담자가 같은 직접세와 그것이 서로 다른 간접세로 나뉜다.

- 국세 : 내국세, 관세
- 내국세 : 직접세(소득세, 법인세, 종합부동산세, 상속증여세 등)
  간접세(부가가치세, 개별소비세, 주세, 인지세, 증권거래세 등)
  목적세(교통 · 에너지 · 환경세, 교육세, 농어촌특별세)
- 지방세 : 도세(취득세, 등록면허세, 레저세, 지역자원시설세 등)
  시군구세(주민세, 재산세, 자동차세, 담배소비세 등)

현재 국세 가운데 큰 비중을 차지하는 부가가치세의 세율은 일률적으로 공급가액의 10%이다. 법인세는 법인의 과세표준 소득에 대해서 2억 이하에 대해서 9%, 2억 초과~200억 이하 19%, 200억 초과~3,000억 이하 21%, 3,000억 초과금액에 대해서는 24%의 세율이 적용된다. 그리고 2024년 현재 소득세율은 다음과 같이 누진 구조로 되어 있다.

표 10-1 우리나라 종합소득세율(2024년)

과세표준소득	한계세율(%)
연 1,400만 원 이하	6
연 1,400만 원 ~ 5,000만 원	15
연 5,000만 원 ~ 8,800만 원	24
연 8,800만 원 ~ 1.5억 원	35
연 1.5억 원 ~ 3.0억 원	38
연 3.0억 원 ~ 5.0억 원	40
연 5.0억 원 ~ 10.0억 원	42
연 10.0억 원 초과	45

자료 : 국세청

연소득에서 모든 소득 공제액을 뺀 후 남은 과세표준이 1,400만 원 이하이면 6%의 세금이 부과되고, 1,400만 원 이상이면 1,400만 원이 넘는 금액에 대해서만 15%가 부과된다. 과세표준이 5,000만 원이 넘으면 그 초과금액에 대해서 24%, 8,800만 원 초과 금액에 대해서는 35%의 세율이 적용된다. 그리고 10억 원이 넘으면 45%의 세율이 적용된다. 의료비 공제, 부양가족 공제 등 각종 공제제도를 잘 활용하면 과세표준을 줄여서 절세가 가능하다.

그러면 보통 사람들이 어떤 세금을 얼마나 내고 있을까? 연봉이 5,000만 원인 한 가계가 부담하는 세금을 예로 들어보자. 이 가계의 연간 소비지출이 3,000만 원이고, 연말정산 시에 부양가족 공제, 교육비 공제, 의료비 공제 등 각종 공제를 뺀 후 과세 대상소득이 4,000만 원이라고 하자. 그러면 이 가계는 재화와 서비스를 구입할 때 무의식 중에 내는 부가가치세 300만 원(3,000만 원 × 10%)과 소득세 492만 원(1,200만 원 × 6% + 2,800만 원 × 15%)을 부담하고 있다. 그 이외에 자동차에 주유할 때마다 휘발유 1L당 475원의 교통·에너지·환경세 이외에 교육세, 주행세, 부가가치세를 부담하므로 그가 1년에 주유 비용으로 200만 원을 지출한다면 그 금액의 50%가 넘는 약 110만 원이 세금으로 나간다. 그는 연봉 5,000만 원의 18.0%나 되는 금액(902만 원)을 중앙정부의 세금으로 납부하는 것이다.

위의 세금은 중앙정부에 내는 국세이고, 그 이외에 지방세도 내야 한다. 소유 주택에 대해서 재산세를 내고 자동차세, 주민세도 부담한다. 부동산을 매입했다면 취득세와 등록세도 납부해야 한다. 보통의 가계도 이런 저런 세금을 포함하여 상당한 금액을 세금으로 납부하고 있으므로 이 세금이 올바르게 쓰이는지 감시하는 것이 납세자의 권리이다.

국민들이 지방정부에 납부하는 지방세 총액은 대략 112조 원(2023년 기준) 정도이다. 우리나라 국세와 지방세의 비율은 대략 75:25 정도를 유지하고 있는데, 이 비율은 나라마다 크게 다르다. 예를 들어 영국은 94:6으로 국세가 압도적으로 높은 비중을 차지하는데 반해, 스위스는 46:54로 지방세의 비중이 더 크다. OECD 평균은 75:25이므로 우리나라는 그 평균과 거의 비슷하다. 국세의 비중이 높은 나라는 상대적으로 중앙집권적일 가능성이 높고 지방세의 비중이 높은 나라는 분권적일 가능성이 높다.

우리나라 국민들은 세금을 너무 많이 내고 있는 것은 아닐까? 우리나라의 조세부담률(총조세가 GDP에서 차지하는 비율)은 2022년 23.9%, 2023년 20.4%인데, 1990년 이후 19%에서 조금씩 증가하고 있다. 조세부담률에 사회보장 부담률을 합한 국민부담률은 대략 25% 수준에서 조금씩 변동하고 있다. 다른 OECD 국가들의 조세부담률과 비교해 보면, 덴마크(47.9%)와 스웨덴(44.4%)의 조세부담률이 가장 높고, 일본(17.3%), 그리스(17.4%), 멕시코(17.5%)가 가장 낮다. 북유럽 복지국가들의 조세부담률이 매우 높고, 반면에 작은 정부를 지향하는 미국, 일본의 조세부담률은 낮다. OECD 평균은 27.4%이며, 우리나라는 미국과 비슷한 수준으로 비교적 낮은 나라에 속한다.★3

우리나라 조세의 공평성을 해치는 문제 가운데 하나가 자영업자, 의사와 변호사 등 전문직의 소득신고가 매우 불성실하다는 점이다. 이들은 심할 경우에 소득의 몇 분의 일만 신고하는데, 세무당국이 이들의 소득을 객관적으로 파악하기가 어렵다. 그래서 정부는 영수증의 생활화, 신용카드 사용 등의 조치에 의해서 이들의 소득 파악에 주력하고 있다.

★3 일본은 2005년, 다른 나라는 2006년 기준, 통계청 자료.

우리나라 2025년 세출 예산

2025년 우리나라 정부가 지출하는 금액은 약 673조 원이다. 정부는 이 엄청난 금액을 어디다 쓰는 것일까?

여러 가지 용도 가운데 사회복지비(약 229조 원, 34%)가 가장 큰 비중을 차지하고, 그 다음이 일반·지방행정(약 111조 원, 16.4%), 교육비(약 99조 원, 14.6%), 국방비(약 59조 원, 8.8%), 산업·중소기업 및 에너지(4.2%) 순이다. 경제성장에 따른 복지에 대한 욕구가 커짐에 따라 사회복지에 많은 재원이 투입된다. 국방비보다 교육비 지출이 더 많다는 점이 다소 놀라운 사항이다. 아직도 분단 상황이라 국방비가 큰 비중을 차지할 것으로 추측하는 사람이 많은 것이다. 우리나라 교육은 질적인 면에서 논란의 대상이 되지만, 국가의 중점 목표 가운데 하나이다.

최근 세출 예산의 쓰임새 변화에서 가장 두드러진 특징은 국방비가 크게 감소한 것과 사회개발비(사회복지 및 보건 등)의 비중이 증가한 것을 들 수 있다. 국방비의 비중이 크게 감소한 것은 국방비의 절대 금액은 증가했지만 우리나라 GDP가 빠르게 증가하여 그 비중은 감소했기 때문이고, 사회개발비의 비중 증가는 꾸준히 복지가 확대되었기 때문이다.

세금은 누구나 내기 싫어하지만 정부지출은 누구나 끌어다 쓰고 싶어 한다. 공무원의 급여 인상, 무기와 경찰 장비 개선, 도로와 철도 건설, 학교 증설과 교사 수의 증가, 사회복지 개선 등 정부의 재정지출에 대한 수요는 넘친다. 정부의 각 부처, 각 지방 자치 단체, 국회의원 등이 예산을 더 따기 위해서 경쟁한다. 이런 예산 요청을 종합하여 기획재정부가 예산안을 마련한다. 예산안을 최종적으로 결정하는 기관은 국회이며, 국회는 선거를 통해 나타난 국민의 의사와 여론, 집권당의 정강정책 등을 감안하여 결정한다. 한정된 예산으로 국민들의 행복을 공평하게 증가시키기 위해서 행정부와 국회가 재정지출의 우선순위를 올바로 정하는 것이 매우 중요하다.

정부가 운하나 고속도로 건설 등 어떤 공공사업을 계획할 때, 시행 여부를 결정하는 기준으로 그 사업에서 발생하는 비용과 편익을 현재가치로 환산하여 비교하는 방법을 사용한다. 이것을 **비용-편익 분석**(cost-benefit analysis)이라고 하는데, 예상되는 편익의 현재가치가 예상되는 비용의 현재가치보다 더 크면 시행하는 것이 낫다. 그런데 예상되는 편익과 비용을 어떻게 측정하느냐에 따라 결과가 크게 다른 경우가 있어서 논란이 되기도 한다. 예를 들어 이명박 정부가 추진하다 중단한 대운하의 비용-편익 분석을 보자. 찬성측은 비용의 현재가치가 약 16조 원, 편익의 현재가치가 약 37.5조 원으로 편익-비용 비율이 2.3이라고 주장하였다. 이 주장이 사실이라면 이 사업은 곧바로 시작해도 좋을 정도로 사업 타당성이 높았다. 반면에 반대 측의 주장에 따르면 이 비율은 0.05~0.28로 나와 사업 타당성이 거의 제로이다. 이런 차이는 편익에 무엇을 포함시키느냐의 차이에 기인한 것이다. 이렇게 큰 차이가 난다면 연구 결과의 객관성에 의구심을 품을 수밖에 없다.

재정적자와 국가채무가 계속 증가한다면?

가계든 기업이든 수입보다 지출이 많아서 돈을 빌리는 일이 생기게 마련이다. 빚을 정상적으로 잘 갚을 수 있으면 문제는 없다. 만일 가계가 빚을 제대로 갚지 못하면 이자가 누적되어 평생 빚에서 벗어날 수 없는 지경에 이른다. 기업도 자금을 빌려서 투자를 하는데, 예상대로 이윤을 얻으면 원리금을 너끈히 갚을 수 있지만, 손해를 본다면 결국 파산의 위기에 몰린다. 빚 자체가 나쁜 것은 아니며, 그것을 유용하게 활용할 수 있고 상환이 가능하다면 빌려도 상관없다. 그러나 상환이 어려워진다면 큰 문제에 봉착한다. 이것은 정부도 마찬가지이다.

막강한 조세권을 가진 국가의 재정에서 왜 적자가 발생할까? 정부가 지출을 증가시키려면 세금도 증가시키면 되지 않는가? 정부에 이런 큰 힘이 있지만, 그럼에도 불구하고 재정적자가 발생하는 이유가 몇 가지 있다.

첫째, 심각한 불황이 찾아오면 적자재정을 통한 확대(혹은 확장적) 재정정책이 균형

재정보다 불황극복에 더 효과적이므로 정부는 의도적으로 적자재정을 선택한다. 이 정책을 통해 나중에 경기가 회복되면 조세도 증가하므로 재정적자는 자연스럽게 해결된다. 이런 재정적자는 일시적이므로 별 문제가 되지 않는다. 그러나 적자재정에도 불구하고 경기회복이 기대한 만큼 이루어지지 않으면 재정적자의 해소가 어려울 수도 있다.

둘째, 전쟁이 발발하여 막대한 전비가 필요한데, 혼란 중이라 세금을 더 걷기는 어려울 경우가 있다. 그리고 개발도상국에서 경제개발을 위한 투자자금이 필요하지만, 민간저축이 부족하여 정부가 해외로부터 외자를 빌리거나 중앙은행으로부터 자금을 빌리는 경우도 있다. 또한 천재지변이 발생하거나 복지 수요가 증가하여 정부지출의 증가가 필요한데 세금의 증가는 어려울 경우가 있다. 때로는 국채발행을 통한 재원조달이 세대간 공평성을 증진시키는 경우도 있다. 고속전철이나 지하철처럼 많은 비용이 들고 장기간 사용하는 시설을 건설할 경우에 전부 조세수입으로 건설하면 비용은 현세대가 부담하고 혜택은 후세대가 누리는 세대간 불공평성이 발생한다. 따라서 건설비용의 일부분을 국채발행을 통해서 조달하면 미래세대가 그 비용의 일부를 부담하게 된다. 이와 같은 경우들에 불가피하게 재정적자가 발생한다.

세금을 더 걷지 않고 빌려서 정부지출을 증가시킬 때 국민들은 혜택은 누리면서 부담이 없어서 좋다. 그러나 나중에 이 채무를 갚자면 지출을 줄이거나 세금을 더 걷어야 한다. 이것은 국민들에게 생활 수준의 저하를 강요하므로 부담스럽고 누구나 싫어한다. 지출 축소는 쉽지 않고, 증세는 국민들에게 인기가 없으며 조세저항도 있고 경제 활력을 약화시키는 측면도 있다. 특히 정치적 인기를 얻으려고 하는 정부는 그러한 정책을 추진하지 못할 것이다. 그래서 재정적자는 지속되고 국가채무는 증가한다.

증세와 정부지출 감소라는 허리띠를 졸라매는 정책이 실행되기 어려우면, 남은 한 가지 방법은 중앙은행으로 하여금 통화를 증발하게 하여 그 돈을 빌려 국채를 갚는 길이다. 이 경우에 통화증발로 인해 심한 인플레이션이 발생할 것이고, 그 결과 국채의 신인도가 떨어져서 추가적인 국채발행이 어려워질 것이다. 특히 국가채무 가운데 외채가 많다면 통화증발에 의해서도 갚을 수 없어서 국가부도의 위험에 처할 수 있다. 이 경우에 IMF의 구제금융을 받든가, 채권국가와 협상을 통해서 지불연기를 요구하게 된다. 이 과정에서 국익이 크게 손상된다.

국가채무가 국내에서 조달된 부채라면 정부가 막강한 조세권과 중앙은행으로부터의 차입을 통하여 갚을 수는 있으므로 국가가 파산할 가능성은 없다. 그러나 무리한 방법으로 국가채무를 해결하면 그것은 앞에서 본 바와 같이 국민경제에 큰 악영향을 줄 수 있다. 이처럼 지나친 국가채무는 채무의 악순환, 인플레이션, 국가신인도 약화 등의 부작용이 있으므로 국가채무의 비율을 미리 적절한 수준 이내에 통제하려는 정부의 노력이 필요하다. 국가채무의 적정한 정도는 어느 정도까지일까? 거기에 절대적 기준은 없지만 참고로 EU가 유로화 가입기준으로 제시한 기준은 국가채무가 GDP의 60% 이상이어서는 안 된다는 것이다. 2022년 현재 일본의 총부채 비율은 253%를 넘어섰고, 그리스는 184% 초과, 미국도 173%(2023년) 이상이다. 2008년 후반기 이후의 세계금융위기로 각국 정부의 국가채무는 빠른 속도로 증가하고 있다. 우리나라의 2005년 국가채무의 GDP 대비 비율은 30.6%였는데, 2023년에 46.9%로 증가하였다. 이 수치는 선진국에 비해 낮은 편이지만, 국가채무가 계속 증가하고 있어서 우려되는 점이 있다.★4

흔히 국채는 무위험 자산이라고 한다. 실제 그럴까? 국가는 막강한 조세권과 발권력을 가지므로 대내 채무인 경우에 파산할 위험성은 없다. 그러나 전쟁이나 정변이 발생하면 국채증서도 휴지조각이 될 수 있다. 1917년 소련 혁명 후 공산정권은 제정 러시아가 발행한 국채를 상환하지 않았고, 미국 남북전쟁 후에 남부 연방이 발행한 국채도 전쟁 후 무효화되었다. 이렇게 무효화된 경우는 매우 드물지만, 통화증발을 통해 국채를 상환할 경우에 인플레이션으로 인해 국채의 실질가치가 감소하게 된다. 그러므로 국채라고 해서 100% 안전 자산은 아니며, 국가가 국가채무를 안정적인 수준에서 관리할 때만 무위험 자산이 될 수 있다.

★4 통계청 자료.

6 정부도 실패하는가?

시장이 실패하므로 정부가 비장의 무기를 들고 개입한다. 그러면 시장실패는 깨끗이 해결되는가? 오히려 정부가 나서지 말고 가만히 있는 것이 더 낫다는 주장이 제기되고 있는데, 이것이 **정부실패론**이다. 시장이 실패하므로 정부가 개입하는데, 그것이 더 나쁜 상황을 초래한다는 것이다. 왜 이런 결과가 나타나는 것일까?

첫째, 보통 정부는 공익만을 추구하는 존재라고 생각하지만, 실제 그렇다고 보기는 어렵다. 추상적인 정부를 구성하는 구체적인 사람들은 국회의원과 대통령 등의 선출직 공무원(정치가)들과 임명직 공무원(관료)들인데, 그들도 보통 사람들이다. 이들은 국민의 복리를 위해 일하도록 부름 받은 심부름꾼, 즉 국민의 대리인이다. 그 가운데에는 정말 사명감과 직업윤리에 따라 공공의 이익을 위해 최선을 다하는 사람들이 다수 있겠지만, 드러나지 않게 주인인 국민을 배신하고 자신들의 이익을 챙기는 자들도 적지 않을 것이다. 그들은 직무수행에 대해서 보수를 받음에도 불구하고 직무상 부여받은 권력을 자기 이익을 위해 사용하려고 한다.

거미줄 같은 제도적 장치에 의해서 이들을 감시하지만 그들의 이기성을 완전히 제거하는 것은 거의 불가능하다. 정치가들은 계속 재선되거나 더 상위직으로 선출되기를 바라고, 관료들은 자기 부처의 권한과 기구 및 예산의 확대, 그리고 자신의 승진을 바란다. 정치가와 관료들이 이런 검은 의도를 가지고 있기 때문에 정책이 왜곡되는 경우가 많고, 정도가 심하면 '고양이에게 생선 맡기는 꼴'이 되는 것이다. 정치가들과 관료들이 본분을 벗어나 권력을 사익의 도구로 사용하면 정부는 실패하게 된다. 그러므로 선출직이든 임명직이든 공직자 모두가 정직하고 효율적으로 일하는 풍토를 만들어 가는 것이 국민경제의 원활한 운영에 아주 긴요하다.

둘째, 정부에서 일하는 사람도 인간의 지적 한계를 그대로 가지고 있으므로 그들이 가지고 있는 지식과 정보의 제약이 분명히 존재한다. 예를 들어 국민들이 경찰력 증강을 더 필요로 하는지 고속도로 건설을 더 필요로 하는지 명확하게 파악할 방법이 없으므로 정부 부처 담당자의 자의적인 판단이 개입될 소지가 많다. 또한 위에서 언급한 바와 같이 공공사업 시에 시행하는 비용-편익 분석도 부정확하다. 예컨대 인천공항과 연결되는 철도의 수요는 예상치의 몇 분의 일에 불과하여 많은 적자를 내고 있다. 그리고 어느 정도의 강도로 개입하는 것이 좋은지, 정책효과가 나타날 때까지 얼마만큼의 시간이 소요되는지를 정확하게 예측할 수 없어서 때로는 정책의 역효과가 더 큰 경우도 있다. 정부가 불황이 올 것으로 예상하여 재정지출을 증가시켰더니 그 효과가 경기가 호전된 후에 나타나서 오히려 인플레이션을 부추기는 경우도 있다. 이런 한계가 정부의 실패를 초래하게 된다.

셋째, 다른 나라와 마찬가지로 우리 사회에는 여러 종류의 **이익집단**(interest group)이 존재한다. 이익집단은 국회나 지방의회, 그리고 관료들이 이익집단에게 유리하게 의사결정을 하도록 로비하거나 압력을 가하는 단체이다. 영향력이 큰 이익집단들을 보면 기업 경영자를 대변하는 전국경제인연합회, 한국무역협회, 대한상공회의소, 중소기업연합회 등이 있다. 노동자의 이익을 대변하는 한국노총, 민주노총 등의 강력한 노동조합이 있고, 의사, 변호사, 약사 등 전문직 단체들도 힘이 세다. 그 외에도 업종별로 협회, 연합회 등 이익집단이 부지기수이다. 이들과는 성격이 다른, 공공의 이익을 추구하려고 하는 시민단체(NGO)들이 있다. 여기에는 환경단체, 소비자단체, 동물보호단체, 정부재정 감시단체 등 다양한 단체가 있다. 시민단체가 중립적이고 객관적인 입장에서 공익을 추구하면 이익단체의 지나친 이기주의를 조정할 수 있을 것인데, 어떤 시민단체는 이름만 시민단체일 뿐 이익집단으로 변질되는 경우도 있다.

이익집단 가입자들은 적지 않은 회비를 내야 하지만, 이 단체들의 로비와 압력에 의해 더 큰 이익을 챙길 수 있으므로 계속 회원으로 활동한다. 이익집단들이 자신들의 의견을 정치권과 담당 부처에 전달할 수 있다는 점에서 사회적으로 긍정적인 역할을 하기도 하지만, 때로는 공익을 완전히 무시하고 집단 이기주의의 노예가 되어 자기이익을 추구하기도 한다. 그들은 합법적인 정치헌금을 넘어서 불법적인 정치자금, 뇌물, 불법파업과 폭력집회 등의 방법으로 정치가들과 관료들에게 유혹을 던지거나 압력을 넣곤 하는데, 정부에서 일하는 사람들이 이들의 회유와 압력에 넘어가면 국익, 공공선이 위험하게 된다.

집단행동에 대한 연구로 유명한 만수르 올슨(Mancur Olson)은 『국가의 흥망』이란 책에서, 국가가 이익집단을 적절히 통제하지 못하면 국가는 정체하게 된다고 주장하였다. 이익집단 회원이 누리는 이익은 크지만, 그 부담은 많은 국민에게 조금씩 분담되므로 국민은 이것에 무관심하다. 이익집단은 마치 거머리처럼 국민들이 무관심하고 잘 모르는 사이에 국민들의 피를 빤다. 한 거머리가 빠는 피의 양은 적지만, 숫자가 워낙 많으므로 결국 거대한 국민경제도 빈혈에 걸리게 된다. 상반되는 이익집단들끼리 서로 견제하게 하고, 시민단체들이 공정성을 증진하는 데 기여한다면 정부가 공공선의 입장을 유지하기가 수월할 것이다.

이런 등등의 이유로 정부의 개입은 불완전하여 시장실패를 온전히 치유하지 못하는 것이 현실이다. 극단적으로 시장기능을 불신하여 정부의 계획에 의해서만 경제를 운영하려고 한 중앙 통제식 사회주의 체제가 사라진 것은 정부의 한계를 여실히 보여준 사례이다. 그러면 정부가 아예 사라지는 쪽이 더 나을까? 무정부주의자들은 '그렇다'고 답한다. 이 주장은 매우 극단적인 주장으로써 극소수만 지지하고 있다. 정부가 개입해도 최적의 효율을 실현하지는 못하지만 그래도 웬만큼은 달성한다. 결국 시장도 정부도 지적으로 그리고 도덕적으로 불완전한 인간이 운영하는 제도이므로 결함이 있다. 시장과 정부는 서로 보완되어야 할 제도이며, 시대와 나라에 따라 최선의 조합은 다를 수 있으므로 그것을 찾아내는 것이 경제학의 과제이다. 자유방임주의를 부르짖는 신고전학파와 정부의 개입 필요성을 주장하는 케인스학파 간의 대립은 오래 지속될 것이다.

생활 속의 경제학

Chapter

11

GDP의 힘과 한계

1 GDP는 나라의 경제 성적표

올림픽이나 월드컵 대회에서는 아프리카 대륙이나 중앙아시아 등에 있는, 이름을 한번도 들어보지 못한 나라 선수들의 경기 모습을 볼 수 있다. 그리고 최근에 낯선 나라로 여행 가는 사람들도 증가하고 있다. 이런 미지의 나라에 대한 정보 가운데 그 나라의 사정을 잘 알려 주는 것이 무엇일까? 인구, 면적, 위치 또는 유명 관광지일까? 그것도 중요하지만, 아마도 그 나라의 사정을 가장 잘 알려주는 것은 그 나라의 국민소득일 것이다. 각 나라의 국민소득은 그 나라의 경제적, 정치적, 문화적 수준을 짐작할 수 있게 해주는 매우 간편하고 유용한 지표이다. 국민소득을 나타내는 지표에는 GNP(Gross National Product, 국민총생산), **GDP**(Gross Domestic Product, **국내총생산**), GNI(Gross National Income, 국민총소득) 등 몇 가지가 있는데, 요즘 가장 많이 쓰이는 개념이 GDP 및 1인당 GDP이다. 이것에 대해 뒤에서 설명하겠지만 간략히 말하면, GDP란 한 나라의 국경 내에서 생산된 최종 재화와 서비스의 시장가치의 합계이다. 각 나라의 GDP는 그 나라의 여러 가지 중요한 현황을 알려준다.

첫째, GDP는 각국의 경제력과 국력의 크기를 알려준다. 2024년 통계(IMF 발표)를 기준으로 하여 달러로 환산된 각국의 GDP 순위를 보면, 미국이 압도적인 1위이다. 미국은 세계 전체의 GDP 약 110조 달러 가운데 29조 2천억 달러를 차지하여 점유율이 약 26%에 달한다. 다음으로 중국이 18조 3천억 달러로 2위이며, 독일이 4조 7천억 달러로 3위이다. 그다음으로 일본, 인도, 영국, 프랑스, 이탈리아가 뒤를 이으며, 한국은 캐나다(9위), 브라질(10위), 러시아(11위)를 이어서 12위를 차지하고 있다. 한국의 GDP 순위가 2021년에 10위에까지 올랐지만 주춤하는 사이에 순위가 다소 밀리게 되었다. GDP가 큰 나라는 그만큼 세계경제에 미치는 영향이 크다. GDP는 1인당 GDP와 인구의 곱이므로 인구가 어느 수준 이상이 되어야 상당한 수준의 경제력과 국력을 가질 수 있다.

GDP 순위를 보면 그것이 그 나라 국력의 순위와 거의 일치함을 알 수 있다. 국력이란 한 나라가 다른 나라에 미칠 수 있는 영향력인데, 경제력, 군사력, 외교력 등에 의해 결정된다. 오늘날 군사력과 외교력은 주로 경제력에 의해 좌우된다. 미국은 압도적으로 큰 GDP와 그것을 바탕으로 한 군사력으로 세계의 정치와 경제에 타의 추종을 불허하는 영향력을 행사한다. 미국과 최근 급부상한 중국, 그리고 G8 국가들의 힘은 바로 GDP에서 나온다. 옛날의 제국들은 부강한 나라를 만들려고 군사력에 의존하여 영토 확장에 주력하였다. 16세기 이후 유럽의 중상주의 국가들은 귀금속의 축적이 국력 확대의 길이라고 생각하였으므로 신대륙에 진출하여 금은을 탈취하거나 수출은 증가시키고 수입은 억제하여 무역흑자를 통해 귀금속을 국내에 축적하고자 했다. 이런 방법이 당시에 국력 신장에 어느 정도 도움이 될 수 있었겠지만, 그것이 근본적인 방법은 아니다. 현대 국가들은 GDP의 증가를 통해 국력 확대를 도모하고 있다. 국력이 약하면 타국의 부당한 간섭을 받거나 독립이 위태로워질 수도 있으므로 국력은 중요하다. 현재 한국의 국력은 만주 벌판을 호령하던 고구려 이후 가장 강하다. 식민지로 전락하기까지 했고, 극히 빈곤했던 우리나라가 자존감을 회복하고 국제 사회에서 지도적 국가의 하나로서 활동하게 된 것은 바로 세계 12위의 GDP 때문이다.

둘째, GDP를 인구로 나눈 값이 1인당 GDP인데, 이것은 보통 국민들의 평균적인 생활 수준을 나타낸다. 일반적으로 1인당 GDP가 가장 많은 나라가 가장 잘사는 나라라고 볼 수 있다. 2023년 달러 환산 1인당 GDP 통계(세계은행)를 보면 1위는 105,996달러인 초미니 국가 룩셈부르크이고, 2위는 아일랜드(94,359달러), 3위는 스위스(64,011달러) 순이다. 미국은 6위(65,020달러), 중국은 56위(12,174달러), 한국은 23위(35,570달러)이다. 미국과 중국의 1인당 GDP는 높은 수준이기는 하지만 최선두는 아니다. 그러나 두 나라의 인구가 많아서 GDP 순위로는 세계 1, 2위를 차지하고 있는 것이다. 1인당 GDP가 가장 작은 나라 순으로 보면 아프리카의 부룬디가 1위(262달러)이고, 중앙아프리카공화국이 2위(357달러)이다. 우리나라는 1960년대 초만 하더라도 세계 최빈국 가운데 하나였는데, 오늘날 세계에서 열두 번째로 잘사는 나라가 되었다. 1인당 GDP는 그 나라 국민들의 평균적인 생활수준을 나타낸다는 점에서 중요한 지표이다.

셋째, GDP와 1인당 GDP만으로는 그 나라 경기가 좋은지 나쁜지, 그리고 그 나라가 장기적으로 성장하는지 쇠락하는지 알 수 없다. 실질 GDP가 지난해에 비해 증가하는 것을 경제성장이라고 하는데, 경제성장률이 높다는 것은 단기적으로는 경기가 좋다는 것을 의미하고, 경제성장률이 낮거나 마이너스이면 불황이라는 것을 나타낸다. 경기가 좋아지면 소득이 증가하고 실업도 줄어들어 국민생활이 나아진다. 반면에 불황이 오면 소득이 감소하고 실업이 증가하여 국민생활이 어려워진다. 그리고 장기적으로 경제가 계속 성장하면 국민들의 생활이 선진국 수준으로 풍요로워지고 국력도 신장된다. 그러므로 각국은 가능한 한 경제성장률을 높이기 위해서 최대한 노력하고 서로 경쟁하고 있다. 우리나라도 유례없는 고속성장을 했지만, 중국은 더욱 놀랍다. 1980년대 초만 해도 중국의 국력은 빈약했고 국민의 생활 수준은 아주 낮았다. 그러나 40년 동안의 고도성장은 중국을 완전히 변모시켰다. 그것은 그야말로 상전벽해다. 상해, 북경, 심천 등의 대도시들은 세계 일류 도시가 되었다. 이만큼 경제성장은 나라의 운명을 송두리째 바꾸는 무서운 힘을 가지고 있다.

GDP와 1인당 GDP, 그리고 GDP의 증가율인 경제성장률, 이 세 가지 지표는 국민생활에 매우 큰 영향을 주므로 흔히 그 나라의 경제적 성과를 나타내 주는 성적표로 인정받고 있다. 그러므로 각국 정부는 경기가 안정된 가운데 높은 성장을 이룩하는 '안정적인 고성장'을 달성하려고 애쓰고 있다. GDP가 증가하면 대부분의 경우에 1인당 GDP도 증가하므로 경제성장이 국가의 매우 중요한 목표가 되는 것이다. 반면에 GDP가 각국의 경제 성적표로 인정되는 데 대한 비판이 있는 것도 사실이며, 이 점에 대해서는 이 장의 말미에서 살펴보게 될 것이다.

2 GDP의 정의와 측정

아무리 중요한 지표라고 해도 그것이 정확하게 정의되고 측정되지 않으면 별 의미가 없다. GDP(Gross Domestic Product, 국내총생산)의 측정은 UN이 제시한 방법을 따라 통일적으로 이루어지는데, GDP는 "**일정 기간 동안에 한 나라의 국경 안에서 생산된 재화와 서비스의 시장 가치의 합계**"라고 정의된다. 이 정의의 내용을 더 자세히 살펴보자.

GDP는 "**일정 기간 동안에**" 생산된 생산액으로서 보통 분기별(3개월마다)로, 그리고 연도별로 측정된다. 일정 기간 동안에 발생하는 수량을 유량 변수라고 하는데, GDP도 유량 변수이다. 우리나라에서는 한국은행이 분기별, 연도별로 GDP를 추계하여 발표한다.

'**한 나라의 국경 안에서**' 생산된 것이면 토지, 노동, 자본 등 생산요소가 내국인이 소유한 것이든 외국인이 소유한 것이든 상관없이 GDP에 포함된다. 중국에 진출한 현대자동차 회사가 생산한 자동차는 중국의 GDP에 포함되고, 르노코리아 자동차 회사가 우리나라에서 생산한 자동차는 우리나라 GDP에 포함된다. 그리고 네팔이나 파키스탄 노동자들이 우리나라에 와서 생산한 것도 우리나라 GDP에 포함된다. GDP는 국내의 경기 및 고용상황과 밀접한 관계를 갖는다.

반드시 어느 기간 동안에 새로 '**생산된**' 것이어야 GDP에 포함된다. 2024년 12월에 생산된 재화가 2025년 1월에 팔렸다면, 그것은 2024년 GDP에 포함된다. 그리고 이미 있던 중고품이나 건물 등이 어떤 기간에 다시 거래되었다고 해서 그 기간의 GDP로 계산되지 않는다. 그 기간에 새로 생산된 아이스크림, 기계, 건물 등의 생산물이 GDP에 포함된다는 점이 중요하다.

GDP는 '**최종 재화와 서비스**'만 포함한다. 재화에는 최종재와 중간재가 있는데, 최종재는 소비나 투자, 정부구매, 수출 용도로 사용되는 재화이다. 아이스크림과 같은 것은 소비재이므로 최종재에 포함되고, 기계와 도구 같은 것은 투자재이므로 역시 최종재에 포함된다. 반면에 중간재란 다른 재화와 서비스를 생산하는 데 투입되어 단번에 소모되는 재화를 말하며, 원유나 철강, 목재 같은 원재료와 기타 부품들이 이에 해당한다. 중간재를 GDP에 포함시키면 중복 계산되는 문제가 생긴다. 예를 들어 밀과 밀가루의 가치를 모두 GDP에 포함시키면 밀의 가치가 모두 밀가루에 이전되어 있는데도 다시 계산되므로 중복 계산이 발생하는 것이다.

최종재 가치의 합계는 생산 단계별 **부가가치**(value added)의 합계와 같다. 부가가치란 생산물의 가치에서 중간재의 가치를 뺀 금액으로서 생산과정에서 새로 추가된 가치를 말한다. 농부가 100만 원어치의 밀을 생산한다고 하자. 여기에 중간재 투입이 없다고 하면 밀의 가치는 모두 부가가치이다. 밀을 구입한 제분업자가 그것을 원료로 하여 200만 원어치의 밀가루를 생산한다면 이 과정에서 100만 원의 부가가치가 발생한다. 그러므로 최종재인 밀가루의 가치와 생산 단계별 부가가치의 합계는 공히 200만 원이다.(밀의 부가가치 100만 원 + 밀가루의 부가가치 100만 원 = 최종재인 밀가루의 가치 200만 원)

GDP는 최종재의 가치를 '**시장가치**'로 평가하여 합산한 금액이다. 한 나라에서 생산되는 수많은 재화와 서비스를 공통의 단위로 환산하여 합산해야 하는데, 무게나 부피로 환산해 봐야 아무런 의미가 없다. 그것을 시장가치로 환산하여 화폐금액으로 나타내는 것이 가장 의미 있는 합산 방법이다. 재화와 서비스의 가치를 시장가치로 환산하려면 시장에서 결정된 가격이 알려져 있어야 한다. 그러기 위해서는 그것들이 시장에서 거래되어야 한다.

시장에서 거래되지 않는다는 이유로 억울하게 GDP에서 빠지는 항목이 있는데, 그것이 주부들의 가사노동이다. 주부들은 가정에서 다재다능한 만능인으로 육아, 요리, 세탁, 청소, 교육 등 많은 서비스를 생산함에도 불구하고 그것의 가치가 통째로 GDP에서 빠져 있다. 그 서비스가 시장에서 거래되지 않기 때문에 시장가치로 환산할 수 없는 것이다. 주부들은 많은 부가가치를 창출함에도 불구하고 그것이 시장가치로 평가되지 못하기 때문에 자기의 존재 가치를 인정하는 데 어려움을 겪는다고 하며, 사회도 은연중에 가사노동을 저평가하는 경향이 있다.

생산이 이루어짐에도 불구하고 GDP에서 빠지는 다른 하나의 예는 마약, 매춘처럼 생산과 소비, 거래가 금지된 재화나 서비스이다. 그리고 생산과 소비, 거래가 불법화되어 있지는 않지만 생산활동이 세무 및 통계 당국에 신고되지 않아 공식 통계에서 제외되는 부분이 있다. 의사나 변호사, 자영업자들의 소득 가운데 일부분만 신고

되므로 탈세되는 미신고분은 GDP에 포함되지 않는다. 학생이나 일반인들의 아르바이트도 분명히 생산활동이지만, 당국이 파악할 수 없으므로 GDP에서 제외된다. 파출부의 가사 서비스 같은 것도 이와 마찬가지이며, 물물교환되는 재화와 서비스도 파악되지 않는다. 이와 같이 생산이 이루어지고 있지만 그것이 불법화되거나 세금을 내지 않아 당국이 파악할 수 없는 부분을 **지하경제**(underground economy)라고 하며, GDP에서 모두 제외된다.

지하경제가 GDP에서 차지하는 비중은 나라마다 큰 차이가 있다. IMF(2002)의 자료에 의하면 1988~2000년 사이에 아프리카 나이지리아의 지하경제 비중은 GDP의 77%나 되었고, 이집트는 69%였다. 아시아에서는 태국이 70%였고, 반면에 홍콩과 싱가포르는 14%로 가장 낮았다. OECD 국가들 가운데에는 그리스가 30%, 이탈리아가 27%로 높았고, 미국과 호주는 10%, 스위스는 9%로 매우 낮았다.[★1] 우리나라의 지하경제 비중은 2011~2015년 동안 20~22% 사이에서 약간의 변화를 보이고 있으며, OECD 국가들 가운데 상당히 높았다.[★2] 일반적으로 세율이 높거나 규제가 많고 법치가 확립되어 있지 않으며 부패가 심한 나라일수록 그 나라 지하경제의 비중이 높은 경향이 발견된다.

저개발국일수록 지하경제의 비중이 높으므로 이 나라들의 GDP가 과소평가되어 있다. 예컨대 지하경제의 비중이 GDP의 77%에 달하는 나이지리아의 지하경제가 양성화된다면 GDP가 단번에 4배 이상으로 급증할 것이다. 이처럼 지하경제의 비중이 높으면 GDP가 과소평가되며 세금을 징수하기가 어렵고, 이 영역에는 정부 정책의 효과가 거의 미치지 않아 정책을 마련하기도 어려워지는 등 여러 가지 문제가 발생하므로 지하경제의 규모를 줄이기 위한 대책이 필요하다.

명목 GDP와 실질 GDP는 어떻게 다른가?

GDP를 측정하려면 수많은 재화와 서비스의 생산량과 가격을 알아야 한다. 아주 단순한 미니 경제를 가정해 보자. 이 경제에서 2024년에 아이스크림 100만 개와 PC

1만 대만 생산되었고, 아이스크림의 가격은 1,000원, PC의 가격은 100만 원이었다고 하자. 그 해에 아이스크림의 생산액은 10억 원(100만 개 ×1,000원), PC의 생산액은 100억 원 (1만 개 × 100만 원)이어서, 총생산액인 명목 GDP는 110억 원이었다. 그런데 2025년에 생산량은 2024년과 같은데, 아이스크림의 가격이 2,000원으로, PC의 가격도 200만 원으로 2배로 올랐다고 하자. 그러면 2025년의 명목 GDP는 220억 원이 된다. 2024년에 비해서 2025년에 생산량의 증가가 전혀 없었음에도 불구하고 물가가 2배로 되어 명목 GDP도 2배로 뻥튀기되었다. 생산량의 증가 없이 물가상승으로 인한 명목 GDP 증가는 생활수준 향상에 아무런 기여도 못하므로 전혀 소용이 없고, 오히려 인플레이션으로 인한 악영향이 발생할 가능성이 있다.

이처럼 GDP 측정 시점의 가격(경상가격, current prices)으로 측정한 GDP를 **명목 GDP**(nominal GDP)라고 한다. 명목 GDP의 변화 요인에는 생산량의 변화뿐 아니라 물가상승으로 인한 부분도 포함되어 있어서 생산량의 변화만을 구분해서 측정하기 위해서 실질 GDP를 따로 측정한다. **실질 GDP**는 기준 연도의 가격(불변가격, constant prices)으로 측정한 GDP이다. 명목 GDP와 실질 GDP를 아래와 같이 대비해 보면 그 차이를 쉽게 알 수 있다.

명목 GDP = 경상가격으로 측정한 GDP
실질 GDP = 불변가격으로 측정한 GDP

위의 예에서 2024년을 기준년도라고 하면, 그 해에는 경상가격과 불변가격이 동일하므로 명목 GDP와 실질 GDP는 모두 110억 원이다. 그러나 2025년에 물가가 2배로 뛰어 명목 GDP가 220억 원이지만, 기준 연도의 가격인 2024년 가격으로 측정한 실질 GDP는 2024년과 마찬가지로 110억 원이다.

★1 Schneider, Friedrich and Dominik Enste(2002), "Hiding in the Shadows", *The Growth of the Underground Economy*, IMF, March 2002.

★2 연합뉴스, 2018.2.12.

통계청 자료에 따르면 2022년 명목 GDP는 2,323.8조 원이고, 2023년 명목 GDP는 2,401.2조 원으로서 3.3% 성장하였으나 그 가운데 물가상승에 기인한 부분이 3.6%이기 때문에 생산량의 증가에 기인한 경제성장률은 마이너스를 나타내게 된다.

명목 GDP의 증가는 실질 GDP의 증가와 물가상승 두 부분으로 나뉘어진다. GDP에 포함되는 최종재의 물가수준을 지수로 나타낸 것을 **GDP 디플레이터**(GDP deflator)라고 한다. 기준년도의 GDP 디플레이터를 100으로 하고, 이에 비해 비교 연도의 물가가 얼마나 변화했는가를 지수로 측정한 것이 비교 연도의 GDP 디플레이터이다. 위의 아이스크림과 PC만 생산되는 경제의 예를 다시 활용해서 GDP 디플레이터를 구해보면 그 공식은 다음과 같다.

$$2025\text{년 GDP 디플레이터} = \frac{\text{명목 } GDP}{\text{실질 } GDP} \times 100 = \frac{220\text{억 원}}{110\text{억 원}} \times 100 = 200$$

2024년 GDP 디플레이터는 100이고, 2025년 GDP 디플레이터는 200이므로 물가수준이 2배가 된 것이다.

우리나라에서는 2023년 현재 2020년을 기준 연도로 잡으므로 이 해의 GDP 디플레이터를 100으로 한다. 2023년의 GDP 디플레이터가 107.0이어서 2020년 이후 3년 동안에 7.0% 상승한 것으로 나타난다. 기준 연도는 5년마다 조정된다. 여기서 GDP 디플레이터 이외에 다른 물가지수 두 가지를 함께 설명하려고 한다.

소비재의 가격 변동을 나타내는 물가지수를 **소비자물가지수**(consumer price index)라고 한다. 우리나라에서는 통계청이 매월 전도시 소비자물가지수를 조사하여 발표하고 있다. 2020년이 기준 연도이므로 이 해의 소비자물가지수는 100이다. 2024년 현재 이 지수가 114.2이므로 2020년에 비해 생활비가 14.2% 증가한 것이다. 소비자물가지수가 GDP 디플레이터보다 더 크다는 것은 소비재 가격이 투자재나 수출품 가격보다 더 많이 오른 것을 보여준다.

생산자가 받는 가격의 평균적인 수준을 나타내는 물가지수를 **생산자물가지수**(producer price index)라고 한다. 이 물가지수는 과거에 도매물가지수라고 불리었는데, 한국은행이 매월 그 동향을 발표하고 있다. 이 지수 역시 2020년이 기준 연도이며, 2024년 현재 114.9이다.

세 측면에서 측정한 GDP : 생산, 분배, 지출 GDP

기업이 상품을 생산하고(**생산**), 가계에 생산 요소를 빌린 대가인 소득을 지급하면(**분배**), 가계와 기업, 정부, 그리고 외국이 상품을 구매한다(**지출**). 이처럼 생산, 분배, 지출 과정이 계속된다. 이 과정을 국민소득의 순환이라고 하는데, 이것은 마치 폐쇄회로 파이프 안에 물이 계속 도는 것과 비슷하다. 물이 누수되지 않으므로 파이프의 세 지점에서 측정한 물의 유량은 동일한 것과 마찬가지로 국민소득도 생산, 분배, 지출 세 면에서 측정한 금액이 동일하다. 여기서 생산 측면에서 측정한 GDP인 생산 GDP와 분배 측면에서 측정한 분배 GDP, 그리고 지출 면에서 측정한 지출 GDP에 대해서 알아보자.

생산 GDP는 농림어업, 광공업, 전기 가스 수도, 건설업, 서비스업 등 각 산업별로 최종재화와 서비스의 가치를 측정하여 합산한 금액이다. 한국은행에 따르면 이렇게 측정된 우리나라 2023년 생산 GDP는 2,401조 1,894억 원이다.

분배 GDP는 가계가 생산요소를 제공한 대가로 받은 소득을 합산한 금액이다. 피용자 보수(임금), 영업잉여, 고정자본소모, 간접세 등을 합산한 2023년 분배 GDP는 생산 GDP와 동일하게 2,401조 1,894억 원이다.

지출 GDP는 기업이 생산한 재화와 서비스가 어떤 용도로 팔려나갔는가를 파악하여 민간소비, 투자, 정부소비, 순수출의 금액을 합산한 것이다. 이렇게 합산된 2023년 지출 GDP는 위의 두 GDP와 마찬가지로 2,401조 1,894억 원이다. 지출 GDP는 다음과 같은 식으로 표현될 수 있다.

> 지출 GDP = 소비(C) + 투자(I) + 정부지출(G) + 수출(X) − 수입(M)

소비는 가계가 소비재를 구입한 금액이고, 투자는 기업이 투자재를 구입한 금액이며, 정부지출은 정부가 재화와 서비스를 구입한 금액이다. 그리고 수출에서 수입을 뺀 금액이 순수출이다. 이처럼 생산, 분배, 지출, 세 가지 측면에서 측정된 GDP가 모두 동일한 것을 흔히 3면등가의 법칙이라고 부른다.

3 GDP와 GNP, GNI는 어떻게 다른가?

외국 기업이 우리나라에 투자한 한국GM이나 르노코리아가 우리나라 기업인가, 아니면 우리나라 기업이 중국과 인도에 투자한 현지 현대자동차가 우리나라 기업인가? 어느 쪽이 생산한 재화와 서비스가 우리나라 국민소득에 포함되어야 할까?

우리나라에 투자한 외국자본은 우리 노동자를 고용하고 우리 정부에 세금을 내므로 우리 경제에 기여하면서 이윤은 그들 나라로 가져간다. 중국과 인도에 진출한 현대자동차는 그 나라의 노동자를 고용하고 그 나라 정부에 세금을 내지만, 이윤을 가지고 들어온다. 어느 쪽 이윤이 우리나라 국민소득에 포함되어야 할까? 이런 애매한 문제를 해결하기 위해 GDP, GNP라는 지표가 모두 사용된다.

국민소득의 지표로 널리 사용되는 것으로는 GDP 이외에 GNP(국민총생산)와 GNI(국민총소득)가 있다. GNP가 얼마 전까지 GDP보다 더 많이 사용되었으나 오늘날에는 GDP가 더 널리 사용된다. GNP의 정의는 "일정 기간 동안에 자국 국민에 의하여 생산된 최종 재화와 서비스의 시장가치의 합계"이다. GNP와 GDP의 차이는 '국내'에서가 '자국 국민에 의하여'로 바뀐 것뿐이고 다른 것은 동일하다. GNP는 국민 개념을 중시하고, GDP는 영토 개념을 중시한다. 재화와 서비스가 국경 내에서 생산되면 그것이 국내자본에 의해서든 외국자본에 의해서든 국내 노동자에 의해서 생산되건 외국인 노동자에 의해서건 상관없이 그 부가가치는 GDP에 포함된다. 반면에 국내에서 외국자본이나 외국인 노동자에 의해서 생산된 부가가치는 GNP에 포함되지 않고, 외국에서 우리나라 자본과 노동에 의해서 생산된 부가가치는 우리나라 GNP에 포함된다.

GNP는 우리나라 국민이 어느 나라에서건 생산해서 얻는 소득이라는 점에서 GDP보다 더 정확한 국민소득 개념이다. 그러나 우리나라 안에서 생산활동이 얼마나 활발하게 이루어지고 있는지, 고용상태가 어떤지를 아는 데에는 GDP가 더 적합한 개념이다. GNP와 GDP의 관계를 다음과 같이 나타낼 수 있다.

GNP = GDP + 해외순수취 요소소득
(해외수취 요소소득 – 해외지급 요소소득)

GNP는 GDP에 우리나라가 해외로부터 받는 임금, 이자, 지대, 이윤을 더하고 우리나라가 외국에 지급하는 임금, 이자, 지대, 이윤을 뺀 금액이다. 보통 GNP와 GDP는 별로 차이가 없으나 해외에 많은 투자를 하여 투자소득이 많이 들어오는 나라의 경우에는 GNP가 GDP보다 상당히 많을 수도 있다.

최근에 GNP 대신에 많이 사용되는 국민소득 지표 중에 하나가 **GNI**(Gross National Income, 국민총소득)이다. 명목 GNI는 명목 GNP와 같지만, 실질 GNI는 실질 GNP에 교역조건 변화에 따른 실질무역손익을 합산한 금액이다. 수출품 가격이 상승하고 수입품 가격이 하락하여 교역조건이 개선되면 실질무역손익은 플러스가 되고, 반면에 수출품 가격은 하락하고 수입품 가격이 상승하면 실질무역손익은 마이너스가 된다. 실질 GNI와 실질 GNP의 관계를 식으로 나타내면 다음과 같다.

실질 GNI = 실질 GNP + 교역조건 변화에 따른 실질무역손익

그런데 재화와 서비스를 생산하는 과정에서 기계, 건물 등 고정자본이 마모되거나 노후화되어 가치가 감소한다. 예를 들어 1,000조 원의 GDP가 생산되는 과정에 100조 원어치의 기계가 마모되었다면 사실 새로 창출된 부가가치는 900조 원에 불과하다. 그러므로 GDP에서 고정자본소모(감가상각)를 빼면 NDP(Net Domestic Product,

국내순생산)가 된다. 그리고 GNP에서 고정자본소모를 빼면 NNP(Net National Product, 국민순생산)가 되고, GNI에서 고정자본소모를 빼면 NNI(Net National Income, 국민순소득)가 된다.

위의 세 지표 외에 민간 부문이 받는 소득의 합계를 나타내는 좁은 의미의 국민소득 NI(National Income, 국민소득) 개념이 사용되는데, 그 정의는 다음과 같다.

NI = NNP — 간접세 + 보조금

NNP 가운데 간접세만큼 정부가 세금으로 걷어 가므로 그만큼 빼고, 보조금만큼 가계에 돌려주므로 더하면 NI가 된다.

NI 가운데 일부는 가계에 분배되지 않고 정부에 세금으로 납부되거나 기업이 보유한다. 그래서 NI에서 법인세와 사내유보이윤을 빼고, 정부와 기업이 가계에 지급하는 이전지출을 더한 금액이 PI(Personal Income, 개인소득)이다. 즉 개인소득의 식은 다음과 같다.

PI = NI − 법인세 − 사내유보이윤 + 정부와 기업의 이전지출

개인이 마음대로 처분할 수 있는 가처분소득은 개인소득에서 개인 세금을 제외한 금액이다. 개인은 가처분소득(DI, Disposable Income)으로 저축을 하든지 소비를 하든지 자유이다. 가처분소득의 식은 다음과 같이 나타낸다.

DI = PI − 개인 세금

이렇게 해서 일상적으로 사용되는 여러 가지 국민소득의 지표를 알아보았는데, 이 지표들은 필요에 따라 적절히 사용된다.

4 경제 성적표로서 GDP의 한계

GNP를 국민총생산이 아니라 국민총오염(GNP: Gross National Pollution)이라고 야유한 사람도 있었지만, 오늘날 GDP 및 1인당 GDP의 성장이 가장 중요한 국가적 목표가 되고 있다. GDP가 왕좌를 차지하여 세계인들이 그것을 섬기고 있는 상황이다. 1인당 GDP가 아주 높은 나라들은 천국같이 행복한 나라일까? 모든 나라가 GDP 성장을 계속 추구해도 되는 것일까?

앞에서 GDP가 각 나라의 경제 성적표로 사용된다고 했다. 그런데 GDP가 경제 성적표로서 자격을 갖추고 있을까? GDP는 경제력 및 국력의 지표로 사용되고, 1인당 GDP는 그 나라 국민들의 평균적인 생활수준을 나타내는 지표로 사용된다. 그리고 경제성장률은 경기상태와 장기적인 경제성과를 나타내는 지표이다. GDP는 간편하게 이런 정보를 나타내주므로 요긴하게 사용되고 있고, 그런 점에서 중요성이 있다. 그러나 GDP를 이런 지표로 사용하는 데에는 상당한 한계가 있다. GDP를 측정함에 있어서 꼭 들어가야 할 항목은 빠지고 빠져야 할 항목은 들어가 있어서 GDP가 경제력이나 생활수준의 지표로 사용되는 데 문제가 있다. 아래에서 GDP의 한계를 살펴보기로 하자.

첫째, 앞에서 지적한 것처럼 GDP에는 주부 가사노동의 가치가 제외되어 있다. 선진국일수록 주부들이 직업을 가지고 있고, 그 대신 가사는 전기세탁기, 세탁소, 전기청소기, 청소업체 등이 담당하며 식사는 외식이나 배달 음식으로 대용하고 있어서 가사노동의 가치가 대부분 GDP에 반영되어 있다. 반면에 개발도상국에서는 많은 주부가 전업주부여서 가사노동의 가치가 GDP에서 거의 제외되어 있다. 그리고 개발도상국일수록 지하경제의 비중이 높고, 선진국일수록 그 비중이 낮다. 지하경제 가운데 마약, 매춘 등은 비가치재이므로 GDP에서 제외되어도 좋지만, 합법적이면서 신고 되지 않은 생산부문은 GDP를 과소평가하게 하는 요인이 된다. 따라서 개발도상국의 GDP는 상당히 과소평가되어 있고, 선진국의 GDP도 어느 정도 과소평가된 부분이 있다. 이런 점에서 GDP는 총생산액의 정확한 측정치가 되지 못한다.

둘째, GDP가 증가하는 과정에서 그동안 고려하지 못한 비용이 발생하였다. 그 가운데 중요한 것이 환경오염과 자원고갈이다. 마을을 감싸 흐르던 그 맑은 강물과 그 속에 살던 다슬기와 물고기는 사라지고 들어가기조차 꺼려지는 오염된 강물이 흐르고 있다. 이런 것들은 분명히 국민들의 행복을 감소시키지만, 현재에는 GDP에서 빼지 않는다. 생산과정에서 마모된 자본재의 가치인 감가상각을 GDP에서 빼주어야 순생산이 나오듯이 GDP 생산과정에서 발생한 자원고갈, 환경오염 비용을 빼주어야 진정한 순생산이 될 수 있을 것이다. 그래서 **그린 GDP**(Green GDP)라는 지표가 사용되기도 하는데, 그 의미는 자원고갈과 환경오염 비용을 GDP에서 뺀 값이다.

그린 GDP는, 인간이 누리는 행복은 소비수준뿐 아니라 자연으로부터도 나온다는 인식에서 시작되었다. 소비수준의 향상이 아름다운 자연경관, 깨끗한 공기와 물을 더럽혔기 때문에 행복의 수준이 소비수준만큼 증가하지 못한다. 그래서 전통적인 GDP에서 환경오염, 자원고갈 비용을 공제한 나머지가 그린 GDP이다. 이런 취지에서 1992년 UN환경개발회의(UNCED)에서 기존의 국민계정을 보완하는 환경경제계정 체계를 조속히 확립하기로 했다. 그러나 2003년 UN이 국민계정 요람에서 언급한 것처럼 그린 GDP를 계산하는 방법에 대한 합의가 아직도 이루어지지 않고 있다.

중국이 그린 GDP 계정 도입에 매우 적극적이어서 2004년의 그린 GDP를 2006년에 발표하였다. 그 내용을 보면 2004년의 환경오염 비용은 663억 달러로서 GDP의 3.05%였다.[★3] 환경비용이 예상보다 많이 나와서 그린 GDP 성장률이 거의 영에 가깝게 나오자 중국정부는 당황하여 그린 GDP 도입 계획을 중단했다.

UN 개발계획(UNDP)이 매년 인간개발보고서(Human Development Report)를 통해 발표하는 '**인간개발지수**'(HDI:Human Development Index)는 1인당 GDP뿐 아니라 건강, 지식도 포함시킨 지표로서 GDP 다음으로 널리 사용되며, 삶의 질 및 발전의 정도를 보여준다.

셋째, 1인당 GDP는 GDP를 인구로 나눈 평균이므로, 실제 소득분배가 얼마나 불평등한지는 전혀 알려주지 않는다. 소득분배가 지나치게 불평등하다면 그 나라의 평균소득 수준이 아무리 높아도 많은 빈민들이 생기고 삶의 질이 악화될 것이다. 미국의 1인당 GDP는 매우 높은 수준이지만, 불평등도가 높아 다른 삶의 질 지표는 1인당 GDP 순위보다 낮다.

넷째, GDP 및 1인당 GDP를 국제적으로 비교하기 위해서 달러로 환산하는데, 여기서 문제가 발생한다. 각국 통화로 측정된 GDP를 달러로 환산하기 위해서는 각국 통화와 달러와의 환율이 필요하다. 시장에서 결정되든 외환당국이 개입하든 환율이 그 통화의 실제 구매력을 정확하게 반영하느냐 하는 문제가 생긴다. 모든 재화나 서비스의 자유로운 무역이 이루어진다면 환율이 구매력을 정확하게 반영하지만, 많은 서비스는 무역이 이루어지지 않는다. 그래서 환율이 구매력을 정확하게 반영하지 못하므로 구매력을 반영하는 구매력평가(PPP, Purchasing Power Parity) 환율로 계산한 GDP가 필요하다. 세계은행의 통계에는 GDP와 구매력평가 GDP가 동시에 제시되어 있다. 예를 들면, 2023년 중국의 1인당 GDP가 12,174달러이지만, 구매력평가 환율로 계산한 1인당 GDP는 무려 26,310달러에(2024년 기준) 달한다. 중국 위안화의 가치가 명목환율보다 2배 이상의 가치가 있는 것으로 나타난다. 2024년에 한국의 PPP 1인당 GDP는 53,051달러로서 세계 25위이며, 명목환율 1인당 GDP 35,570달러보다(2023년 기준) 많고 순위(24위)는 1단계 내려간다. 일본의 PPP 1인당 GDP는 53,059달러이며, 명목환율 1인당 GDP 37,079달러보다(2023년 기준) 약 164,000달러나 증가한다. PPP 환율로 계산하면 명목환율로 계산할 때보다 한국과 일본의 1인당 GDP 격차가 현격하게 줄어든다. 이것은 한국의 실제 생활수준이 일본에 근접하고 있음을 보여준다.

위와 같이 GDP는 경제 성적표로 활용하기에는 여러 가지 문제점이 있다. 그러나 가사노동, 지하경제의 가치를 측정하여 포함시키려 해도 그것이 쉽지 않다. 그리고

★3 China Daily 2007. 4. 19.

환경비용, 여가의 가치 측정도 만만치 않다. 그린 GDP가 아주 좋은 시도이기는 하지만 아직 측정방법에 대한 합의가 이루어지지 않고 있다. 현재까지는 GDP를 대체할 다른 대안이 뚜렷하지 않아서 GDP에 문제점이 많음에도 불구하고 계속 사용하고 있다. 경제학자 오쿤(Arthur Okun)이 말한 것처럼, 개인의 소득이 증가한다고 해서 그 가족이 반드시 행복해지지는 않는 것처럼, 1인당 GDP가 증가한다고 해서 행복한 사회가 된다는 보장이 없는 것은 분명하다. 전쟁, 인종차별, 세대갈등 등은 1인당 GDP가 증가해도 여전히 발생한다. 그렇지만 GDP의 증가는 여러 문제들을 극복하고 행복한 삶을 살 수 있는 필요조건이다.

GDP를 신성시해서는 안 되고, 그린 GDP처럼 환경, 자원고갈 등 인간의 행복에 큰 영향을 미치는 요인들을 고려한 복지의 지표를 개발하여, 우선 그것을 GDP에 보완적인 지표로 활용하고, 광범하게 합의된 측정 방법이 개발되면 그것으로 하여금 GDP를 대체토록 하는 것이 바람직하다.

생활 속의 경제학

Chapter

12

GDP와 물가는 어떻게 결정되나?

1 파동을 그리는 불안정한 자본주의

잔잔한 파도는 파동이 작고 위험하지 않아 그런대로 견딜 만하다. 그러나 그것이 무서운 해일로 변하면 그 파동은 엄청나게 크고, 모든 것을 집어삼킬 만큼 위험하다. 경제에도 이런 파동이 있는데, 그것이 때로는 잔잔한 파동이지만 때로는 거센 해일처럼 무서워진다.

자본주의 경제는 안정적인 것이 아니라 상당히 불안정하다. 경제가 빠르게 성장하고 소득과 고용이 증가하여 사람들이 살기 좋아지는 시기가 있는가 하면, 경제성장률이 뚝 떨어지고 심지어 마이너스로 내려가 기업이 도산하고 고용과 소득이 줄어서 살기가 어려워지는 시기가 있다. 이처럼 호경기와 불경기가 계속 반복된다.

우선 한국과 세계경제의 중심인 미국의 중요한 경기변동의 흐름을 살펴보자. 우리나라는 1960년대 중반 이후 수출 호조로 고도성장을 하던 중 1970년대에 두 차례의 오일쇼크로 불황을 겪었는데, 특히 1979년의 제2차 오일쇼크로 인해서 1980년에 경제성장률이 이전의 10% 수준에서 -1.5%로 떨어졌다. 더구나 1979~80년에 일어난 대통령의 시해와 군사 쿠데타, 민주항쟁이라는 돌발적인 정치상황이 오일쇼크로 인한 불황을 더 악화시키는 요인이 되었다. 1980년대 후반에 국제경제환경이 개선되어 3저 호황[★1]을 누리다가 1997년에 맞은 외환위기는 이전보다 더 큰 불황을 초래하였다. 외환위기로 인해 1998년에 경제성장률은 -6.9%로 추락하여 사상 최저를 기록하였다. 1999년에 경제성장률이 9.5%로 회복되었으나 그 후 외환위기 이전 수준의 성장률을 유지하지는 못했다. 그러다가 2008년에 미국에서 시작된 세계 금융 위기로 인해 그해 경제성장률은 2.2%에 머물렀으며, 코로나19 팬데믹으로 2020년 경제성장률은 -0.7%로 하락하였다.

미국은 제1차 세계대전 직후인 1920년대에 호황을 누렸고, 주식시장은 과열되어

★1 3저란 저유가, 저금리, 저달러 가치를 의미한다. 이로 인해 우리나라 경상수지가 큰 폭의 흑자를 보였고, 수출 호조로 인해 호경기가 왔다.

주가지수가 1929년 9월에 381이라는 최고치를 기록하였다. 그러다가 그 해 10월 말에 갑자기 주가가 곤두박질쳐서 1932년 7월에는 41이라는 최저치를 기록하여 이 기간 동안에 약 90% 가량 폭락하였다. 실질 GDP는 30% 가량 감소하였고, 실업률은 대공황 직전의 3%에서 25%로 증가하였다.[*2] 미국의 **대공황**(Great Depression)은 세계경제의 대부분을 불황의 늪으로 몰아넣었고, 많은 은행과 기업들의 문을 닫게 만들었으며, 수많은 사람을 실업자로 내몰았다. 그 후 2차 대전을 계기로 장기간 호황을 누리던 미국에서 1980년대 초에 오일쇼크의 여파로 불황이 있었지만, 1990년대에 IT산업 발전으로 인한 호황이 있었다. 그러던 중 2008년 미국에서 시작된 세계금융위기는 대공황 버금가는 불황을 일으켜 세계경제를 어렵게 만들었다. 2008년 미국의 경제성장률은 1.1%라는 낮은 수준이었다.

자본주의 경제는 왜 이렇게 불안정할까? 잔잔한 수면처럼 안정적일 수는 없을까? 호황기에 소득과 고용이 증가하는 것은 좋지만, 경기가 과열되어 물가가 큰 폭으로 상승하면 그것은 경제에 적지 않은 문제를 일으킨다. 그보다 더 어려운 시기는 불황기이다. 대공황기에 주식가격이 폭락하면서 재산을 거의 다 잃은 사람들 가운데 자살자가 적지 않았고, 실직한 사람들이 쓰레기더미를 헤쳐 가며 먹거리를 찾아 헤맸다. 1997년 외환위기 이후 우리나라에서도 많은 실직자와 노숙자가 생겼다. 이 모습을 보면 호경기는 인플레이션이 있더라도 그런대로 나은 편이지만, 불경기, 특히 대불황은 엄청난 재앙이라는 것을 알 수 있다.

경제는 호경기와 불경기의 파동을 그리는데, 하나의 파동을 주기라고 한다. 불황의 골짜기를 **저점**(trough)이라고 하고 경기가 좋아지면 **확장기**(회복기, 호황기)를 거쳐 **정점**(peak)에 도달한다. 정점에서 경기가 나빠지면 **수축기**(경기후퇴, 불황기)를 지나 다시 저점에 도달하며, 이것이 하나의 주기를 이룬다. 경제는 이런 파동을 그리면서 장기적으로 성장한다.

이러한 경기순환은 곧 GDP[*3]의 변화이다. 왜 어느 시기에는 GDP가 빨리 성장하고 어느 시기에는 천천히 성장하거나 오히려 감소하는 것일까? 이것을 이해하기 위해서 GDP가 결정되는 원리와 변동하는 원리를 이해할 필요가 있다.

2 케인스의 수요 중심의 경제학 : 유효수요 이론

아이스크림 시장에서 수요와 공급의 상호작용에 의해 생산량이 결정되는 것처럼 거시경제에서도 총수요와 총공급에 의해서 총생산량, 즉 GDP가 결정된다. **총수요**(aggregate demand)는 앞 장에서 본 대로 총지출과 같으며, 가계의 소비(C), 기업의 투자(I), 정부지출(G), 순수출(NX)의 합이다. **총공급**(aggregate supply)은 기업들이 생산하여 공급하려고 의도하는 생산액의 합계이다.

고전학파와 신고전학파[★4] 경제학자들은 총공급이 결정되면 그것과 일치하는 총수요가 반드시 따라온다고 생각하였다. 이것을 흔히 세이의 법칙(Say's law)이라고 하는데, "공급은 스스로 그 수요를 창출한다"는 말로 요약된다. 그렇다면 수요는 부족할 리가 없으므로 공급만 증가시키면 된다. 세이의 법칙은 아주 특정한 상황에서는 성립 가능하다.[★5] 그러나 현실은 이런 특수한 상황과는 아주 다르다.

세이의 법칙은 1929년의 대공황을 설명할 수가 없었다. 총공급은 충분함에도 불구하고 총수요가 갑자기 격감하여 상품이 팔리지 않았고, 소득과 고용이 크게 감소하여 많은 사람들이 빈곤의 나락으로 떨어진 '풍요 속의 빈곤' 현상을 세이의 법칙으로 설명할 길이 없었던 것이다. 경제 전체의 공급능력이 충분한데도 왜 많은 공장이 멈춰서고 노동자는 직장을 잃는 경우가 생길까? 이것을 해명한 학자가 바로 케인스이다.

그는 대공황을 계기로 일약 세계적인 경제학자로 등장하였다. 그는 1936년에 출간된 『일반이론』에서 공급이 스스로 수요를 창출하지 못한다는 사실을 밝히고, 단기에는 오히려 수요가 공급을 창출한다는 원리를 주장하였는데, 이것을 **유효수요 이론**이

★2 Stiglitz, J. E. and C. E. Walsh, *Economics*, 3rd ed, Norton, p. 441 참조.

★3 이 장에서 GDP는 모두 물가상승의 영향을 배제한 실질 GDP이다.

★4 고전학파와 신고전학파를 아래에서 (신)고전학파로 표기함.

★5 물물교환 경제라면 한 재화의 공급은 바로 다른 재화에 대한 수요이므로 공급은 수요를 창출한다. 그리고 모든 가격이 즉시 변화하여 수요와 공급을 일치시킨다면 수요가 부족하더라도 가격 하락에 의해서 수요와 공급은 일치한다.

라고 한다. 그는 어떻게 세이의 법칙을 논박하고 유효수요 이론을 제시했는가?

세이의 법칙이냐, 유효수요 이론이냐?

잠깐 개미와 베짱이의 우화를 보자. 더운 여름날 놀지 않고 열심히 일해서 저축한 개미는 추운 겨울에 잘 지낼 수 있었지만, 한여름 동안에 노래만 부른 베짱이는 겨울에 굶어죽을 지경에 이르렀다. 이 이야기를 들으면 누구나 근면과 저축이 미덕이라고 생각할 것이다.

저축이 개인뿐 아니라 국민경제(국가경제)에도 좋은 결과를 초래할까? 어떤 사람이 필자에게 "저축보다 소비가 국가경제에 더 좋은 결과를 초래한다고 생각하는데, 이것이 맞느냐"고 물었던 적이 있다. 우리가 저축을 하면 우리의 저축이 늘어나는 것으로 끝나지만, 소비를 하면 우리에게 상품을 판매하는 사람의 소득을 증가시키고, 그는 그 소득을 다시 소비하여 또 다른 사람의 소득을 증가시키므로 두루 좋은 결과를 낳는다는 것이다.

만일 저축이 투자로 연결되지 않고 금고 속에 있다면 소비가 저축보다 더 낫다는 그 사람의 주장이 타당하다. 그러나 저축이 모두 기업에 대출되어 투자된다면 그렇지 않다. 저축이 증가하면 당연히 소비는 감소한다. 따라서 저축이 증가하면 일단 소비재 판매는 감소하나 저축이 모두 투자되면 소비재 판매 감소분만큼 투자재(기계, 도구 등) 판매가 증가하므로 기업 전체의 판매수입은 전과 동일하다. 그런데 투자는 기업이 생산한 재화와 서비스를 구매해주는 단기적 효과 외에 장기적으로 생산설비 확대를 통해 경제성장을 촉진하는 효과를 낳는다. 그러므로 저축이 모두 투자로 전환되기만 하면 저축은 소비보다 훨씬 더 좋은 결과를 초래하는 것이다.

그렇다면 문제는 저축이 투자로 연결되느냐 그렇지 않느냐 하는 것이다. 자본이 부족한 개발도상국에서는 투자에 비해 저축이 부족하여 외국자본까지 빌려오는 상황이므로 저축은 바로 투자로 연결되며, 따라서 세이의 법칙도 대부분의 경우에 성립한다. 여기서 저축은 필수적인 미덕으로 간주된다. 그러나 선진국에 가까울수록 자본이 풍부해져서 투자수익률이 하락하고 투자기회가 적어진다. 그러면 저축에 비해서 투자가 적은 경우가 발생한다.

그런데 어떤 이유로 투자가 감소하더라도 저축이 투자보다 많으므로 이자율이 하락하여 투자를 촉진하게 되므로 결국 저축은 모두 투자된다고 (신)고전학파는 주장한다. 이러한 세이의 법칙이 (신)고전학파의 표준 학설이었는데, 이에 대해서 최초로 의문을 제기한 사람은 고전학파의 맬서스였다. 맬서스의 주장을 발전시켜 세이의 법칙을 치밀하게 비판한 학자가 바로 케인스였다. 그는, 사람들이 화폐를 보유하려고 하는 동기에는 조만간 지출하기 위한 **거래적 동기**, 불확실한 미래에 대비하는 **예비적 동기** 이외에 화폐의 수익률이 채권의 수익률보다 높기 때문에 화폐를 보유하려고 하는 투기적 동기가 있다고 주장하였다. **투기적 동기** 때문에 이자율이 낮은 상황에서 저축의 일부가 기업에 대부되지 않고 장롱 속으로 들어가 버리므로 저축이 투자보다 많아도 이자율이 잘 떨어지지 않으며, 따라서 저축이 투자로 제대로 연결되지 않아 총수요가 부족한 상황이 계속되므로 불경기가 도래한다는 것이다.★6

이와 같이 케인스는 "공급은 스스로 수요를 창출한다"는 세이의 법칙을 부정하고 도리어 "유효수요(총수요)가 공급을 창출한다"는 **유효수요 이론**을 주장하였다. 그래서 케인스의 경제학을 수요 중심의 경제학이라고 한다.

★6 투기적 동기란 이자율이 하락하면 자금을 기업에게 빌려줘도 이자 수익이 적고, 앞으로 이자율이 오르면 채권 가격이 하락하여 손해를 입을 위험까지 있으므로 자금을 빌려주기보다는 오히려 이자율이 오를 때까지 이자가 발생하지 않는 화폐를 가지고 있으려고 한다는 것이다. 이런 투기적 동기가 작용하면 저축이 투자보다 많아서 이자율이 떨어지기 시작할 때 저축 가운데 일부가 투기적 동기로 빠져나가 이자율은 조금밖에 하락하지 않으며 저축이 투자보다 많은 상태가 지속된다. 그러면 저축이 투자로 연결되지 않으므로 총수요는 부족해지고 생산과 소득이 누적적으로 감소하는 승수효과가 발생한다.

케인스의 관점에서 대공황을 살펴보면 대공황기에 사람들은 소비를 줄이고 저축을 늘렸다. 그리고 비관적인 기업가들이 투자를 줄였다. 이때 이자율이 하락하여 투자를 촉진시킨 것이 아니라 투자는 오히려 감소한 것이다. 여기서 세이의 법칙은 작동하지 않았다. 그와는 반대로 소비와 투자의 감소는 누적적으로 소득의 감소와 소비의 감소를 초래하여 최초에 발생한 총수요 감소분의 몇 배에 해당하는 소득의 감소와 대량 실업을 초래했다. 이것을 승수효과라고 한다.

이처럼 총수요를 구성하는 소비, 투자, 정부지출, 순수출의 감소는 재고의 증가를 초래하여 생산과 고용을 줄이는 불황으로 귀결된다.

3 GDP와 물가는 동시적으로 결정된다 : 총수요곡선과 총공급곡선★7

위에서는 총수요와 총공급의 변화가 총생산량(GDP)만 변화시키고 물가는 변화시키지 않는 것으로 단순하게 설명하였다. 그러나 현실에서 총수요와 총공급의 변화는 GDP뿐 아니라 물가도 함께 변화시킨다. 예를 들어 대공황기에 총수요가 감소하자 팔리지 않은 상품이 쌓여 GDP의 감소와 함께 물가도 크게 하락하였다. 이 현상은 그림의 도움을 얻으면 더 잘 이해할 수 있다.

앞의 미시경제학 분야에서 아이스크림 시장의 수요곡선과 공급곡선이 교차하는 점에서 거래량과 가격이 결정되는 원리를 살펴보았다. 이 원리는 국민경제 전체의 GDP와 물가의 결정 원리와 매우 유사하다. 총수요곡선의 모양도 수요곡선과 아주 비슷하게 우하향곡선이며, 총공급곡선의 모양은 공급곡선과 비슷하게 우상향곡선이다. 총수요-총공급 곡선과 수요-공급 곡선의 모양은 아주 비슷하지만 그렇게 되는 이유는 전혀 다른데, 조금 후에 설명할 것이다.

총수요(aggregate demand)는 소비(C), 투자(I), 정부지출(G), 순수출(수출-수입, NX)의 합이다. 총공급(aggregate supply)은 기업들이 공급하려고 의도하는 총생산액이다.

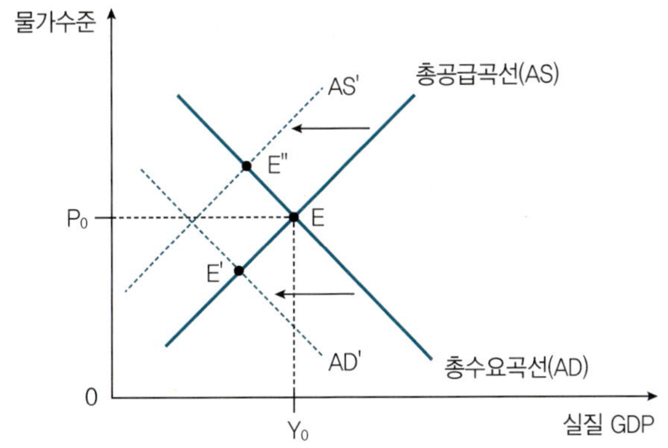

그림 12-1 총수요와 총공급에 의한 GDP 및 물가의 결정

그림 12-1에서 균형점 E 아래 영역에서처럼 총수요가 총공급보다 많으면 재고가 감소하므로 GDP의 증가와 함께 물가가 상승하여 균형점 E에 도달한다. 반면에 균형점 E 위의 영역에서와 같이 총수요가 총공급보다 적으면 재고가 쌓여 GDP가 줄고, 동시에 물가도 하락하여 역시 균형점 E에 도달한다. 결국 균형점 E에서 GDP와 물가가 동시에 결정되는 것이다.

균형점 E에서 모든 생산요소가 고용되는 완전고용이 이루어져 있다고 하자. 그런데 어떤 이유로 소비와 투자가 감소하여 총수요곡선이 왼쪽으로 이동하면 새로운 균형점 E'가 생긴다. 이것이 바로 대공황과 같은 상황이다. 대공황 시에 소비가 감소한 것은 주로 주식가격의 하락으로 가계의 부가 감소한 것과 소비자들의 미래에 대한 비관적인 기대 때문이었다. 그리고 그때 투자가 감소한 것은 소비가 감소하고 기업가들이 미래를 비관적으로 전망했기 때문이다. 그러자 GDP가 크게 감소하였고 물가도 하락하였다. 2008년 미국 주택가격 하락으로 인한 금융위기 시에도 소비와 투자의 감소로 심한 불황이 발생하였다.

★7 3절은 현대 거시경제이론의 압축된 설명이라서 다소 어렵게 느껴질 수 있는데, 건너뛰어도 전체의 흐름을 이해하는 데 전혀 지장이 없지만, 관심이 있는 독자는 읽어보면 도움이 될 것이다.

1980년대 초에 발생한 불황은 총수요의 감소 때문이 아니라 오히려 총공급의 감소 때문에 발생하였다. 석유가격이 급등하자 생산비가 크게 증가하여 총공급곡선이 왼쪽으로 이동하였기 때문에 새로운 균형점 E′가 생겼다. 그래서 GDP는 감소하면서 물가는 오히려 상승하는 현상인 **스태그플레이션**(stagflation)이 발생하였다. 스태그플레이션이란 스태그네이션(stagnation: 경기침체)과 인플레이션(inflation)의 합성어로서 경기침체와 인플레이션이 동시에 나타나는 현상을 가리키며, 최악의 상태이다.

총수요는 어떻게 결정되나?

GDP를 결정하는 두 요소 가운데 하나인 총수요는 어떻게 결정되나? 먼저, **총수요**를 구성하는 항목(소비, 투자, 정부지출, 순수출) 가운데 **소비**를 결정하는 중요한 요인은 소득, 이자율, 부, 조세, 기대 등이다. 그 요인들이 소비에 미치는 영향을 살펴보면 첫째, 소득(income)은 소비를 결정하는 가장 중요한 요인이며, 소득이 증가할수록 소비할 수 있는 능력이 커지므로 소비는 증가한다. 둘째, 이자율(interest rate)이 상승하면 저축의 대가가 커지므로 저축이 증가하고 소비는 감소하는 경향이 있다. 셋째, 부(wealth)가 증가하면 미래에 대비하기 위한 저축의 필요성이 줄어들기 때문에 소비가 증가한다. 2010년대 중반 주택가격이 많이 올랐을 때 소비가 증가하였으나 2020년부터 주택가격이 내리자 소비가 크게 줄었다. 넷째, 조세(tax)가 증가하면 가처분소득이 줄어서 소비도 감소한다. 미국의 부시 정부는 세금을 줄여 소비를 촉진시킴으로써 경기를 회복시키는 정책을 시행하였다. 다섯째, 소비는 미래에 대한 기대(expectation)의 영향을 받는다. 소비자들이 앞으로 경기가 좋아질 것으로 생각하여 미래를 낙관하면 소비가 증가하지만, 미래를 비관적으로 전망하면 소비는 감소한다.

다음으로, **투자**를 결정하는 요인을 살펴보자. 투자란 기업이 새롭게 자본재를 구입하여 생산설비를 확대하는 것을 말한다. 기업이 중고 기계나 기존의 건물을 구입하는 것을 투자로 본다면, 그것을 매각하는 기업은 마이너스 투자를 한 셈이므로 경제 전체의 관점에서는 투자가 영(0)이다. 그러므로 기업이 새로 생산된 생산설비, 건물,

재고를 매입하는 것만이 경제학적 의미의 투자이다. 반면에 일상생활이나 경영학에서는 개인이 미래의 더 많은 소득을 얻기 위해서 금융자산이든 부동산이든 투자재이든 자산을 매입하는 것을 모두 투자라고 한다. 예를 들어 주식이나 채권을 매입하는 것은 일상적인 의미나 경영학에서는 투자이지만 경제학에서는 투자로 보지 않는다.

투자에 영향을 주는 중요한 요인은 이자율, 기업가의 기대, 기술혁신 등이다. 첫째, 이자율은 투자자금의 조달비용이므로 이자율이 하락하면 투자는 증가한다. 둘째, 기업가들이 미래에 대해서 낙관적인 기대를 가지면 투자가 증가한다. 이러한 기업가의 기대를 흔히 투자심리라고 한다. 셋째, 새로운 기술혁신이 이루어질 때 투자가 급격히 증가한다. 철도, 자동차 등 중요한 발명이 이루어지면서 투자가 급증하였다.

정부지출은 정부가 재화와 서비스를 구매하는 것을 말한다. 정부지출의 규모는 행정부의 예산안 편성과 국회의 동의에 의해서 결정된다. 정부는 경기조절을 위해서 정부지출을 증가시키거나 감소시킨다. 2008년 세계금융위기와 2020년의 코로나19 팬데믹에 대한 대책으로 재정지출을 대폭 늘려서 경기회복을 꾀하도록 하는 국제적인 협조체제가 형성되어 있다.

순수출이란 수출에서 수입을 뺀 금액이며, 무역수지를 나타낸다. 순수출은 국내소득과 외국의 소득, 그리고 환율, 무역정책의 영향을 받는다. 첫째, 국내소득이 증가하면 수입도 증가한다. 둘째, 외국의 소득이 증가하면 외국인들이 수입을 많이 하므로 수출이 증가한다. 우리나라 사람들은 일본에 대해 좋지 않은 감정이 쌓여 있어서 일본경제가 잘 되는 것을 싫어하는 경우도 있지만, 일본경제가 호황일 때 우리나라 수출이 증가한다. 이것은 중국이나 다른 나라의 경우도 마찬가지이다. 셋째, 환율이 올라가면 수출이 증가하고 수입은 감소한다. 2008년 이후의 경제위기에서 외환부족으로 환율이 급등하면서 순수출이 크게 증가하였고, 이것이 우리나라 경기회복에 기여하였다. 1997년 말의 외환위기 때에도 환율의 대폭적인 상승이 순수출을 크게 증가시켰다. 넷째, 무역정책도 순수출에 영향을 준다. 수출은 장려하고 수입은 억제하는 정책은 순수출을 증가시킨다. 2010년 이후 중국이 이 정책의 표본이다.

위에서 총수요를 구성하는 소비, 투자, 정부지출, 순수출은 물가의 영향을 받는다. 물가가 하락하면 화폐와 국채의 실질가치가 증가하므로 소비가 증가한다. 그리고 물가하락은 실질통화 공급의 증가를 초래하여 이자율을 하락시키므로 투자가 증가한다. 또한 물가하락은 수출 증가와 수입 감소를 초래하므로 순수출을 증가시킨다. 따라서 물가가 하락하면 총수요는 증가하고 물가가 상승하면 총수요는 감소한다. 그래서 그림 12-1처럼 총수요곡선이 우하향하는 것이다.

총공급은 어떻게 결정되나?

GDP를 결정하는 다른 하나의 요소인 총공급은 어떻게 결정될까? **총공급**이란 기업들이 공급하는 총생산액을 말한다. 단기에는 생산요소의 가격이 일정하므로 물가가 상승하면 기업들은 총공급을 증가시켜서 이윤을 증대시키려고 한다. 그러므로 단기 총공급곡선은 우상향곡선이다.

기업은 총수요를 예측하여 총공급량을 결정한다. 만약 총수요가 총공급보다 더 많으면 재고가 줄어들므로 총공급을 늘리고, 총수요가 총공급보다 적으면 재고가 늘어나므로 총공급을 줄여서 양자를 일치시킨다. 총공급의 조정은, 단기적으로 생산설비가 일정하므로 고용 조절을 통해 이루어진다. 노동이 모두 고용된 상태, 즉 완전고용이 달성되면 더 이상 고용하기가 매우 어려우므로 생산량은 그 이상으로는 거의 증가하지 않는다.[★8] 완전고용이 달성되지 않아 실업자가 많으면 노동자를 추가로 고용하여 쉽게 생산량을 증가시킬 수 있다. 그리고 이때 물가는 거의 상승하지 않으며 완전고용에 가까울수록 물가가 더 큰 폭으로 오른다.

그래서 총공급곡선은 실질 GDP가 적은 영역에서는 매우 완만하다. 그 이유는 이 영역에서 총공급이 증가하면 물가는 거의 오르지 않은 채 생산량이 증가할 수 있기 때문이다. 그러나 완전고용에 가까울수록 생산량은 증가하기가 점점 어렵고 물가가 더 빨리 상승하기 때문에 총공급곡선은 가파르게 된다.[★9]

이렇게 도출된 총수요곡선과 총공급곡선이 교차하는 점에서 GDP와 물가수준이 결정된다.

4 정부의 개입 : 재정정책과 금융정책

대공황을 계기로 시장이 항상 자동적으로 완전고용을 달성하는 메커니즘을 가지고 있다고 하는 세이의 법칙은 무너지고 말았다. 현실 세계에서는 총수요가 완전고용을 달성하기에 충분할 수도 있지만 부족할 경우도 있는 것이다. 그런데 (신)고전학파 경제학자들은 시장 내에 완전고용으로 향하는 가능성이 여전히 남아 있다고 주장했다. 그것은 **피구효과**(Pigou effect)라고 불리는 것인데, 불황으로 인해 물가가 충분히 하락하면 화폐와 국채의 실질가치가 증가하여 소비가 증가하는 효과이다. 물가가 계속 하락하면 총수요가 증가하므로 언젠가는 완전고용이 다시 회복될 수 있다는 것이다. 그렇지만 그 효과는 별로 크지 않으므로 시간이 얼마나 오래 걸릴지 모르는 일이었다. 케인스는 마냥 기다리자는 사람들에게 "장기에는 우리 모두 죽는다"고 응수했다.

그래서 케인스는 정부가 경기회복을 위해 적극적으로 개입해야 하며, 돈을 빌려서 재정지출을 증가시켜야 한다고 주장하였다. 그는 1920년대 중반에 영국이 경기후퇴를 경험하자 그때부터 정부지출의 증가를 제안했으나 그의 주장은 별 영향을 주지 못했다. 대공황이 가장 극심했던 1933년에 그는 『번영의 길』이라는 글에서 공공지

★8 완전고용이 달성되어도 약간의 실업이 있으므로 어느 정도의 추가 고용은 가능하다.

★9 장기에는 모든 생산요소의 가격이 신축적이어서 물가가 상승해도 기업의 이윤에 변화가 없으며, 모든 시장에서 균형이 달성되므로 장기총공급곡선은 완전고용 GDP 수준에서 수직선으로 나타난다. 장기총공급곡선은 다소 복잡하므로 여기서는 생략하니 관심 있는 독자는 다른 책을 참조하기 바람.

출의 중요성을 강조하였고, 그 글을 영국 수상과 미국의 루스벨트 대통령에게 보냈다. 그리고 그는 그 해 12월 31일에 뉴욕타임스 지에 루스벨트 대통령에게 보내는 공개편지를 기고하기도 했는데, 거기에서도 과감하게 재정지출을 증가시키도록 제안했다. 케인스의 사상은 그가 1936년에 출간한 『일반이론』에서 비로소 튼튼한 기초를 가지게 되었기 때문에, 신고전학파 경제학자들에게도 영향을 미치게 되었다.

케인스는 소비와 투자의 감소를 보충하기 위해서 재정정책과 금융정책(통화정책)을 검토하였는데, 통화량을 증가시키는 금융정책은 그리 큰 효과를 내지 못한다고 보았다. 그 이유는 통화량의 증가가 이자율을 별로 하락시키지 못하며 이자율이 하락하더라도 투자를 증가시키는 힘이 그리 크지 않다고 생각하였기 때문이다. 그래서 그는 정부가 직접 공공사업을 벌이든가 정부구매를 늘려야 하며, 그래야만 기업의 판매량이 증가하고 생산과 고용, 나아가 소득과 소비가 증가한다고 주장하였다.

미국에서 1933년 루스벨트 대통령의 취임과 함께 시작된 각종 뉴딜 사업이 경기회복에 기여한 것은 사실이다. 그러나 그 사업의 규모가 그리 크지 않아서 뉴딜 정책의 효과는 별로 크지 않았던 것으로 평가된다. 미국의 경기회복에서 금융정책이 오히려 더 큰 효과를 나타내었다. 1933년부터 시작된 통화량의 증가 속도는 매우 빨라서 1933년부터 1937년 사이에 40% 이상 증가하였다. 금융정책의 효과가 케인스가 생각했던 것보다 더 컸던 것이다.★10

대공황이 완전히 회복된 것은 1939년에 시작된 제2차 세계대전으로 인해 전비지출이 급증하면서부터이다. 그 이전에는 재정수입과 재정지출이 일치해야 한다는 균형재정의 원칙을 크게 이탈하기가 어려웠다. 당시에는 적자재정에 의해 재정지출이 늘어나면 민간지출이 그만큼 줄어든다고 생각했기 때문에 적자재정에 의해 재정지출을 늘리는 것을 꺼려했다. 그러나 전시에는 어쩔 수 없이 재정적자를 무릅쓰고 돈을 빌려 재정지출을 늘렸다. 이것이 미국경제를 급속하게 회복시킨 원인이 되었다.

2차대전과 함께 급격히 증가한 재정지출에 의해 대공황에서 완전히 벗어나게 되자 케인스 이론의 영향력은 크게 증가하여 1940년대부터 1970년대 중반까지 케인스주의의 시대가 되었고, 닉슨 대통령은 "우리 모두 케인스주의자이다"라고 말하기도 했다. 이 시기에 총수요가 부족하여 경기가 침체하면 정부가 재정지출을 늘리거나 세금을 줄이는 확대(확장적) 재정정책과, 통화량을 늘리는 확대 금융정책으로 경기를 부양하고, 총수요가 너무 많아 인플레이션이 오면 그 반대인 긴축정책으로 경기과열을 막아 세계 자본주의가 황금기를 맞이하였다. 이 기간 동안에 세계자본주의 경제는 매우 안정적인 성장을 경험하였다.

총수요가 감소할 경우에 총수요 증대를 위해 취하는 확대 재정정책의 수단에는 정부가 돈을 빌려서 재정지출을 증가시키는 방법과 세금을 줄여서 소비 증가를 유도하는 방법이 있다. 작은 정부를 선호하는 정부는 두 방법 가운데 주로 후자의 감세정책을 선택한다. 그리고 불황기에 중앙은행은 통화량을 증가시키거나 이자율을 인하하여 소비와 투자를 촉진시키는 확대 금융정책을 실시한다.

총수요가 지나치게 많아져서 인플레이션의 위험이 있을 경우에는 총수요를 줄이기 위해서 재정지출을 줄이거나 세금을 증가시켜서 소비 감소를 유도한다. 그리고 중앙은행은 통화량을 줄이거나 이자율을 인상하여 소비와 투자를 억제하는 긴축 금융정책을 시행한다. 정책 대응이 어려운 시기는 불황과 인플레이션이 동시에 나타나는 스태그플레이션 시기이다. 불황을 해소하기 위해 확대정책을 시행하면 인플레이션이 더 심해지고, 반대로 인플레이션을 억제하기 위해 긴축정책을 시행하면 불황이 더 심각해지는 문제가 발생한다. 그래서 이 경우에는 정부가 임금과 가격의 상승을 직접 통제하는 방법을 사용하기도 하는데, 이것을 소득정책이라고 한다.

★10 프리드만을 비롯한 통화주의자들은 대공황의 원인이 통화량의 감소에 있다고 주장하며, 그 회복의 원인도 통화량의 증가에 있다고 본다.

한동안 재정정책이 더 효과가 있다는 케인스주의와 통화정책이 더 효과가 있다는 통화주의 사이에 논쟁이 있었으나 두 가지 정책 모두 경기조절 효과가 있는 것으로 나타났다. 그래서 오늘날에는 정부가 두 정책을 적절하게 혼용하여 경기조절 정책을 시행한다.

그런데 1970년대부터 시작된 인플레이션과 1980년대의 스태그플레이션은 케인스주의의 영향력을 점차 약화시켰다. 더구나 하이에크와 프리드만 등 신고전학파 경제학자들의 반격과 미국과 영국에 등장한 신보수주의 정부 등의 연합전선에 의해 케인스주의의 영향력은 급속하게 약화되었다. 그 결과 정부는 가만히 있고 모든 것을 시장이 해결하게 하라는 자유방임주의가 재등장하였다. 이러한 신자유주의 사상은 2008년에 세계적인 대불황이 발생하기 직전까지 세계 경제를 지배하였다.

5 실업과 인플레이션: 경제고통지수

우리는 위에서 주로 불황이 얼마나 해로운가를 살펴보았다. 불황은 기업을 도산시키고 실업을 증가시켜 가계의 소득을 감소시키므로 사람들에게 경제적 고통을 준다. 실업의 고통은 당해본 사람만이 알 것이다. 인플레이션은 일정한 금액을 연금으로 받는 정액 소득자나 화폐와 채권 등과 같이 명목가치가 일정한 자산을 소유한 사람들에게 피해를 준다. 물가가 상승하면 연금의 실질가치가 감소하고, 화폐와 채권의 실질가치도 감소하여 이들의 소득과 부가 감소하는 것이다. 인플레이션이 일부 집단에게 이익을 주지만 다수의 사람들에게 피해를 준다. 이처럼 실업과 인플레이션 둘 다 사람들에게 고통을 주는 현상들이다. 그래서 경제학자 오쿤(Arthur Okun)은 실업률과 물가상승률을 합친 숫자를 '경제고통지수'(misery index)라고 하여 그 나라가 경제적으로 얼마나 어려운 상황에 있는가를 간단한 수치로 보여주려고 했다. 아래에서 실업과 인플레이션, 그리고 양자의 상충적 관계에 대해서 알아본다.

실업의 고통

어느 날 갑자기 한 통의 해고 통지서가 집으로 날아왔다고 상상해보라. 혹은 학교를 졸업하고도 상당 기간 동안 일을 하지 못하고 있다고 생각해 보라. 그 심정이 오죽하겠는가? 불경기가 올 경우에 대부분의 사람들이 피해를 입는다. 주식가격, 부동산가격 등 자산가격의 하락으로 재산을 많이 잃는 부유층이 있지만, 생활 자체가 어려워지고 생존의 기로에 놓이는 사람은 서민 및 노동자계층이다. 그런 고통은 주로 실업을 통해 찾아온다. 실업이란 일할 능력과 의사가 있으며 일을 찾고 있음에도 불구하고 일하지 못하고 있는 상태를 말한다. 일할 능력도 있고 일하고 싶어 하는데도 일거리가 주어지지 않는 모순적인 상태가 발생하는 것이다.

실업은 왜 그다지도 고통스러울까? 첫째, 실업은 근로소득을 상실케 한다. 고용(실업) 보험에서 얼마간의 실업급여가 지급되지만, 그것은 일정한 기간에 국한된다. 그러므로 실업을 당한 사람의 생활수준이 크게 저하되고, 재산소득과 축적된 저축이 별로 없다면 생존의 위기에 몰릴 가능성도 있다. 둘째, 실업자는 커다란 정신적 고통을 겪는다. 사회가 자신을 인정해주지 않는다고 생각되어 자존감이 상하고, 일을 통해 맺어진 사회적 관계가 단절되며, 사회에 기여할 기회를 상실하는 데서 커다란 정신적 상처를 입는다. 셋째, 노동력은 저축되지 않는다. 실업으로 인해 활용되지 않는 노동력을 저축해 두었다가 나중에 활용하는 것은 불가능하다. 노동력이 활용되지 않으면 도리어 숙련도와 지식수준이 저하하여 노동능력이 떨어진다. 그러므로 실업은 개인뿐 아니라 국가경제에 큰 손해를 가져온다.

그렇다면 실업은 왜 발생하나? 여기에는 몇 가지 원인이 있다. 첫째, 가장 중요한 실업의 원인은 불경기인데, 불황으로 인해 생기는 실업을 **경기적 실업**이라고 한다. 앞에서 본 대공황기의 실업처럼 총수요가 줄어 생산이 감소하므로 고용이 줄고 실업이 발생한다. 둘째, 어떤 산업이나 어떤 지역은 쇠퇴하는 데 반해 다른 산업이나 지역은 성장한다. 이때 쇠퇴산업에서 퇴출된 노동자들이 즉시 성장산업으로 이동할 수 있다면 실업은 발생하지 않는다. 그러나 산업별로 필요로 하는 기능과 지식이 다르므로 이동에는 상당한 어려움이 있어서 실업이 발생하는데, 이것을 **구조적 실업**이라고 한다. 농업에 종사하던 노동자가 IT산업에 즉시 고용되는 것은 필요한 기술과 지식의 결여로 인해 불가능하다. 셋째, 학교를 막 졸업한 사람이나 일을 쉬던 사람이 일자리를 찾거나 일을 하던 사람이 더 나은 일자리를 찾고 있는 상태를 **마찰적 실업**이라고 한다. 이런 실업은 비교적 단기에 해소된다. 넷째, 농업이나 관광업처럼 노동수요가 계절적으로 변동이 심한 경우에 비수기에는 실업이 발생하는데, 이것을 **계절적 실업**이라고 한다.

이런 네 가지 실업 가운데 다른 종류의 실업은 있더라도 경기적 실업만 없으면 그것을 완전 고용으로 인정해준다. 그러므로 완전고용이라고 하더라도 얼마간의 실업(4% 내외)은 존재하는 것이다. 정부는 실업을 줄이기 위해서 다각도로 노력한다. 경기적 실업을 줄이기 위해서 확대 재정·금융정책을 시행한다. 구조적 실업을 줄이기 위해서 실업자들에게 재훈련과 재교육의 기회를 준다. 그리고 마찰적 실업을 줄이기 위해서 각종 취업정보를 노동자와 기업에게 제공한다.

실업률은 어떻게 측정하나? 우리나라 통계청이 매달 고용통계를 발표한다. 15세 이상 인구 가운데 군인, 교도소 수감자 등 실질적으로 일할 수 없는 자들을 제외한 인구를 취업가능인구로 분류한다. 통계청이 이들을 대상으로 하여 표본조사를 하는데, 학생, 전업주부, 연로자나 심신장애자 등 일할 의사가 없는 사람들을 비경제활동인구로 분류하고 일할 의사가 있는 사람들을 경제활동인구라고 한다. 경제활동인구 가운데 주당 1시간 이상 일을 하는 사람들을 취업자로 분류하고 구직활동을 하는데도 일을 구하지 못한 사람을 실업자로 분류한다. 실업률은 실업자 수를 경제활동인구로 나눈 백분율(%)이다.

우리나라의 실업률은 외환위기 직후인 1998년에 8%로 상승한 적이 있지만 대부분의 시기에 3%대를 유지하여 다른 나라에 비해 매우 낮은 편이다. 세계금융위기가 진행 중인 2009년도 우리나라의 실업률은 3.6%에 머물렀으며, 코로나19 시기인 2020년에도 4.0% 수준이었다. 이에 비해 미국은 4.2%, 영국 4.3%, 독일은 6%를 넘고, 중국도 5.1%이다.[★11] 이것을 보면 우리나라의 고용상태는 양호한 것으로 보인다. 그렇다면 우리나라 대학 졸업생들의 취업전쟁은 왜 일어나고, '이태백', '사오정'이란 말은 공연히 지어낸 말일까?

여기에는 숫자의 마법이 작용한다. 공식 실업률 통계에서 제외되는 실제적인 실업이 많이 존재하는 것이다. 그 구체적인 내용은 다음과 같다. 첫째, 학교를 졸업하고 취업 재수, 삼수를 하는 취업준비생은 현재 일자리를 찾고 있지 않으므로 비경제활동인구에 포함되고 실업자로 분류되지 않는다. 둘째, 일자리를 찾다가 지쳐서 4주 이상 일자리를 찾지 않으면 이들 역시 실업자가 아니라 비경제활동인구에 속하며, 실망실업자라고 불린다. 셋째, 취업이 여의치 않아 상급학교로 진학하거나 결혼하여 전업주부가 되는 사람들도 실업에 포함되지 않는다. 이런 사람들은 사실상 실업자임에도 불구하고 통계상으로 비경제활동인구에 속하므로 이들까지 포함하면 실질적인 실업률은 상당히 상승할 것이다. 그리고 취업자라고 하더라도 아르바이트로 겨우 생계를 유지하는 사람들이나 취업자의 1/3 이상이라고 추정되는 비정규직 노동자들은 낮은 임금과 고용불안에 시달리고 있다. 그러므로 우리나라의 고용사정이 좋다고 낙관할 수 있는 형편은 아니다.

인플레이션이라는 도둑(大盜)

만일 한 해 동안 명목소득은 일정한데 물가가 100% 상승한다면 실질소득이 반으로 줄어들고, 1,000% 상승하면 약 십분의 일(1/10)로 줄어든다. 이럴 경우에 가계는 생활비 부족으로 큰 어려움을 겪게 될 것이다. 이처럼 물가상승은 명목소득이 잘 늘어나지 않는 집단이나 계층에게 큰 고통을 준다. 그리고 자신의 부를 부동산 등의 실물자산의 형태보다는 현금이나 금융기관의 예금, 그리고 채권의 형태로 보유하는 사람들도 그 자산의 실질가치가 떨어져, 심한 경우에 거의 빈털터리로 전락할 수도 있다. 이처럼 인플레이션은 많은 사람의 소득과 재산을 훔쳐가므로 큰 도둑이다. 반면에 이 도둑이 훔친 것에서 이익을 얻는 부류도 있다. 이 현상은 자본주의 체제의 공정성에 심각한 의문을 품게 만든다. 그런 맥락에서 러시아 공산주의 혁명의 지도자

★11 미국, 영국, 독일은 2024년, 중국은 2021년 자료임. 통계청 자료.

였던 레닌은 “자본주의 체제를 붕괴시키는 최선의 방법은 돈의 가치를 떨어뜨리는 것(인플레이션)이다”라고 하였다.★12

인플레이션이란 물가수준이 일정 기간 상승하는 현상을 말한다. 앞에서 물가란 모든 재화와 서비스 가격의 평균적인 수준을 가리킨다고 했다. 물가수준을 나타내는 물가지수에는 GDP 디플레이터, 소비자물가지수, 생산자물가지수가 있는데, 이 가운데 소비자의 생활비 변화를 나타내는 소비자물가지수가 가장 빈번히 사용된다. 소비자물가지수의 보조지표로서 소비재 가운데 특히 생활필수품의 가격 변동을 나타내는 지수를 생활물가지수라고 한다. 이와 반대로 물가가 하락하는 현상을 **디플레이션**(deflation)이라고 하는데, 이 현상은 인플레이션에 비해 매우 드물게 나타난다.

인플레이션의 해악은 실업처럼 두드러지게 나타나지는 않는다. 물가가 상승할 때 임금과 이자, 지대 등도 어느 정도 상승하는 것이 보통이기 때문에 앞에서 소득이 일정하다고 가정한 것은 극단적인 경우이다. 그러나 물가가 상승해도 소득이 별로 상승하지 않는 집단이 분명히 있으며, 정액 연금소득자처럼 소득이 전혀 오르지 않는 사람들도 있는 것이다. 그러면 인플레이션의 영향은 무엇인지 보다 구체적으로 살펴보자.

첫째, 예측할 수 없이 갑자기 닥쳐온 인플레이션은 돈을 빌려준 채권자의 자산 가치를 감소시킨다. 채권자는 예금이나 국채, 회사채 등의 증서를 받고 금융기관과 정부 및 기업에 돈을 빌려주는데, 그 채권 자산의 명목가치는 일정하므로 인플레이션이 발생하면 자산의 실질가치가 감소한다. 반면에 돈을 빌린 채무자는 부채의 실질가치가 줄어들어 이익을 본다. 기업은 돈을 빌려 설비투자를 하거나 재고를 확보하는데, 인플레이션이 발생하면 이러한 실물자산의 가격이 상승하지만 부채의 금액은 일정하므로 이 과정에서 이익을 본다. 예를 들어 어떤 사람이 100만 원의 돈을 10%의 이자율로 빌려서 상품을 사두었는데, 물가가 100% 올랐다면 그 상품을 200만 원에 되팔아 1년 후 원리금 110만 원을 갚고도 90만 원의 이익을 얻는다. 그러나 돈을 빌려준 채권자는 원리금 110만 원을 받지만, 그것의 실질가치는 55만 원에 불과하다. 정부도 국채의 원리금을 갚을 때 인플레이션으로 인해 실질 부채가 줄어들어 이익을 본다. 정부가 운영 책임을 지는 화폐 가치의 안정성을 믿고 그것을 보유하거나 알

뜰히 저축하여 돈을 빌려준 사람은 큰 손해를 보고, 돈을 빌린 채무자는 이익을 얻는 것은 공정성에 위배된다.

둘째, 인플레이션이 발생할 때 모든 소득이 어느 정도 증가하기는 하나 물가상승률에 비례해서 증가하지는 않는다. 특히 임금은 물가가 상승해도 그리 빨리 상승하지 않는 경우가 많다. 그래서 노동자의 실질소득이 감소하는 경우가 흔히 있다. 반면에 기업가와 주주들의 이윤은 증가하므로 그들은 이익을 얻는다. 이처럼 채권자와 노동자의 호주머니를 털어 기업가에게 가져다주는 인플레이션은 로빈후드와 같은 의로운 도적이 아니라 나쁜 도둑이다.

인플레이션이 지속되어 누구나 그것을 예측할 수 있게 되면 모든 사람이 이것에 미리 대비하려고 한다. 돈을 빌려주는 채권자는 이자율을 물가상승률만큼 더 높이려고 하고 노동자도 그만큼 더 큰 폭의 인금인상을 요구하게 된다.

셋째, 인플레이션은 화폐를 소유한 사람들에게 세금을 매기는 것과 같은 효과를 낳는다. 왜냐하면 화폐의 실질가치가 감소하기 때문이다. 재정수입이 부족한 정부는 돈을 더 찍어내어 그 돈을 재정지출에 사용하는데, 돈을 소유한 사람들이 돈의 실질가치 감소분만큼 세금을 납부한 셈이 된다. 개발도상국 정부는 투자자금의 부족을 자주 이런 인플레이션조세 방식으로 조달하였고, 전쟁시에는 많은 정부가 이와 같은 방식으로 전비를 조달하였다.

넷째, 인플레이션은 이 외에도 경제에 여러 가지 부정적인 영향을 미친다. 사람들이 돈의 가치가 떨어지기 전에 소비하려고 하므로 저축을 기피하며, 가격이 자주 변동하므로 불확실성이 증가하여 투자도 어려워진다. 누진세율 구조하에서는 인플레이션이 세 부담을 증가시켜서 경제 활력을 떨어뜨리기도 한다. 이것들은 모두 경제 효율을 떨어뜨려서 경제성장을 저해한다.

그러면 인플레이션은 왜 발생하는가? 첫째, 가장 중요한 원인은 통화주의자들이 강조하는 것처럼 통화량(화폐량)의 증가이다. 통화량이 증가하면 소비와 투자 등의 지

★12 케인스(정명진 역, 2009), 『설득의 경제학』, p. 42 재인용.

출이 증가하여 단기에는 생산량이 증가하나 장기적으로는 물가가 상승한다. 초인플레이션이 발생한 독일에서도 그 원인은 통화량의 급속한 증가였다. 전비(戰費)나 경제개발을 위한 투자비용을 조달하기 어려운 나라에서 통화량이 급증할 경우가 많은데, 이런 경우에 높은 인플레이션이 발생한다.

둘째, 케인스주의에서 주장하는 것처럼 소비, 투자, 정부지출, 순수출의 합인 총수요가 증가하면 물가가 상승한다. 통화량의 증가가 없이 총수요가 증가한다면 물가상승의 폭은 그리 크지 않다. 위의 두 가지 인플레이션은 수요증가에 기인한 인플레이션이므로 **수요견인 인플레이션**(demand-pull inflation)이라고 불린다.

셋째, 유가 상승, 임금 인상 등과 같이 생산요소의 가격이 상승할 경우에도 물가가 상승하는데, 이것을 **비용상승 인플레이션**(cost-push inflation)이라고 한다. 이 경우에는 인플레이션과 불황이 동시에 발생하는 스태그플레이션이 초래되므로 경제고통지수가 크게 증가할 가능성이 있다.

인플레이션은 완만할 경우에는 그리 큰 영향이 나타나지 않지만, 이것을 적절한 수준에서 통제하지 못하면 점점 가속화된다. 왜냐하면 물가가 상승하면 임금, 이자, 원료 가격 등 모든 생산요소 가격이 오르므로 물가는 더욱 상승하고, 물가가 더욱 오를 것이라는 기대가 생기기 때문이다. 그래서 물가상승률이 1,000%를 넘어서는 **초인플레이션**(hyperinflation)이 발생한다. 초인플레이션의 사례로는 1920년대 초 독일 바이마르 공화국의 예인데, 1922년 1월부터 1923년 11월 사이에 물가는 100억 배 상승하였다. 돈의 가치는 휴지보다 못한 정도로 전락하였다. 그리고 러시아가 자본주의 체제로 전환하여 가격 자유화를 시작했던 1992년의 물가상승률은 2,520%였다. 또한 1990년에 페루에서는 한 달 동안에 물가가 400% 상승하기도 하였다. 2000년대 들어와서 아프리카의

짐바브웨에서 물가가 얼마나 상승했던지 1,000조 달러짜리 지폐가 발행되었다고 한다.

이런 초인플레이션이 진행되면 화폐는 기능을 상실하고, 경제활동이 제대로 이루어지지 못하며 거의 마비되기도 한다. 그래서 이런 나라의 정부는 가치를 상실한 원래 화폐와 새로운 화폐의 교환비율을 수백 대 일, 혹은 수백만 대 일의 비율로 화폐개혁(디노미네이션)을 하여 수습하는 경우가 많다. 예를 들어 터키(현재 튀르키예) 정부는 1995년에 초인플레이션으로 인해 가치를 완전히 상실한 구화폐 1,000,000리라를 신화폐 1리라와 교환하는 화폐개혁을 시행하여 인플레이션을 수습하려고 했다. 그 외에 통화량의 증가율을 크게 줄이거나 재정지출을 크게 감소시키는 등 강도 높은 긴축정책이 시행되기도 한다.

우리나라의 물가상승률은 외환위기 직후인 1998년에 환율의 급상승으로 다소 높은 7.5%를 기록하였으나 그 후 3% 내외에서 안정세를 보였다. 그런데 2008년에 세계금융위기 등에 의해 다시 환율이 올라가면서 물가가 4.7% 상승하였다. 한국은행은 3% 내외로 물가를 안정시키려는 목표를 가지고 정책을 수립하고 있다. 그런데 2008년 9월 이후 세계금융위기 대책으로 세계적으로 통화량이 크게 증가하였고, 2022년 시작된 우크라이나 전쟁과 가자지구 전쟁 등으로 수입 농산물과 석유류 가격이 상승하여 적절한 긴축정책이 시행되지 않으면 높은 인플레이션이 발생할 우려가 있다.

잔인한 선택: 실업이냐 인플레이션이냐

극단적인 불황이어서 물가가 오히려 내려가는 디플레이션 시기나 물가상승률이 매우 높은 시기에는 정책의 선택은 매우 쉽다. 심한 불황기에는 확대정책을 시행하고, 물가상승률이 매우 높을 경우에는 긴축정책을 실시하면 된다. 그러나 중간 시기에는 정책 선택이 쉽지 않다. 때로는 그것이 매우 잔인한 선택이 될 수도 있다. 왜냐하면 실업 감소와 물가안정 사이에 양자택일의 관계가 존재하기 때문이다.

영국 경제학자 필립스(A. W. Phillips)는 물가상승률과 실업률 사이에 서로 상반되는

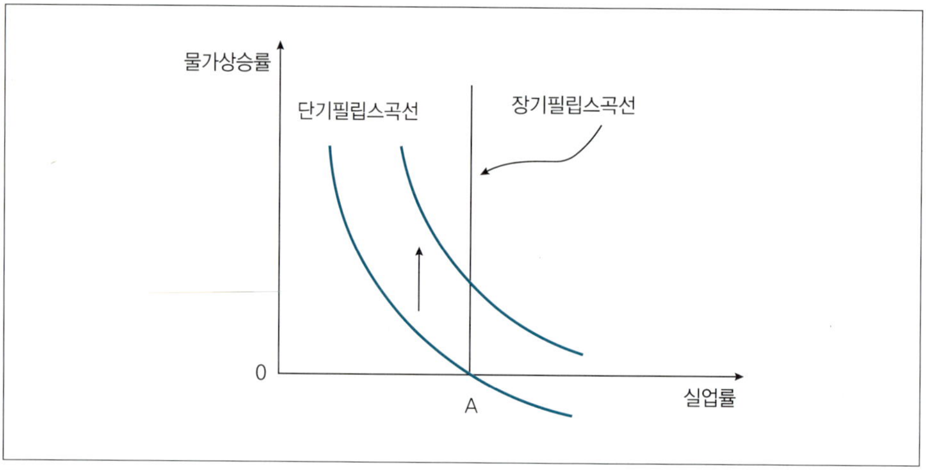

그림 12-2 필립스곡선

관계가 있다는 것을 과거의 통계로부터 밝혀내었다. 이 관계를 나타내는 곡선을 **필립스곡선**이라고 하는데, 이 곡선이 의미하는 것은 낮은 실업률과 낮은 물가상승률을 동시에 달성하는 것은 불가능하며 실업률을 낮추려면 어느 정도의 인플레이션을 허용해야 하고, 물가를 안정시키려고 하면 어느 정도의 실업을 허용해야 한다는 것이다.

그런데 1970년대에 들어와 실업률과 물가상승률이 동시에 상승하는 스태그플레이션이 발생하자 기존의 필립스곡선으로 설명하기가 곤란해졌다. 1960년대까지 케인스주의 정책에 따라 실업률을 줄이기 위해서 확대정책을 오랫동안 시행한 결과 물가상승률이 점점 높아졌고, 그러자 사람들의 마음에 인플레이션 기대심리가 생겨서 필립스곡선이 점점 위로 이동한다는 것이다. 이 가설에 따르면, 예컨대 처음에 실업률을 5%에서 3%로 낮추기 위해서 물가상승률이 1%에서 3%로 상승하는 것을 허용했는데, 3%의 물가상승이 계속되자 사람들의 인플레이션 기대가 높아지면서 이제는 5%의 물가상승을 허용해야 하는 상황이 된다는 것이다. 실업률을 정상 수준보다 낮은 수준으로 유지하려면 물가상승률이 점점 높아지는 현상이 선진국의 사례에서 검증되고 있다.

결국 이 가설은 장기적으로는 실업률을 어떤 정상적인 수준(자연실업률이라고 함) 이하로 낮추려면 가속적인 인플레이션을 허용해야 하므로 정부가 개입하여 실업률을 인위적으로 낮추는 것은 어렵다는 주장이다. 이 주장을 **자연실업률가설**이라고 부른다. 이 가설은 정부의 개입에 반대하는 의미를 함축하고 있다. 심각한 불황에서는 여전히 케인스주의적인 총수요 확대정책이 유효하지만, 완전고용에 가까워질수록 인플레이션이라는 부작용이 점점 커지므로 정부의 개입에 더욱 신중해질 필요가 있는 것이 사실이다.

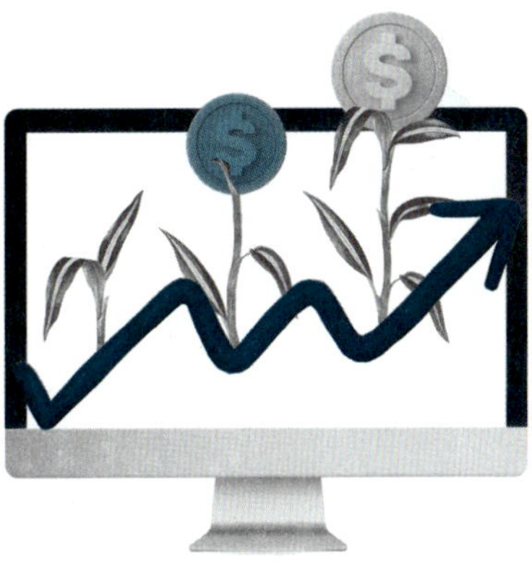

Chapter 13

돌고 도는 돈

1 돈이란 무엇인가?

갑자기 우리가 가진 돈이 무효화된다고 하면 어떤 일이 생길까? 당장 오늘 점심으로 자장면을 사먹으려고 할 때 돈 대신 무엇을 줘야하나? 책, 가방, 넥타이를 준다면 중국집 주인이 받을지 알 수 없다. 자칫 점심을 못 먹을 수도 있겠다. 이처럼 돈이 없는 세계에서는 거래가 너무나 불편하다.

'돈'이라는 말의 어원에 대해서는 정설이 없는 것 같다. 옛날에 칼 모양의 화폐가 사용되었기 때문에 칼 도(刀)에서 '돈'이라는 말이 나왔다는 설, 무게의 단위인 돈(3.75g)에서 나왔다는 설, 돌고 돈다는 데서 나왔다는 설 등이 있다. 필자는 돌고 돈다는 의미의 돈 개념을 강조하고 싶다. 왜냐하면 돈은 정말 돌고 도는 것이며, 잘 돌아야 제 기능을 하기 때문이다. 돈은 상품을 사는 사람의 손에서 파는 사람의 손으로, 다시 다른 파는 사람의 손으로 끊임없이 이동한다. 소비되지 않고 저축된 돈은, 빌려주는 사람의 손에서 빌리는 사람의 손으로 이동한다. "두 번 다시 같은 강물에 발을 담글 수는 없다"는 어느 그리스 철학자의 말처럼 우리가 같은 돈을 손에 넣는 것은 불가능할 정도로 돈은 끊임없이 돈다.

우리는 보통 재산이 많은 사람을 가리켜 돈이 많은 사람이라고 한다. 그것은 그 사람의 수중에 실제 돈이 많아서가 아니라 재산의 가치가 돈으로 측정되고, 다른 형태의 재산은 필요할 경우에 언제든 돈으로 교환될 수 있기 때문이다. 이처럼 돈이라는 말이 부의 상징으로 사용되는데, 돈의 이런 의미는 돈의 본질적인 기능에서 파생된 것이다. 돈이란 화폐(money)와 같은 말이며, 학문적인 용어로는 돈이라는 말보다 화폐라는 말이 주로 사용된다. **화폐**는 무엇이든 사고 팔 때, 그리고 빚을 갚을 때 '일반적으로 받아들여지는 지불수단'을 말한다. 우리는 상품을 살 때 중앙은행에서 발행한 화폐를 지불하며, 상품을 파는 사람들은 화폐를 받고는 더 이상 다른 것을 요구하지 않는다. 반면에 우리가 약속어음으로 지불한다면 그것을 받은 사람은 나중에 다시 화폐로 지불해 줄 것을 우리에게 요구한다. 신용카드로 지불할 경우에도 마찬가지이다. 그러므로 약속어음이나 신용카드는 화폐가 아니며 오직 화폐를 지불함으로써 거래는 종료된다.

그러면 화폐가 어떻게 하여 사용되기 시작했을까? 돈이 사용되지 않았던 시절에 교환은 물물교환 방식으로 이루어졌다. 즉 쌀 1되에 보리쌀 3되라는 방식으로 교환이 이루어졌다. 그런데 쌀을 가진 사람이 그것과 보리쌀을 바꾸고 싶어 하는데 보리쌀을 가진 사람은 밀과 바꾸고 싶어 한다면 그 거래는 이루어질 수 없다. 그래서 물물교환은 아주 불편하고 시간과 비용이 많이 들었으므로 교환의 매개수단이 필요하였다. 처음에는 금, 은, 소금, 곡물, 후추 열매, 담배 등 그 자체로 가치가 있는 상품이 화폐로 사용되었다. 그런 것들을 **상품화폐**(commodity money)라고 한다. 그러다가 금, 은, 동 등 귀금속을 주조하여 금전, 은전, 동전의 형태로 만들어 사용하였다. 이것도 불편하여 귀금속과 교환될 수 있는 은행권을 사용하였고, 마침내 귀금속과 전혀 상관이 없는 불환지폐가 사용되었다.

화폐가 사용되면 거래가 훨씬 간편해져서 거래에 따르는 비용(**거래비용**)이 획기적으로 감소한다. 상품을 생산한 사람이 그것을 일단 화폐로 바꾸어 놓으면 그것으로 무엇이든 원하는 것을 구입할 수 있게 되는 것이다. 화폐로 말미암아 거래가 활성화되고, 그것은 분업을 촉진하여 경제성장에 엄청난 기여를 하게 되었다. 화폐를 누가 발명했다면 거액의 특허료를 받거나 노벨상을 받았을지 모르지만, 그것은 누군가에 의해 발명되었다기보다 자연발생적으로 생겨났다. 화폐가 담당하는 기능을 보다 구체적으로 살펴보자.

화폐의 기능

첫째, 화폐는 교환의 **매개수단**(medium of exchange)의 기능을 한다. 물물교환 시대에 거래가 이루어지려면 거래 쌍방이 상대방이 가진 것을 원해야 하며, 그렇지 않으면 거래가 이루어질 수 없었다. 예컨대 쌀을 가진 사람이 쌀과 옷을 교환하려고 하는데, 옷을 가진 사람은 쌀이 아니라 신발을 원한다면 거래는 이루어지지 않는 것이다. 쌀을 가진 사람은 먼저 신발을 가진 사람과 교환한 다음 다시 옷을 가진 사람에게 와야 한다. 신발을 가진 사람이 쌀을 원하지 않을 경우에 또다시 거래는 이루어지지 않는다. 이런 식으로 언제까지 계속될지 모른다.

그러나 화폐가 교환의 매개수단 기능을 하면 거래는 훨씬 간편하게 이루어지게 된다. 쌀을 화폐로 바꾸면 언제든 원하는 것을 구입할 수 있다. 현재 우리는 모든 거래에서 한국은행이 발행한 화폐를 사용한다. 물건을 판 사람이 종이 조각에 불과한 한국은행권을 안심하고 받는다. 그것은 사람들이 받은 화폐로 나중에 원하는 것이 무엇이든 구입할 수 있다는 화폐에 대한 신뢰를 가지고 있기 때문이다. 과거에 금, 은이 화폐로 사용되었을 때, 그것은 스스로 상품으로서 가치를 가지고 있었다. 그러나 오늘날 지폐는 그런 가치를 가지고 있지 않으나 국가가 권력으로 지폐의 신뢰성을 보장하고 있다. 우리나라 한국은행법은 "한국은행이 발행한 한국은행권은 법화로서 모든 거래에 무제한 통용된다"고 정하고 있다. 여기서 법화(legal tender)란 지불받는 자가 그것을 거부할 수 없다는 뜻이다. 이것은 다른 대부분의 나라에서도 마찬가지이다.

둘째, 화폐는 **계산의 단위**(unit of account), 혹은 **가치의 척도**(standard of value) 기능을 한다. 모든 재화와 서비스의 가치는 화폐 단위로 측정된다. 아이스크림의 가치는 1,000원, 아파트 한 채의 가치는 3억 원 등으로 모든 가치가 화폐 단위로 환산되는 것이다. 만일 어떤 사람이 아이스크림의 가치를 쌀 반 되, 아파트 한 채의 가치를 쌀 1,000섬 하는 식으로 계산한다면 그는 다른 사람들과는 상이한 계산 단위를 가지므로 서로 거래하려면 계산 단위가 달라서 큰 어려움이 있을 것이다. 통일된 계산의 단위가 있다는 것은 경제 계산을 매우 편리하게 만든다. 그리고 이것은 경제학이 수량화되고 과학화되는 데에도 크게 기여하였다.

셋째, 화폐는 **가치의 저장 수단**(store of value)으로서 기능을 한다. 사람들은 재산을 여러 가지 형태로 보유한다. 거기에는 부동산, 주식, 채권, 예금 등과 함께 화폐가 포함된다. 화폐 가치가 안정적일 때 그것이 가치의 저장 수단이 될 수 있으나 가치가 매우 불안정적이라면 그 기능을 상실하게 된다. 사람들은 화폐로부터 어떠한 수익을 얻지 못함에도 불구하고, 왜 화폐의 형태로 재산을 보유할까? 화폐는 언제든지 지불수단으로 사용될 수 있으므로 거래나 부채 상환에 꼭 필요하다. 아무리 부동산이 많아도 화폐가 없다면 그것을 매각하거나 그것을 담보로 돈을 빌리기 전에는 물건을 사기가 어렵다. 그러므로 화폐에서 수익이 발생하지 않아도 어느 정도의 재산은 화폐로 보유한다. 그리고 때로는 화폐를 가지는 것이 채권이나 다른 자산을 가지는 것보다 수익률이 더 높을 수도 있기 때문에 사람들은 화폐를 가치의 저장 수단으로 선택한다. 화폐의 수익률은 항상 영(0)이지만, 다른 자산의 수익률이 마이너스일 경우에는 화폐의 수익률이 더 높게 되는 것이다.

화폐는 현금만을 의미하는가?

위의 세 가지 기능을 하는 것이 화폐라면 우선 화폐는 한국은행이 발행한 은행권과 주화(현금)라고 볼 수 있다. 화폐를 매우 좁게 정의한다면 화폐는 곧 현금(cash)인 것이다. 그러나 이것은 지나치게 좁은 정의이며, 현금만 화폐의 기능을 하는 것은 아니다. 은행에서 즉시 찾을 수 있는 요구불예금은 화폐의 기능을 훌륭하게 수행한다. 예금주는 그것을 현금으로 인출하거나 수표를 발행하여 지불수단으로 사용할 수 있는 것이다. 그래서 현금에다 요구불예금을 합친 금액을 **협의통화**(M1)[★1]라고 부르는데, 이것은 화폐량의 측정 지표 가운데 하나로 사용된다.

화폐를 보다 넓게 정의하면 저축성예금도 포함시킬 수 있다. 왜냐하면 약간의 이자만 포기하면 저축성예금을 인출하여 지불수단으로 사용할 수 있기 때문이다. 그래서 협의통화에 저축성예금을 합한 금액을 **광의통화**(M2)라고 한다. 협의통화와 광의통화가 가장 많이 사용되는 화폐 개념이지만, 그 이외에 금융기관이나 정부 및 기업이 발행한 채권과 금융상품을 포함한 **광의유동성**(L) 개념이 화폐량의 지표 가운데 하나로 사용되고 있다.

이처럼 어디까지를 화폐에 포함시키는가에 따라 금액에 큰 차이를 보인다. 예를 들어 2024년 12월 현재 우리나라에서 가장 좁은 화폐 개념인 현금(현금통화)은 181조 4,611억 원이지만, 가장 넓은 화폐 개념인 광의유동성(L)은 무려 7,132조 3,969억 원에 달한다. 이러한 여러 지표들은 한국은행이 통화정책을 수립할 때 고려하는 기준으로 활용된다.

2 중앙은행과 일반은행은 무슨 일을 하나?

중앙은행의 등장과 그 역할

10,000원짜리 지폐를 자세히 들여다보라. 그것은 정부가 아니라 한국은행이 발행한 것으로 되어 있고, 대통령이나 장관이 아니라 한국은행 총재의 직인이 찍혀 있다. 중앙은행이 여러 가지 기능을 하지만 가장 중요한 기능은 화폐를 발행하는 일이다. 이런 중요한 일을 하는 중앙은행은 어떻게 등장하게 되었나?

과거에 곡물, 소금, 덩어리 형태의 금과 은이 화폐로 통용되었을 때에는 화폐를 발행하는 기관이 필요 없었다. 그것들은 자연 발생적으로 화폐로 통용되었다. 그러나 곡물이나 소금 등은 부피가 커서 운반이 어려웠고, 금, 은은 거래할 때마다 저울로 달아야 하는 것이 매우 번거롭고 힘든 일이었으므로 정부가 그것을 일정한 규격에 따라 금화, 혹은 은화의 형태로 주조하고 그 가치를 보증하는 도안을 새겨서 유통시켰다. 이때부터 화폐를 발행하는 기관이 필요하게 되었다.

주화가 금, 은의 덩어리보다는 훨씬 편리했으나 그것도 운반에 불편하고 도난의 우려도 컸다. 그래서 금, 은을 은행 등 금융업체에 맡기고 영수증(보관증)을 받아 그것을 화폐처럼 사용하게 되었는데, 이것이 은행권 혹은 지폐이다. 지폐의 역사는 아주 오래되어 이미 고대 메소포타미아와 이집트에서 곡물이나 다른 상품을 공적인 보관소에 맡기고 그 영수증을 받아 지불수단으로 사용하였다고 한다.★2

★1 협의통화를 보통 통화량이라고 한다.
★2 캐서린 이글턴, 조너선 윌리암스(양영철, 김수진 역), 『화폐의 역사』, 말글빛냄, 2008 참조.

화폐발행을 독점하는 최초의 중앙은행은 1609년에 설립된 암스테르담 은행(네덜란드)이었으며, 이 은행은 주화와 금, 은을 받고 은행권을 발행해 주었다. 또한 1694년에 잉글랜드 은행(Bank of England)이 설립되었는데, 이 은행은 정부에 거액을 대부해주는 대가로 은행권을 발행할 수 있는 권리를 가지게 되었으며, 이 은행은 처음에 민간은행으로 설립되었으나 1946년 노동당 정부 시절에 국유화되었다. 이전에는 다른 금융기관들도 은행권을 발행할 수 있었으나 중앙은행이 설립되면서 중앙은행만이 독점적으로 은행권을 발행하는 권한을 가지게 되었다.

미국에서는 두 차례에 걸쳐 영국의 잉글랜드 은행처럼 민간 소유의 중앙은행이 있었으나 얼마 후 없어졌다. 그러다가 1907년에 발생한 은행공황을 계기로 하여 그때처럼 긴급한 경우에 화폐를 대량으로 공급해 줄 중앙은행의 필요성이 제기되었다. 그 결과 비교적 늦은 시기인 1913년에 연방준비제도(Federal Reserve System)라는 중앙은행이 설립되었다. 이 은행은 상반되는 견해의 타협의 산물로서 민간기업적 성격과 정부기관적 성격을 모두 지닌 특수한 형태의 중앙은행이다. 연방준비제도는 민간기업적 측면이 절반 정도 있기 때문에 로스차일드 가문과 록펠러 가문 등 국제 금융재벌에 의해 지배되고 있는 것처럼 오해되고 있다.

워싱턴에 있는 연방준비제도의 최고의사결정기구인 연방준비제도이사회(Federal Reserve Board)가 결정한 사항을 실행하는 미국 전역의 12개 연방준비은행(Federal Reserve Banks)은 각 지역 회원은행의 소유이며, 매년 6%의 배당금을 받고 있는 것은 사실이다. 이런 점에서 이윤을 추구하는 민간기업적 성격을 지닌다. 그러나 연방준비제도이사회 이사 7명은 각 산업과 지역을 대표하는 자로서 임기가 14년이며, 모두 대통령이 임명하고 의회의 동의를 받아야 한다. 그 가운데 2명이 4년 임기의 의장과 부의장으로 대통령이 임명하며 의회의 동의를 거치므로 민간기업이 아니라 어디까지나 연방정부의 기구이다. 연방준비제도이사회 의장의 영향력은 매우 커서 미국의 경제대통령이자 나아가 세계의 경제대통령으로 불리고 있다. 연방준비제도의 수입은 보유하고 있는 미국 국채 이자와 정부 및 은행에 대한 대출이자 등이며 비용을 제한 이익은 국고수입으로 재무부로 보내진다. 그런데 아직도 연방준비제도가 실질적으로 민간기업이며 특정 금융재벌의 하수인인 것처럼 호도하는 음모론이 그치지 않고 있다.

우리나라의 중앙은행인 한국은행은 정부수립 후인 1950년에 설립되었다. 한국은행은 화폐발행의 독점권을 가진다. 액면 10,000원, 50,000원 권 등의 지폐와 주화를 발행하는데 총발행비용은 액면가치보다 훨씬 적게 들므로 한국은행은 돈을 찍어내면 이익이다.

한국은행이 화폐를 발행하면 그것으로 국채를 매입하든가, 정부나 은행에 대출하거나 혹은 외국통화를 매입한다. 이 자산에서 수익이 발생하는데 이것이 한국은행의 수입이다. 한국은행의 활동에는 비용도 발생한다. 화폐를 제조하는 비용(낡은 화폐를 새것으로 교환해주는 비용 포함), 중앙은행으로서 활동하는 데 필요한 인력과 시설을 유지하는 비용, 그리고 통화가치의 안정을 위한 자금조달을 위해 발행하는 채권의 이자 등이 바로 비용이다. 한국은행의 입장에서는 화폐를 많이 찍어내는 것이 이익이지만, 그것은 인플레이션을 초래하므로 통화량의 조절은 '금융통화위원회'라는 독립적인 기구가 결정한다. 이 위원회는 정부와 한국은행, 그리고 경제계의 추천을 받아 대통령이 임명한 7인의 위원으로 구성되며, 화폐발행 및 통화신용에 관한 모든 중요한 정책을 결정한다. 한국은행의 이익금은 일정한 적립금을 제외하고 국고에 귀속된다.

한국은행은 다른 나라의 중앙은행과 마찬가지로 국민경제에 매우 중요한 역할을 하는데, 그 내용은 다음과 같다. 첫째, 이 은행은 우리나라에서 유일하게 화폐를 발행하는 발권은행이다. 둘째, 이 은행은 정부의 은행으로서 정부가 조세 등으로 징수한 자금을 예금으로 받아 관리하는 기관이다. 정부가 지출하는 자금은 한국은행에서 인출하여 사용한다. 그리고 정부가 자금이 부족할 경우에 한국은행이 대출해주기도 한다. 셋째, 한국은행은 은행의 은행으로서 은행과 기타 금융기관으로부터 예금을 받고, 필요할 경우에 이들에게 대출하기도 한다. 정부기관과 금융기관 이외에 아무리 중요한 개인이나 기업이라도 한국은행에 가서 예금하거나 대출을 받는 것은 불가능하다. 넷째, 이 은행은 통화신용정책의 최종적인 결정권자로서 경제상황에 따라 이자율과 통화량 등을 적절하게 조절한다. 다섯째, 이 은행은 외국환 업무를 담당하며 정부와 협의하여 환율을 적절하게 유지한다. 한국은행은 우리 돈으로 달러 등 중요 외국화폐를 매입하여 외환보유고를 쌓아두는데, 이것은 외화부족 사태에 대비하고 외국화폐를 사고파는 것을 통해서 환율을 적절한 수준으로 조절하기 위함이다.

일반은행의 등장과 그 역할

가계나 기업이 여유자금을 가지고 있을 때 가장 손쉽게 예금을 하는 금융기관이 은행이다. 돈이 필요하면 즉시 달려가 인출하거나 자기앞 수표를 받아서 사용한다. 그리고 자금이 부족할 때 쉽게 빌리는 곳이 바로 은행이다. 이처럼 은행은 가장 대표적인 금융기관으로서 역할을 해왔다.

은행의 역사는 아주 오래되어 고대 메소포타미아와 그리스에서 그 기원을 찾을 수 있다. 곡물이나 금, 은 등을 예금으로 받아들이고 자금을 대출했으며, 환전을 해주기도 하였다. 중세에 들어와서 상업이 점차 발전함에 따라 금융업도 발전하기 시작하였다. 금융업은 당시에 천하게 여겨지던 직종이라서 주로 유럽 전역에 걸쳐 각국에서 멸시당하던 유대인들이 금융업에 종사하였고, 그 가운데에는 금 세공업자들이 많았다. 18세기 말에서 19세기 초에 런던, 프랑크푸르트, 파리, 빈, 나폴리에 국제적 금융망을 구축하여 막강한 영향력을 행사한 금융재벌인 로스차일드 가문이 유대인 금융업자로서 아주 유명하다. 이 가문의 은행은 나폴레옹 전쟁 비용의 조달(영국측), 수에즈 운하 건설, 각국의 철도 부설 자금 등 매우 중요한 자금을 대부하였다. 그리고 런던의 **로스차일드** 은행은 웰링턴 장군이 나폴레옹군을 격파한 사실을 영국에서 가장 먼저 알고 런던 증권시장에서 막대한 부를 축적한 것으로 알려져 있다.

일반 상업은행의 중요한 역할은 다음과 같다. 첫째, 일반은행은 여유자금을 예금으로 받는데, 여기에는 즉시 인출이 가능한 요구불예금과 일정한 기간 동안 예치해야 하는 저축성예금이 있다. 요구불예금은 즉시 인출이 가능하므로 아주 낮은 이자만 지급하며, 여기에는 보통예금, 당좌예금 등이 포함된다. 둘째, 은행은 자기자본과 예금을 바탕으로 자금을 조성하여 기업이나 가계에 대출한다. 대출이자율은 예금이자율보다 더 높으며, 그 차이인 예대마진이 은행 수익의 주종이다. 셋째, 은행은 오래전부터 국제간의 거래에 필요한 환전 업무와 무역에 따른 외환 업무를 하였다. 이런 주요 업무 이외에 송금, 증권 및 보험 상품의 판매 대리 등의 금융서비스를 제공하고 수익을 얻는다.

일반은행이 예금을 받고 대출을 하는 과정에서 화폐를 창출하는 중요한 기능을 한다. 일반은행은 예금 가운데 즉시 인출되는 비율은 높지 않다는 것을 알므로 일정한 비율의 지급준비금을 떼어놓고 나머지를 대출하는데, 이것을 부분지급준비제도라고 한다. 금융 역사의 초기에는 예금 전액을 대출하지 않고 보관했다가 예금주가 찾으러 오면 내어주었으므로 예금주가 이자를 받는 대신 오히려 보관료를 물어야 했다. 그러나 부분지급준비제도하에서는 이와 다르다. 예를 들어 1,000만 원이 A은행에 요구불예금으로 유입되었다면 이 은행은 법정 지급준비금(10%라고 가정함)으로 100만 원을 떼어놓고 나머지 900만 원을 갑에게 대출한다고 하자. 갑은 그 돈을 인출하여 B은행에 요구불예금으로 예금한다. 그러면 1,000만 원의 현금이 예금되는 과정에서 현금통화가 1,000만 원 줄었으나 A은행에 요구불예금이 1,000만 원 늘었고, B은행에 요구불예금이 900만 원 늘었으므로 현금통화와 예금통화의 합인 협의통화(M1)가 900만 원 증가한 셈이다.

이런 과정을 **신용창조**(credit creation)라고 하는데, 이 과정이 여기서 끝나지 않고 C은행, D은행… 등으로 계속된다. 일반은행의 중요한 역할 가운데 하나가 바로 이런 신용창조인 것이다. 결국 화폐량을 결정하는 역할은 중앙은행과 함께 일반은행도 함께 수행한다. 그래서 중앙은행이 발행하는 본원통화★3보다 훨씬 많은 통화량(협의통화)이 존재하게 된다.

★3 본원통화는 민간보유현금, 은행의 시재금, 지급준비예치금의 합계이다. 즉 중앙은행의 창구를 통해 흘러나온 화폐량이다.

중앙은행의 통화정책 수단은 무엇인가?

많은 나라들, 특히 선진국에서 중앙은행은 물가안정을 가장 중요한 목표로 삼고, 이것을 해치지 않는 범위 내에서 경제성장, 고용증가, 국제수지의 균형과 환율의 안정 등을 위해서 **통화정책(금융정책)**을 시행한다. 물가가 큰 폭으로 상승하면 이자율을 올리거나 통화량을 줄이는데, 이것을 긴축 통화정책이라고 한다. 그 결과 소비와 투자가 감소하여 물가는 안정된다. 그리고 불황이 오면 이자율을 낮추거나 통화량을 증가시키는데, 이것을 확대 통화정책이라고 한다. 그 결과 소비와 투자가 증가하여 총수요가 증가하고 경기는 회복의 방향으로 나아간다.

중앙은행이 통화정책을 실행하는 수단에는 어떤 것이 있을까? 첫째, 중앙은행은 통화량을 조절하기 위해서 국채 등의 유가증권을 사거나 파는데, 이것을 **공개시장조작**(open market operation)이라고 한다. 중앙은행이 국채를 사들이면 매입 대금으로 화폐가 민간에게 흘러나간다. 그래서 통화량이 증가하고, 자금이 풍부해지므로 이자율은 하락한다. 반면에 중앙은행이 국채를 팔면 민간으로부터 화폐를 거두어들이는 셈이므로 통화량은 감소하고 이자율은 상승한다.

둘째, 일반은행은 예금의 인출에 대비하여 법정지급준비금을 중앙은행에 예치해 두어야 한다. 중앙은행은 법정지급준비율을 변화시켜 통화량을 조절하는데, 이것을 **지급준비율정책**(required reserve ratio policy)이라고 한다. 원래 이 제도는 예금자를 보호하기 위해서 만든 제도인데 오늘날에는 통화량 조절의 수단으로 활용된다. 중앙은행이 이 비율을 올리면 일반은행은 예치금을 늘려야 하므로 대출을 줄이게 되고, 그 결과 통화량이 감소한다. 반면에 중앙은행이 지급준비율을 낮추면 예치금이 줄어 일반은행이 더 많이 대출할 수 있으므로 통화량이 증가한다. 지급준비율정책은 매우 강력한 통화정책의 수단이다.

셋째, 중앙은행이 일반은행에게 자금을 대출하기도 하는데, 이때 적용하는 금리가 재할인율이다. 중앙은행이 재할인율을 조정하는 정책을 **재할인정책**(discount policy)이라고 한다. 중앙은행이 재할인율을 올리면 일반은행이 중앙은행으로부터 빌리려는 금액이 줄어들고, 따라서 통화량은 감소한다. 반면에 재할인율을 내리면 일반은행의 중앙은행으로부터의 차입이 늘어 통화량은 증가한다.

위의 세 가지 정책수단에 의해 중앙은행은 통화량을 조절하고, 그것은 소비와 투자에 영향을 미치며, 그 결과 물가와 생산, 고용이 변화되는 것이다. 중앙은행의 통화정책은 우리의 일상생활에 큰 영향을 미친다. 만약 중앙은행이 이자율을 올리고 통화량을 줄이면, 가계의 저축은 증가하고 소비는 감소할 것이다. 반면에 돈을 빌려서 아파트를 구입하려고 하는 사람은 이자 부담이 증가하여 망설이거나 포기할 수도 있다. 그리고 자영업을 하려고 자금을 빌리려는 사람들이나 새로운 투자계획을 세운 기업들도 이자율이 올라 수익성이 악화되고 자금을 빌리기도 어려워져서 투자가 감소하게 된다.

이와 반대로 중앙은행이 이자율을 내리고 통화량을 늘리면 소비와 투자가 증가한다. 그리고 이자율이 낮으므로 돈을 빌려서 주택이나 땅, 그리고 주식을 사려는 사람들도 많아져서 아파트가격, 토지가격, 주식가격이 상승하게 되며 이것이 심하면 자산가격에 거품이 생긴다. 거품은 언젠가 꺼지게 마련인데 이것이 갑자기 꺼지면 경제는 공황으로 추락하므로 거품이 생기지 않게 조심해야 하고, 일단 거품이 생기면 조심스럽게 다루어 서서히 꺼지도록 해야 한다. 급격한 거품 붕괴로 인한 대불황의 대표적인 사례는 1929년의 대공황과 1990년대 일본의 장기불황, 그리고 2008년 미국발 금융위기 등이다.

최근의 미국 사례를 보자. 미국은 2000년대에 들어와 IT 열풍이 꺼져 불황이 오자 초저금리정책을 시행하였다. 그 결과 2001년 6.5%이던 미국의 기준금리가 2004년에 1%대로 하락하였다. 이것이 주택가격의 거품을 형성하였고, 과열을 방지하고자 연방준비제도이사회는 기준금리를 2006년 말까지 5.25%로 인상하였다. 이것이 주택가격의 급속한 하락으로 이어지며 세계금융위기를 촉발하였다.[*4] 이 사례는 중앙은행의 금리정책의 실패가 얼마나 큰 재앙을 가져오는지를 잘 보여준다.

한국은행은 1997년 외환위기 이후 물가안정을 우선 목표로 하는 물가안정목표제를 도입하면서 통화정책의 운영을 통화량의 조절을 중심으로 한 정책에서 콜금리 조절을 중심으로 한 정책으로 바꾸었다. 콜금리란 금융기관 사이에 거래되는 아주 단기적인 금융거래에 적용되는 금리이다. 그러다가 2008년부터 콜금리 대신 한국은행 기준금리를 통하여 통화정책을 운용하기로 바꾸었다. 기준금리란 한국은행이 금융기관과 거래할 때 적용되는 금리이다. 한국은행이 기준금리를 바꾸면 모든 금융기관의 금리가 영향을 받는다. 즉 기준금리가 인하되면 모든 종류의 금리가 내리고, 기준금리가 인상되면 모든 금리가 오른다. 그리고 이에 따라 일반은행이 중앙은행으로부터의 차입을 변화시키므로 통화량도 변화된다.

3 자금 공급자와 자금 수요자의 만남 : 금융시장

갑자기 돈 쓸 일이 생겼는데 돈이 없어서 쩔쩔매 본 사람들이 적지 않을 것이다. 필자도 학생 시절에 시골로부터 생활비 송금이 늦어지면 시계를 맡기고 돈을 빌리는 전당포를 아주 편리하게 이용하였다. 갑자기 아이가 아픈데 다른 재산이 있지만 당장 돈이 없는 경우에 그 사람은 얼마나 난감할 것인가? 이럴 경우에 돈을 빌려주는 사람이나 기관이 있다면 그는 그 위기를 무사히 넘기게 된다. 여유자금을 가진 자가 자금이 부족한 사람에게 일정 기간 동안 자금을 빌려주는 현상을 **금융**(finance)이라고 한다.

여유자금을 가진 경제주체는 수입보다 지출이 적은 흑자 단위이다. 반면에 자금이 부족한 경제주체는 수입보다 지출이 더 많은 적자 단위이다. 여기서 흑자 단위와 적자 단위는 가계, 기업, 정부 어느 것이나 될 수 있다. 흑자 단위는 여유자금을 그냥 장롱이나 금고에 넣어두고 있는 것보다 이자를 받고 빌려주기를 바란다. 여유자금의 대부분은 저축에서 나온다. 반면에 적자 단위는 이자를 지불하더라도 자금을 빌리기를 바란다. 따라서 자금의 거래를 통하여 쌍방이 이익을 얻는다. 여기서도 돈은 도는 데서 제 역할을 하는 것이다. 다만 이자율에 대해서는 쌍방의 이해가 상반된다. 만일 자금이 필요한 사람은 많은데 자금을 제공하는 사람은 극소수의 사람뿐이라면 그들은 아주 높은 이자율을 요구할 것이다. 자금이 꼭 필요한 사람은 울며 겨자 먹기로 높은 이자율로 자금을 빌리게 된다. 그러나 자금이 거래되는 금융시장이 수요자와 공급자가 모두 많은 완전경쟁시장이라면 자금수요곡선과 자금공급곡선이 교차하는 점에서 이자율이 결정될 것이며, 이 이자율은 비교적 공정한 수준이라고 볼 수 있다.

여유자금을 가진 사람들은 누구에게 자금을 빌려줄까? 자금 공급자는 누구나 수익률(이자율)이 높은 데 빌려주기를 바랄 것이나, 그것이 너무 장기간의 대출이라 자신이 필요할 때 자금을 사용할 수 없다거나 위험한 대출이라 돈을 떼일 가능성이 크다면 다시 고려할 것이다. 그래서 자금의 공급자는 수익성과 안전성, 그리고 유동성(만기)을 고려하여 적절한 대상에게 빌려주는데, 그 내용을 더 자세히 알아보자.

첫째, 안전성을 우선으로 생각하는 사람은 은행이나 신용협동조합, 새마을금고, 저축은행 등 예금 지급이 보장되는 금융기관에 예금할 것이다. 예금에 대한 이자율은 낮은 편이나 매우 안전하다. 한 금융기관에 1인당 5,000만 원씩 예금 지급이 보장된다. 이런 예금 금융기관은 예금으로 흡수된 자금을 모아서 가계나 기업에 대출한다.

둘째, 안전성을 고려하면서도 수익성이 좀 더 높은 데 자금을 빌려주려는 사람들은 기업이나 국가 및 공공단체가 새로 발행한 채권을 사고 그들에게 자금을 빌려줄 수 있다(발행시장). 현재까지 발행된 모든 채권을 거래하는 유통시장에서 채권을 매입하면 자금이 기업으로 흘러가지 않고 채권을 소유하다 판 사람에게 자금이 이전된다. 채권에는 액면금액과 이자율이 기재되어 있으며, 채권 매입자는 만기에 이자와 원금을 회수할 수 있다. 채권의 수익률은 보통 은행 이자율보다는 조금 높은 편이다. 채권을 만기까지 보유하지 않고 적절한 시점에 팔아서 매매 차익을 얻을 수도 있다. 그런데 채권에는 위험이 따른다. 기업이 도산하면 회사채가 휴지조각이 될 위험성이 있으므로 기업의 신용도를 잘 살펴야 한다.

★4 이정전, 김윤상, 이정우 외(2009), 『위기의 부동산』, 후마니타스 참조.

셋째, 안전성보다 수익성을 더 고려하는 사람은 새로 발행된 주식을 매입함으로써 자금을 기업에 빌려줄 수 있다. 주식을 취득하면 일정한 이자 대신 가변적인 배당금을 받는다. 만약 기업이 파산하면 우선적으로 기업의 채무를 갚은 후 나머지 재산이 있으면 그때에야 주식 지분 비율에 따라 잔여재산을 분배받는다. 잔여재산이 없으면 주식은 휴지조각이 된다. 그리고 주식가격은 매우 큰 폭으로 변하므로 위험성이 아주 높다. 그러므로 주식을 취득하고 자금을 빌려주는 데에는 매우 세심한 주의와 전문가적 식견이 필요하다.

자금이 필요한 기업이나 가계는 어떤 방법으로 자금을 조달할까? 기업은 이윤 가운데 일부를 주주들에게 배당금으로 분배하지 않고 투자를 위해 사내에 유보한다. 그렇지만 사내유보 자금만으로는 필요한 투자자금에 미치지 못하는 경우가 대부분이다. 이 경우에 기업의 입장에서 주식을 발행하면 상환의무가 없고 자본금이 증가되는 장점이 있어서 좋으나, 대주주의 입장에서는 자신의 주식 소유 비율이 낮아져서 기업의 지배권이 흔들릴 가능성이 있다. 그래서 주식을 추가적으로 발행하는 증자보다 채권발행을 더 선호하는 기업도 있다. 기업의 채권발행은 장기자금을 안정적으로 조달할 수 있는 장점이 있다. 채권발행이 가능한 기업은 신용도가 높은 기업이라야 하며, 신용도가 낮은 기업은 채권발행이 불가능하거나 높은 가산금리를 지불해야 한다. 기업은 주식과 채권의 발행으로 장기적인 투자자금을 확보할 수 있고, 단기적인 운전자금은 주로 은행으로부터의 차입을 통하여 조달한다. 규모가 작은 기업들은 신용협동조합이나 저축은행 등을 통해서 자금을 조달하기도 한다.

가계는 생활자금이 부족하거나 주택 등을 구입할 경우에 주로 은행, 신용협동조합, 새마을금고, 보험회사 등에서 빌린다. 개인이 주식이나 채권을 발행하는 것은 불가능하므로 금융기관으로부터 차입하게 된다. 신용불량자는 이런 금융기관으로부터의 차입이 사실상 막혀 있으므로 사채업자나 고리대금업자로부터 엄청난 고금리로 자금을 빌리게 되므로 신용관리에 세심한 주의가 필요하다.

자금의 공급자가 자금이 필요한 적자 단위에게 직접 빌려주는 것을 **직접금융**(direct financing)이라고 한다. 앞에서 본 새로 발행된 채권과 주식의 매입을 통해서 자금을 빌려주는 것이 이에 해당한다. 이와 달리 자금의 공급자가 은행, 신용협동조합, 새마을금고와 보험회사 등에 자금을 빌려주고 이런 금융중개기관이 자금을 필요로 하는 가계나 기업에게 자금을 대출하는 방법을 **간접금융**(indirect financing) 이라고 한다. 주식시장과 채권시장을 통한 자금조달은 1년 이상의 장기자금이 조달되는 시장이므로 **자본시장**(capital market)이라고도 불린다.

4 대박을 꿈꾸지만! : 재테크

아마도 대부분의 사람들이 대박의 꿈을 꾸어 보았을 것이다. 주변에 로또 복권에 당첨되어 대박을 친 사람은 찾아보기가 어려우나 주식이나 부동산을 통해서 수억 원을 벌었다는 사람은 그리 어렵지 않게 볼 수 있다. 몇 해 전에 중국 펀드의 수익률이 1년에 100%가 넘은 적이 있었고, 최근에도 어떤 가상화폐는 그러하였다. 주식투자[★5]의 특출한 성공사례 가운데에는 7,000만 원으로 120억 원을 번 사람도 있다. 그리고 강남의 재건축 아파트를 사둔 사람도 수억 원을 쉽게 벌었다. 그러나 주식투자 실패로 쪽박을 찬 경우도 종종 볼 수 있다. 2007년 이후 중국 펀드의 손실률이 50% 이상이 되어 큰 손해를 본 사람들이 적지 않았다. 종목에 따라서는 갑자기 주가가 1/10 수준으로 떨어진 경우도 있었다. 이처럼 대박과 쪽박 사이에 희비의 쌍곡선을 그리는 것이 현실이다.

가계가 소득 가운데 일부를 저축할 경우에는 앞에서 예로 든 예금이나 적금, 발행시장에서의 증권매입 등의 방법을 택할 수 있다. 이런 방법을 통해서 여유자금이 자금수요자에게 이전되며, 이 과정에서 저축이 투자로 연결되어 경제발전에 기여하게 된다. 저축을 투자자금으로 사용하기 위해서 기업은 새로운 주식과 채권을 발행한다. 새로운 주식과 채권이 거래되어 자금이 이전되는 시장을 **발행시장**이라고 한다. 그런데 증권시장에는 발행시장뿐 아니라 이미 발행된 모든 주식과 채권이 거래되는 유통시장이 있다.

★5 여기서 말하는 투자는 경제학적 의미의 투자가 아니라 일상적 의미, 혹은 경영학적 의미의 투자를 말한다. 즉 장래에 더 큰 수익을 얻기 위해서 어떤 지산이든 구입하는 것을 투자라고 말한다.

발행시장만 있고 **유통시장**이 없으면 증권을 소유한 사람 가운데 중도에 자금이 필요한 사람이 증권을 처분할 기회가 없으므로 발행시장에서 증권을 사려는 수요가 적을 것이다. 그래서 기업의 자금조달과는 직접적인 관계가 없지만 간접적으로 도움이 되는 유통시장이 설립되어 있다. 유통시장에서 어떤 기업의 주가가 높은 수준에서 결정되면 그 기업은 신주를 높은 가격에 발행할 수 있어서 자금조달이 원활하게 이루어질 수 있다. 그런데 유통시장에서 결정되는 주가가 기업의 잠재능력을 정확하게 반영하지 못하고 왜곡되는 현상이 발생한다. 발행시장에서의 원활한 자금조달을 위해서 유통시장이 허용되어 있지만, 여기에는 정상적인 투자와 함께 온갖 투기적 요소가 난무하는 정글과 같은 측면이 있다.

가계가 저축의 과정을 거쳐 재산을 형성하면 적절한 자산운용으로 재산증식을 꾀하게 된다. 이제 수천만 원 혹은 수억 원의 재산이 형성되었다고 하자. 그러면 위험부담을 줄이면서도 빠르게 재산증식을 할 수 있는 방법을 찾고자 하는, 매우 머리 아픈 문제에 봉착한다. 이런 점에서 "재산이 많아지면 근심도 많아진다."라는 말에 타당성이 있다. 그렇지만 재산관리, 즉 재테크를 무시할 수도 없는 노릇이다. 자칫 잘못 관리하면 재산가치가 오히려 줄어들 수도 있기 때문이다. 어떤 사람들은 자신의 재산뿐 아니라 거기에다 빌린 자금을 보태서 적극적인 재테크에 나서기도 한다. 차입자금까지 추가한 재테크는 수익성과 함께 위험성도 높인다. 가계가 선택할 수 있는 자산은 예금, 보험, 채권, 주식, 부동산 등이다. 앞에서는 저축을 어떤 방식으로 할 것인가를 다루었는데 여기서는 가계의 재산 전부를 어떤 방식으로 관리할 것인가에 대해 언급한다. 가계의 재산은 저축보다 금액이 훨씬 많으므로 자산운용을 신중하게 결정하지 않으면 안 된다. 이 문제에는 불확실성이 매우 커서 일반 원칙이 적용되기 어려운 점도 있지만, 여기서 그것에 관해 간단하게 언급하고자 한다.

첫째, 예금은 앞에서 언급한 것처럼 매우 안전하고 유동성이 높은 자산이다. 다만 이자율이 낮은 약점이 있고, 인플레이션이 발생할 경우에 실질가치가 감소할 우려가 있다.

둘째, 우리의 미래에는 여러 가지 위험이 도사리고 있으므로 이에 대비할 필요가 있다. 주택에 대해서 화재보험이 필요하고, 생계를 책임진 사람이 갑자기 사망하면 가족들이 경제적 어려움에 처할 수 있으므로 생명보험, 종신보험 등이 필요하다. 그리고 질병에 대비하여 암보험 등의 질병보험도 필요하다. 소득수준과 위험의 정도 등 각자의 처지에 따라 적절한 금액의 보험가입이 필요한 것이다.

셋째, 수익률은 예금이자율보다 다소 높으면서 위험성이 그리 크지 않다는 점이 채권의 매력이다. 채권투자에 있어서 고려할 점은 만기일까지의 기간, 채무불이행 위험성(떼일 위험성), 유동성, 이자율 등이 있는데, 채권 수익률은 그 가운데에도 이자율의 움직임과 밀접한 관련이 있다. 채권을 매입할 적기는 이자율이 높은 수준에 도달해서 앞으로 내려갈 것이 예상될 때이다. 왜냐하면 이자율이 높으므로 이자수익도 많은 동시에 앞으로 이자율이 내려가면 채권가격이 올라갈 것이므로 매매차익을 얻을 수 있기 때문이다. 반면에 이자율이 아주 낮은 수준에서는 이자수익이 적은데다 이자율이 상승할 때 채권가격의 하락으로 손해를 보게 되므로 채권 매입을 자제해야 한다. 이자율의 움직임을 정확하게 예측하는 것이 채권투자에 있어서 매우 중요한 요소이다.

넷째, 주식시장에는 수많은 기업들의 주식이 거래된다. 그 가운데에는 성장가능성이 높은 좋은 기업의 주식과 조만간 망할 기업의 주식도 섞여 있다. 이것만 잘 가려낸다면 대박은 따놓은 것이지만 그것을 어떻게 정확하게 분간할 수 있을까?

주식투자에는 장기투자와 단기투자가 있다. 장기투자란 성장이 예상되는 기업의 주식을 사서 장기간 보유하면서 배당금을 받고, 나아가 주가상승도 기대하는 투자를 말한다. 이에 반해서 단기투자는 배당금을 전혀 기대하지 않고 오로지 주가상승을 통한 매매차익만 기대하는 투자이다. 여기에는 매일매일 사고파는 초단기투자도 있다. 단기투자는 도박과 유사한 점이 많다. 어떤 점에서 그런지 알아보자.

우선, 주식의 거래에 따른 손익은 제로섬 게임이라는 점에서 도박과 비슷하다. 주식을 파는 사람은 주식가격이 내릴 것으로 예상하고, 사는 사람은 오를 것으로 예상한다. 누구의 예측이 맞는가에 따라 맞는 사람은 이익을 얻고 틀린 사람은 손해를 보는데, 한쪽의 이익과 다른 쪽의 손해를 합하면 영이다. 예를 들어 가격이 폭락할 줄 모르고 산 사람은 땅을 치고 후회하겠지만 판 사람은 손실을 남에게 전가시켜서 크게 기뻐할 것이다. 반대로 주가가 오를 줄 모르고 판 사람은 큰 후회를 하겠지만 산 사람은 잘 샀다고 좋아할 것이다. 주식투자의 세계는 이처럼 이해관계가 첨예하게 상반되는, 먹느냐 먹히느냐 하는 정글이다. 주식가격은 오를 것으로 예상하는 매수 세력이 매도 세력보다 강하면 오르고, 내릴 것으로 예상하는 매도 세력이 매수 세력보다 강하면 내린다. 이런 점에서 심리적인 요인이 강하게 작용한다.

다음으로, 장래의 주가변화를 누구도 정확하게 예측할 수 없으므로 투자의 성공과 실패에 운이 상당히 작용한다는 점에서도 도박과 유사한 점이 많다. 주식투자는 각자가 지식과 정보, 분석기법을 동원한 게임이라고 볼 수 있다. 시장의 흐름과 다른 투자자의 심리를 누가 정확하게 읽느냐 하는 것과 예측할 수 없는 부분에서 운이 결합되어 성공이냐 실패냐의 결과를 빚어낸다.

주식투자의 요체는 앞으로 주가가 올라가는 종목을 어떻게 미리 알아내고, 그것을 언제 사서 언제 팔아야 하는가를 알아내는 일이다. 어떤 기업 주식의 **기본가치**(fundamental value)는 그 기업의 미래의 예상 배당금의 흐름을 현재가치로 환산한 금액이다. 어떤 주식가격은 장기적으로 기본가치를 중심으로 하여 변동한다고 본다. 만일 기본가치를 결정하는 모든 요인이 알려져 있고, 주식 거래자들이 합리적이라면 현실의 주가는 기본가치와 일치할 것이다. 그러나 각 기업의 미래 배당금을 정확하게 예측하는 것은 불가능하므로 기본가치도 정확하게 계산할 수 없다. 그래서 불확실한 가운데에도 주식가격의 변동을 예측하기 위한 분석기법이 존재한다.

주식투자를 위한 분석에는 기본적 분석과 기술적 분석이 있다. **기본적 분석**(fundamental analysis)은 기업의 이윤에 영향을 주는 모든 요소들, 즉 전반적인 경제상황, 이자율, 생산, 이익, 경영 내용 등을 분석한다. 반면에 **기술적 분석**(technical analysis)은 과거 주가 변동의 추이에는 어떤 규칙성이 있다고 보고 그것을 통해서 미래의 주가 변동을 예측하려는 방법이다. 주식투자의 귀재라고 불리는 워렌 버핏은 주식의 기본가치보다 저평가된 주식을 찾아 매입하여 상당히 장기간 동안 보유하여 주가가 기본가치 수준으로 조정될 때 매각하여 이익을 얻는 가치투자의 방법으로 큰 성공을 거두었다. 반면에 기술적 분석에 치중하는 단기 거래자도 있다.

주식투자에 있어서 잊어서는 안 될 점은 높은 수익률에는 반드시 높은 위험이 따른다는 점이다. 주식투자의 평균적인 수익률은 다른 자산에 비해 높다고 해도, 주식 가격의 변동성이 매우 크기 때문에 언제 쪽박을 찰지 알 수가 없으므로 항상 위험에 대비하여야 한다. 그러면 위험에 대비하는 방법에는 어떤 것이 있는지 생각해보자.

첫째, 분산투자를 해야 한다. 대박을 꿈꾸고 재산을 주식에 모두 쏟아 넣는 것은 위험하다. 그리고 어느 한 종목에만 올인하는 것도 매우 위험하므로 여러 종목에 분산투자를 해야 한다. 대박에의 욕심을 줄이지 않으면 쪽박은 바로 내 곁으로 찾아온다. 둘째, 주식투자를 위해서는 고도의 금융지식이 필요하므로 막연한 기대만으로 시작해서는 실패할 가능성이 매우 높다. 경제 및 금융 공부를 하지 않았다면 주식투자를 시작하지 않는 것이 좋을 것이다. 셋째, 전문 지식 없이 주식투자를 하려면 가급적 투자신탁 증권회사를 통한 간접투자가 보다 안전하다. 넷째, 개인 투자자는 기관 투자가에 비해서 지식, 정보, 자금 등 모든 면에서 취약하므로 주식투자 시에 매우 세심한 분별이 필요하다. 이 열세를 극복할 자신이 없다면 간접투자를 선택하는 편이 좋을 것이다. 다섯째, 간접투자도 큰 손실이 날 수 있음을 명심하고 과도하게 높은 기대수익률에 집착해서는 안 될 것이다. 여섯째, 주가가 계속 상승하면 끝없이 상승할 것이라는 투기심리가 생겨서 '묻지마' 투자를 하게 된다. 이 심리를 경계하지 않으면 낭패를 본다. 흔히 말하는 막차를 타거나 상투를 잡는 꼴이 되는 것이다. 주식투자의 고수들은 대중들과는 반대로 행동하라고 충고한다. 즉 대다수가 사면 팔고, 대다수가 팔면 사라는 것이다. 주식시장이 과열되어 시골 노인까지 주식을 사면 팔 때라는 뜻이다.

처음에 주식투자에서 재미를 보자 점점 재산의 대부분을 주식투자에 쏟아 넣어 재기가 어려울 정도로 쪽박을 찬 사람들도 가끔 본다. 경제 및 금융 공부와 경험으로 검증된 자신만의 투자전략을 확립한 다음에 점점 투자금액을 늘려야 하며, 그것도 재산의 일정 비율을 넘지 않도록 해야 한다.

마지막으로, 부동산투자에 대해서 간단히 언급하고 이 장을 끝내도록 한다. 우리나라에는 '토지신화', 혹은 '부동산 불패 신화'라는 것이 있다. 돈을 부동산에 묻으면 절대 실패하지 않는다는 뜻이다. 우리나라의 국토면적은 인구나 경제규모에 비해서 매우 좁은 편이므로 토지가격은 지속적으로 상승하는 경향이 있다. 일본의 경우를 보면 1986년부터 1991년까지 6대 도시의 지가가 3배로 뛰었다가, 1991년부터 2001년까지 70% 가량 하락하였다. 우리나라에서도 1980년대 중반부터 지가가 급등한 것과 1992년부터 지가가 하락하기 시작한 것은 일본과 유사하다. 그러나 우리나라에서는 지가의 급락이 없이 1998년까지 약 20% 하락한 후 다시 조금씩 올랐다. 그렇지만 1992년 이후 2003년까지 물가상승률을 고려한 실질지가는 거의 40% 정도 하락하였다. 우리나라 부동산가격은 주기적으로 급등한 다음 그 상태를 오랫동안 유지하는 경향이 있다. 지가가 오르지 않는 시기에도 물가는 계속 상승하므로 실질가격은 하락하는 것이다.

그러므로 서울 및 수도권 지역의 아파트와 토지 등 일부 지역을 제외하고는 부동산 신화가 타당하다고 보기가 어렵다. 그리고 부동산투기로 인한 거품의 형성과 그 붕괴는 국민경제에 치명적인 독이 될 수 있으므로 정부는 부동산가격의 급격한 상승과 하락을 방지할 책임이 있다. 그래서 부동산담보대출의 금리와 자금규모를 조절하고, 부동산 보유와 양도차익에 대해 세금을 부과하여 지나친 부동산투기를 방지한다. 부동산투자는 이런 여러 가지 제도적 측면을 고려하여 이루어져야 합리적인 결정이 될 수 있을 것이다.

생활 속의 경제학

Chapter 14
선진국으로 가는 길

1 경제성장이라는 마법

오늘날 세계에는 약 200여 개의 나라들이 있다. 그 가운데 1인당 GDP가 10만 달러가 넘는 룩셈부르크 같은 나라가 있는가 하면 100달러가 조금 넘는 중앙아프리카공화국(아프리카) 같은 나라도 있다. 2022년 기준 세계 인구 약 80억 명 가운데 1인당 GNI가 13,205달러 이상인 고소득국에 거주하는 사람들이 10억 명 정도이며 나머지는 모두 중저소득국에 살고 있다. 고소득국 거주자들은 의식주, 건강, 교육, 문화 등에서 부러울 정도로 좋은 조건에서 생활하는데 반해 저소득국 주민들은 절대빈곤 가운데서 신음하고 있다. 물론 1인당 GDP가 삶의 질을 정확하게 측정하지 못한다는 사실에 대해서는 11장에서 이미 언급하였다. 그러나 1인당 GDP가 매우 낮은 상태에서 삶의 질을 개선하는 것은 거의 불가능한 것이 사실이다. 그렇다면 왜 어떤 나라 국민들은 극심한 빈곤 가운데서 고통당하고 어떤 나라 국민들은 쾌적한 환경 속에서 안락한 삶을 누릴 수 있을까? 도대체 부국과 빈국의 차이는 어디에서 비롯된 것일까?

약 200년 전까지만 해도 동서양을 막론하고 소수의 지배계급을 제외한 세계인의 대부분이 절대빈곤 가운데 살았다. 앵거스 매디슨(Angus Maddison)에 따르면[★1], 1820년 당시 가장 선진 지역인 서유럽의 평균소득은 현재 아프리카의 평균소득보다 약간 낮을 정도였으며, 기대수명도 40세 정도였다. 인류는 실로 오랜 기간 동안 경제

★1 제프리 D. 삭스(김헌구 역 : 2006), 『빈곤의 종말』, 21세기북스, p. 53 참조.

성장이 거의 없던 시대에 살았는데, 생활수준이 향상되기 시작한 것은 18세기 후반에 영국에서 시작한 산업혁명 이후였다. 산업혁명은 곧 서유럽으로 파급되었고, 나아가 북미와 동부, 북부 및 남부 유럽, 오세아니아, 일본으로 확대되어 이들 지역이 오늘날 선진국권이 되었다. 현재 선진국의 대부분은 늦어도 19세기 안에 공업화에 착수한 선발국들이다. 2차 대전 이후 공업화의 물결은 식민지에서 해방된 신생국가들에게도 파급되었다. 그 가운데 선진국에 진입하거나 근접한 나라는 한국, 대만, 홍콩, 싱가포르 네 나라에 불과하다. 개발도상국 가운데 나머지 나라들은 공업화 과정에 있거나 아직도 개발을 시작하지 못한 나라들이다.

우리나라가 속해 있는 동북아시아 세 나라의 사례를 잠시 살펴보자. 19세기에 중국과 일본은 강력한 군사력과 경제력으로 무장한 서구 제국주의 국가들의 먹잇감에 지나지 않았다. 중국은 영국과의 아편전쟁(1840~1842)에 져서 홍콩을 영국에 떼어주었고, 다른 일부 지역도 여러 나라들이 나누어 차지하였다. 일본은 미국의 페리 제독이 이끄는 함대에 의해 강제로 개항되었고, 관세 주권도 상실하였다. 그런 일본이 불과 몇 년 후 자신이 당한 방식대로 조선에 강제 개항을 요구하였다. 조선은 그때까지 세계의 조류를 읽지 못하고 어둠 가운데 있었다.

그런 가운데 일본은 1868년 명치유신을 기점으로 시작한 급속한 공업화로 인해 반(半)식민지 상태의 국가에서 제국주의 국가로 변모하였고, 나아가 2차대전을 일으켜 미국과 영국을 상대로 전쟁을 벌일 정도의 경제력과 군사력을 가지게 되었다. 일본은 2차대전에서 패전하였지만 그 후 재기에 성공하여 세계 3위의 경제력을 가진 나라가 되었다. 이와 달리 중국은 2차 대전 후 공산화되어 잘못된 정책과 정치적인 혼란으로 경제성장을 이루지 못하고 있었다. 그러나 1978년의 정책 전환 후 중국은 고도성장을 계속하여 오늘날 G2(주요 2개국) 가운데 하나로 미국의 패권에 도전할 수 있는 유일한 나라가 되었고, 국민들의 생활수준도 크게 향상되었다.

우리나라가 1960년대 초에 경제개발을 시작할 무렵, 1인당 국민소득은 80달러 수준이었고, 평균수명은 52세로서 절대빈곤 국가였다. 그 당시 우리나라는 필리핀보다 훨씬 가난한 나라였다. 일본은 영국보다 약 100년 늦게 공업화를 시작하였는데 비해, 우리나라는 200년이나 늦게 공업화를 시작하였다. 19세기 말에 우리나라도 일본과 비슷한 시기에 스스로 개항과 근대화를 선택할 수 있었지만 국론의 분열과 쇄국정치로 인해 그것이 실현되지 못하면서 우리나라는 이웃 나라의 식민지로 전락하였고, 100년 후에야 다시 근대화의 기회를 가지게 되었다. 우리나라의 1인당 GDP가 오늘날 35,000달러에 이르러 고소득국이 되었고, 세계 11위의 경제력을 가진 나라가 되었다. 60여 년 전 우리나라보다 훨씬 부유하던 필리핀의 1인당 GNI는 2023년 현재 우리나라의 1/10에도 미치지 못하는 수준이다.

이런 극적인 변화가 어떻게 가능할까? 그것이 바로 경제성장이라는 마법이다. 경제성장이 이러한 천지개벽의 변화를 초래하는 힘이다. 경제성장은 단기간에는 그리 큰 변화를 가져오지 못하지만 그것이 한 세대 혹은 두 세대 동안 지속되면 상전벽해, 혹은 경천동지의 대변화를 초래하는 것이다. 산업혁명 당시 서유럽 국가들의 연평균 경제성장률은 3% 정도에 지나지 않았지만, 그 이전에 경제성장률이 거의 0%였던데 비하면 높은 성장률이었다. 오늘날 기준으로 보면 그런 경제성장률은 미미한 성장임에도 불구하고 장기간 성장이 지속되자 마침내 선진국으로 변모한 것이다.

우리나라의 1960~2002년 사이의 연평균 경제성장률은 서유럽과는 비교가 안 될 정도로 높은 7.5%였다. 복리로 증가하는 변수가 2배로 되는데 걸리는 시간을 계산하는 방법으로 '72 법칙'이라는 것이 있다. 만일 인구가 연 3%의 비율로 증가하면 72/3, 즉 약 24년 만에 인구가 2배로 된다. 마찬가지로 서유럽 국가들의 GDP가 2배로 되는데 24년이 걸렸는데 비해, 우리나라의 GDP가 2배 되는데 걸린 시간은 9.6년(72/7.5)에 불과하였다. 서유럽의 GDP가 2배가 되는 24년 동안에 우리나라의 GDP는 무려 5.7배로 증가하였다. 중국이 개방정책으로 선회한 직후인 1980년부터 2002년까지 연평균 경제성장률은 무려 9.5%였다. GDP가 2배되는 시간은 7.6년에 불과하고 한 세대인 30년 만에 GDP는 16배로 증가하였다. 고도 경제성장이란 이렇게 무서운 힘을 가지는 것이다. 여기서 급속한 경제성장이 국가의 우선적인 목표가 되는 이유를 실감할 수 있다.★2

★2 *World Development Indicators.*

2 우리나라는 선진국인가?

경제성장 및 발전에 대해서 이론적으로 접근하는 대신 대표적인 성장 사례인 우리나라와 중국의 경제성장 과정을 통해서 일반적인 성장 및 발전의 원리를 이해하는 것이 더 알기 쉬운 방식이라고 생각되므로 이 절에서는 한국, 다음 절에서는 중국의 성장 사례를 살펴본다.

한 나라가 선진국에 속한다는 사실은 그 나라의 국제적 위상과 국민의 자존감을 크게 높여준다. 우리나라는 1996년에 선진국 클럽이라 불리는 OECD에 가입했고, 2023년에 1인당 GDP가 35,000달러를 넘어섰으니 선진국이라고 불러도 되지 않을까? 보통 우리나라는 선진국 문턱에 와 있다고 말한다. 우리나라 정부는 대외적으로 스스로를 개발도상국이라고 한다. 반면에 어떤 국제기관들은 우리나라를 선진국이라고 분류한다. 왜 이렇게 헷갈리게 만드는 것일까?

그 이유는 선진국에 대한 분명한 정의가 없기 때문이다. 과거에는 세계를 경제발전의 정도에 따라 선진국/후진국, 또는 선진국/저개발국 등으로 분류하였는데, 최근에 와서 후진국 혹은 저개발국의 어감이 좋지 않으므로 **선진국**(developed countries)/**개발도상국**(developing countries)으로 분류하고 있다. 개발도상국은 바로 과거에 사용되던 후진국이나 저개발국 혹은 제3세계와 거의 동의어로 사용된다.

그런데 어떤 조건이 갖추어진 나라를 선진국으로 분류하는지 분명하지 않다. 대체로 선진국은 1인당 GDP가 매우 높고 공업화 과정을 거쳐 제조업과 서비스업의 비중이 매우 높은 나라를 말한다. IMF는 서유럽과 북미, 일본, 오세아니아에다 동아시아의 한국, 대만, 싱가포르를 포함한 32개국을 선진경제로 분류하고 있다. 그러나 세계무역기구(WTO)에서는 각국이 스스로 선진국인지 개발도상국인지 밝히도록 하고 있다. 우리나라는 선진국으로 분류되면 개방 부담이 커지므로 스스로 개발도상국이라고 주장하고 있다.

이처럼 선진국의 기준이 모호하지만 선진국은 대체로 1인당 GDP가 30,000달러를 훌쩍 넘어서고 공업이 매우 발전한 나라가 이에 속한다. 선진국 개념의 모호성 때문에 세계은행은 선진국/개발도상국이라는 용어를 쓰지 않고, 1인당 GNI를 기준으로 하여 고소득국/중소득국/저소득국으로 분류하고 있으며, 우리나라는 고소득국 가운데 하나이다. 이렇게 볼 때 우리나라는 선진국이라고 하기에는 뭔가 거리낌이 있는 것이 사실이므로 선진국 진입을 눈앞에 두고 있다거나 선진국 문턱에 와 있다는 말이 상당히 정확한 표현이라고 볼 수 있다.

이렇게 보면 우리나라는 아직은 개발도상국에 속하며, 정확하게 표현하자면 선진 개발도상국이라고 할 수 있다. 선진국을 제외한 모든 나라들이 개발도상국이므로 여기에는 매우 다양한 나라들이 속해 있다. 우리나라처럼 거의 선진국에 도달한 나라가 있는가 하면 최저개발국(least developed countries)까지 존재한다. 세계은행이 분류한 저소득국과 중소득국은 모두 개발도상국이다.

개발도상국의 지역적 분포를 보면 주로 아시아, 아프리카, 라틴아메리카 대륙에 분포해 있다. 이들 지역의 대부분은 오랜 식민지 시기를 거쳐 독립한 나라들이다. 라틴아메리카는 15세기에 스페인과 포르투갈의 식민지가 되었다가 19세기 초 나폴레옹 전쟁을 틈타 독립하였다. 아시아와 아프리카 국가들은 대부분 2차대전 이후 독립하였다. 개발도상국들은 거의 다 빈곤하지만 그 가운데 가장 빈곤한 지역은 인도, 파키스탄, 방글라데시 등이 위치한 남아시아이고 그다음이 사하라 사막 이남의 아프리카 지역이다. 그리고 과거에 사회주의 국가였던 구소련 지역과 동유럽, 중국, 베트남 등은 시장경제로 전환하여 **체제이행경제**(transition economies)라고 불리고 있다.

개발도상국의 가장 큰 특징은 저소득, 낮은 교육수준, 짧은 수명, 높은 영아사망률, 영양실조와 질병 등이다. 개발도상국 주민들 가운데 많은 사람이 고통 가운데서 살면서 인간으로서의 잠재능력을 실현하지 못한 채 짧은 생애를 마감한다. 이러한 개발도상국이 선진국이 되려면 경제성장 및 경제발전이 반드시 필요한 것이다.

여기서 경제성장이라는 말과 경제발전이라는 말의 뜻을 간단히 살펴보자. 이 두 용어는 혼용되기도 하나 보통 구별되어 사용된다. 경제성장은 단지 GDP의 증가를 뜻한다. 이에 반해 경제발전이란 경제성장을 기본으로 하되 거기에다 공업화, 고용증가, 빈곤의 감소, 소득분배의 개선 등이 이루어져서 국민 대다수의 생활수준이 향상되는 현상을 말한다. 그러므로 경제발전은 경제성장과 대중들의 생활수준 향상이 동시에 이루어지는 현상이라고 보면 된다.

개발도상국에서는 단순한 경제성장이 아니라 경제발전이 필요하므로 경제성장 대신 경제발전이라는 용어를 많이 쓰며, 단순히 GDP의 증가를 의미할 경우에는 선후진국을 막론하고 경제성장이라는 용어를 사용한다. 그러면 반세기 전 우리나라의 대다수 국민들이 최저생활을 하기도 어려운 상태에 있었는데, 어떻게 거기에서 벗어나 오늘날 선진국 문턱에 올 수 있었는지 중요한 요인만 몇 가지 들어서 살펴보기로 하자.

우리나라 경제는 어떻게 성장하였나?

우리나라는 인구는 많은데 국토는 좁은 나라이다. 우리나라 토지 가운데 활용 가능한 평지는 1/3 정도에 불과하므로 가용면적 대비 인구밀도는 세계에서 가장 높은 나라이다. 우리나라의 인구밀도는 인구 천만 명이 넘는 나라 중 방글라데시, 대만 다음으로 세계 3위이지만 가용면적 인구밀도 순위는 더 올라간다. 게다가 석유나 천연가스, 우라늄 등의 자원이라도 있으면 좋으련만 변변한 자원이 거의 없다. 이처럼 우리나라는 경제발전에 유리한 조건을 가지지 못하였다.

더구나 우리나라는 일제의 식민지로 36년 동안 고통을 겪었고, 정부 수립 직후 3년 동안이나 내전을 치렀다. 그 과정에 그나마 있던 생산시설이 거의 절반이나 파괴되었다. 정말 엎친데 덮친 격이었다. 이런 불리한 조건 가운데 1961년 쿠데타로 정권을 잡은 박정희 정부는 1962년부터 경제개발5개년계획을 강력하게 추진하였고, 그 결과 한강의 기적을 이룩하였다. 우리나라가 경제발전을 이룩할 수 있었던 요인은 무엇일까?

첫째, 우리나라에는 인구가 많아 풍부한 노동력이 있었고, 게다가 국민들의 높은 교육열과 정부의 교육투자로 인해 노동력의 질도 높았다. 우리나라에는 유교 전통 및 과거제의 영향으로 지식인을 우대하는 풍토가 있었다. 당시에 농촌의 부모들이 먹고사는 것이 힘들어도 소를 팔아서라도 자식들을 대학에 보냈다고 해서 대학을 상아탑이 아니라 우골탑이라고 부르기도 했다. 그리고 재정 사정이 안 좋았던 이승만 정부 시절부터 초등교육을 의무교육화할 정도로 교육을 중시하였다.

이렇게 형성된 인적 자원이 우리나라가 가진 유일한 자원이었는데, 이런 노동력에 정부가 주도적으로 동기를 부여하였다. '잘살아 보자', '하면 된다'는 자신감과 정부의 재정지원에 의한 동기부여가 결합되어 경제발전에 대한 강한 의욕이 형성되었다. 양질의 노동력이 풍부하게 존재한다는 점은 노동집약적인 공업 부문의 발전에 매우 유리한 조건이었다.

둘째, 이승만 정부가 독재와 부패로 욕을 먹곤 했지만, 그 정부가 우리에게 남겨준 중요한 유산이 있었다. 그것은 자본주의 시장경제제도를 확립했다는 점이다. 일제 때 시작된 사유재산 제도와 시장제도가 미군정을 거쳐 정부수립을 계기로 확립된 것이다. 이 경제제도는 이후 경제발전의 초석이 되었다. 이 제도가 경제성장 면에서 가장 효율적이라는 것이 한참 후에야 입증되었다. 당시에는 좌우 이념 대결이 치열하였고 사회주의의 영향력이 아주 컸던 시기인데도, 우리나라가 이 제도를 택하게 된 것은 다행이 아닐 수 없다. 그리고 1954년부터 1960년까지 원조자금에 의한 수입대체공업화를 통해서 연평균 4.9%라는 착실한 성장을 이루어 이후의 본격적인 수출주도적 공업화의 기초를 닦은 점도 중요한 기여이다.

셋째, 우리나라 정부는 국내저축의 부족 때문에 외자를 조달하여 투자하는 길을 선택했다. 당시에 우리나라 1인당 국민소득이 너무 낮아서 저축할 여력이 거의 없었기 때문에 저축률은 매우 낮았다. 우리나라는 6.25 전쟁으로 사회간접자본과 공업 생산시설의 태반을 잃었다. 전후 복구와 경제부흥은 대부분 미국의 원조자금에 의해 이루어졌는데, 미국 원조는 1957년을 정점으로 해서 그 후에 감소되었다. 투자재원 부족이 심각하자 박정희 정부는 1965년 한일 국교 정상화를 통해서 무상공여 3억 달러, 재정차관 2억 달러, 그리고 민간차관 3억 달러를 합하여 총 8억 달러의 투자재원을 확보하였다. 그 후 국제금융기관과 다른 나라들로부터 공공차관과 상업차관을 적극 도입하여 경제개발을 위해 투입하였다. 그 당시에 외자도입을 통한 공업화는 서구 신제국주의 국가에게 종속되는 길이라는 주장이 설득력을 얻고 있었는데, 우리 정부는 이런 견해와 상반되는 실용적인 결정을 한 것이다. 이런 어려운 시기를 거쳐 소득이 급속하게 증가함에 따라 국내저축률도 가파르게 상승하여 1988년에 40%에 달했다.

넷째, 당시 우리나라의 기술수준은 너무나 보잘것없었다. 그래서 선진국으로부터 기술을 도입하였고, 기술도입을 원활하게 하고 자체 기술을 개발하기 위해서 1966년에 한국과학기술연구원(KIST)을 설립하여 해외에 체류하던 연구 인력을 대거 초빙하였으며, 1973년부터 건설된 대전의 대덕연구단지에 한국원자력연구소 등 많은 연구기관이 설립되어 한국의 과학기술 수준을 향상시켜 왔다. 우리나라의 GDP 대비 R&D(연구개발) 투자의 비율은 높은 편으로서 2023년에 4.96%을 기록하여 OECD 국가들 가운데 2위를 기록하였다. 그런 노력의 결과 반도체, 전자, 자동차, 조선 등의 기술수준은 세계적인 일류 수준에 도달해 있다. 중국이라는 공룡이 빠르게 추격해 오는 상황이라 우리 기술력을 얼마나 향상시키는가가 우리 미래를 좌우하게 될 것이다.★3

다섯째, 우리 정부는 수출주도공업화정책을 일관되게 추진하였다. 그 당시에는 민족주의와 사회주의의 영향이 커서 수출주도정책과 같은 대외의존적인 정책은 많은 비판을 받았다. 그럼에도 불구하고 우리 정부가 실용적인 결정을 하였던 것이다. 수입대체공업화에 주력하던 라틴아메리카와 비교해서 수출주도공업화를 선택한 동아시아 국가들의 성과가 훨씬 좋았던 점에서 우리나라 정부의 정책 선택이 옳았다는 점이 입증되었다. 좁은 국내 시장에서 수요 창출이 큰 제한을 받았기 때문에 수출을 통해서 시장을 창출하는 방법이 더 효과적이었던 것이다. 그래서 국내시장에서 판매하는 것보다 수출하는 것이 더 유리하게 되도록 정부는 대폭적인 환율 인상과 낮은 이자율의 수출금융 및 세금감면을 통해 수출을 적극 지원하였다.

수출주도정책과 아울러 미래에 수출산업이 될 가능성이 있는 산업에 대해서 높은 관세율로 보호하여 나중에 그 산업이 수출산업이 되게 하는 유치산업보호정책도 시행하였는데, 자동차, 전자, 기계 산업 등이 대표적인 사례이다. 이렇게 육성된 산업들이 오늘날 우리나라를 먹여 살리고 있다. 그리고 초기에 비교우위가 있는 노동집약적인 경공업 제품을 중심으로 수출함으로써 고용을 급속하게 증가시켜 빈곤을 단기간에 줄이고 소득분배도 개선하는 일석삼조의 효과를 거두었다. 우리나라는 현재에도 수출에 크게 의존하는 나라이며, 2023년 기준으로 세계 7위의 수출대국이다.

우리나라 경제성장의 예를 통해서 일반적인 경제성장의 원리를 알 수 있다. 첫째, 경제성장을 하려면 총공급이 증가해야 한다. 총공급이 증가하려면 노동 투입의 증가가 필요하고, 투자를 통한 자본의 증가가 필요하다. 그리고 노동의 질적 향상과 기술진보, 그리고 자원의 효율적인 활용(배분)을 통한 생산성 상승이 요구된다. 우리나라는 노동의 양적 증가와 질적 향상은 풍부한 노동력과 높은 교육열을 통해서 내부적으로 이룩하였고, 자본 조달과 기술 도입은 해외에 많이 의존하는 방식을 택하였다. 즉 외부지향적 발전전략을 선택한 것이다.

둘째, 총수요가 총공급에 맞춰서 증가해야 한다. 총수요 증가는, 내수의 증가, 또는 수출의 증가 및 수입의 감소를 통해서 이루어질 수 있다. 우리나라는 수출주도정책을 우선으로 하고 그것과 함께 수입대체정책을 시행하여 총수요 부족을 타개하였다. 경제성장이 계속되자 그 결과 내수도 꾸준히 증가해 왔다.

우리나라의 경제성장 과정에서 당한 위기

우리나라의 경제성장이 매우 빠르게 진행되었지만 그것이 결코 순탄하게 이루어진 것은 아니다. 여러 차례의 위기가 있었고 어떤 경우에는 나라의 존립이 위태로운 적도 있었으나 우리나라는 그것을 이겨내고 현재의 위치에까지 오게 되었다. 그 위기의 과정을 간단하게 살펴보자.

첫째, 경제성장의 과정에 많은 정치적 혼란이 있었다. 박정희 정부는 쿠데타로 정

★3 우리나라의 경제발전 과정에 대해서 다음 책을 참고 바람. 이대근 외(2005). 『새로운 한국경제발전사』. 나남출판.

권을 잡았기 때문에 처음부터 정치적 정당성에 흠집이 생겼다. 더구나 3선개헌과 10월유신으로 권위주의 체제를 강화하면서 반독재 투쟁이 격화되었고, 이에 대해 더 강력한 억압정책으로 맞섰다. 마침내 대통령이 최측근에 의해 살해되었고 나라가 위기에 빠졌다. 그 후에 새로운 군사 쿠데타로 인해 권위주의 체제가 한동안 더 지속되었다.

빠른 경제성장을 위해 독재는 불가피한가? 이에 대해 이론적 근거보다는 역사적 사례를 들어보자. 유럽에서 산업혁명이 진행 중일 때 유럽 국가들은 민주주의 정치제도를 채택했지만, 선거권과 피선거권은 재산이 일정한 정도를 넘는 소수의 유산계급에게 국한되었고 인구의 대부분인 노동자 및 일반대중들은 배제되었다. 미국도 1824년까지 그러하였다. 여성의 정치참여는 20세기에 들어와서 가능하였다. 소련이 고도성장을 할 때는 스탈린 독재 치하였고, 일본의 근대화도 명치유신을 성공시킨 쿠데타 세력의 중앙집권적 권위주의 정부하에서였다. 중국의 고도성장은 공산당 독재하에 이루어지고 있다. 물론 예외가 없는 것은 아니지만 초기 자본축적기에 독재정치가 많았던 것은 사실이다.

독재가 경제성장에 기여한다면 그것은 어떤 측면에서 그럴까? 독재정부는 국가목표를 흔들림 없이 경제성장에 맞추고 그것에 필요한 제도를 확립하며, 노동운동을 억압함으로써 임금을 안정시켜서 자본축적이 빠르게 이루어지도록 한다. 그래서 분배적 정의, 정치적 자유, 인권, 복지를 요구하는 목소리는 일단 억압되고 만다. 이런 가치들이 매우 중요하지만 우선순위 면에서 가난에서 탈출하기 위한 경제성장이 가장 급선무라는 것이다. 권위주의 정부가 국가목표의 우선순위를 바르게 정하고 그것을 지속적으로 실행하기 위해서 통제적 방법이 필요했다고 해도, 굳이 기본권을 거의 말살하는 것과 같은 극단적인 통치 방법을 선택할 필연성은 없었을 것이다. 정치적 후계자를 통해서 국가목표가 계승되도록 할 수 있었을 터인데도, 불필요한 강압통치를 초래한 점은 불행한 일이었다. 아무튼 초기 경제개발시기에는 많은 나라가 독재의 형태를 취했고, 우리나라도 그 가운데 하나였다.

경제발전은 나중에 민주주의, 인권 등의 가치를 실현하는 물질적 토대가 되었다. 사람들은 일단 기본생활이 보장되고 어느 정도의 풍요를 누리면 정치적 자유와 인권에 대한 갈망을 더욱 적극적으로 표현한다. 그래서 독재체제를 유지하는 체제유지비용이 너무나 많이 든다. 우리나라에서도 오랜 민주화 투쟁이 1987년 6월 항쟁을 통해서 절정에 달했고, 마침내 6.29 선언(대통령 직선제)으로 결실을 맺었다. 권위주의 체제하에서 경제성장이 시작되었지만 그것은 결국 민주화로 귀결되었다. 경제발전이 계속되면 경제규모가 커져서 국가주도로 경제를 이끌어 나가기가 점점 어려워지며, 가치도 다양화되므로 이젠 민주주의적 리더십이 필요한 것이다. 우리나라는 다른 나라가 100년 이상 200년 가까이 걸리는 산업화와 민주화를 모두 반세기 안에 이룩한 성공 사례로 꼽히고 있다. 세부적인 면에서 아직 미흡한 점이 많지만 큰 틀에서 볼 때 성공적이라고 평가될 수 있다.

둘째, 우리나라에는 국내의 자원이 노동뿐이었으므로 나머지 자원과 시장을 모두 나라 밖에서 해결하는 대외의존적인 개발정책이 불가피하였다. 그 결과 우리의 경제구조는 대외 여건의 변동에 취약했으므로 여러 번의 위기가 찾아왔다. 1979년에 우리나라가 전적으로 해외에 의존하는 석유의 가격이 급등하자 경제성장률이 마이너스로 곤두박질쳤다. 1980년대 전반기에는 외채가 크게 누적되어 '외채 망국론'이 많은 사람의 입에 오르내렸지만, 1986년부터 3저 호황으로 인해 경상수지 흑자가 발생하여 이 위기를 극복하였다. 또한 1994년부터 1997년까지 큰 폭의 경상수지 적자가 누적되었고, 금융기관들이 지나치게 많은 단기외채를 차입하였는데, 1997년 말에 달러 자금의 급격한 유출과 외환보유고의 절대적인 부족으로 외환위기를 당하였고, 구제 자금을 지원해 준 IMF의 경제신탁통치를 받게 되었다. 그러나 1998년부터 환율의 급등으로 인해 발생한 대폭적인 경상수지 흑자로 빚을 조기에 갚아 단기간에 IMF 지배로부터 벗어났다.

이처럼 우리 경제는 선진국이 불황에 빠지면 수출이 감소하여 애를 먹게 되고, 외채가 누적되면 달러 부족으로 인해 부도가 날 위험에 빠지는 등 대외의존적인 경제 때문에 당하는 어려움이 많았으나 그 어려움을 잘 극복하였다. 이런 어려움에도 불구하고 우리나라에는 수출주도 정책보다 더 나은 다른 발전의 길은 보이지 않았다.

셋째, 현재 우리나라는 과거와는 다른 위기를 맞고 있다. 즉 투자부진으로 인해 경제성장률이 저하하는 문제, 어느 정도 경제성장을 달성해도 고용이 거의 늘어나지 않는 문제, 소득분배가 더 불평등해지고 비정규직 노동자가 늘어나는 양극화의 문제, 그리고 지금은 일시적으로 환율 효과 때문에 감추어져 있지만 일본의 기술에 밀리고 중국의 저임금에 밀려 우리나라 수출품의 경쟁력이 약화되어 샌드위치 신세에 빠지는 등의 문제에 봉착해 있다. 결국은 투자회복과 기술진보가 해법인데, 이것을 어떻게 달성할 것인가에 우리의 미래가 달려 있다.

3 중국경제는 언제 미국경제를 추월할 것인가?

중국은 역사적으로 우리나라와 가장 인연이 깊은 나라이고 현재 가장 중요한 교역 상대국이며, 세계에서 가장 빠른 속도로 성장하는 대국이라 큰 주목을 받고 있는 나라이다. 중국은 올해(2025년) 건국 76년을 맞이하여 국력을 유감없이 과시하고 있다. 후진 농업국이었던 중국이 세계의 공장으로 바뀌어 세계 2위의 GDP(18조3천억 달러, 2024)를 자랑하고 있다. 구매력평가환율로 계산한 2024년 GDP(33조 1천억 달러)는 미국을 넘어서서, 이제 당당히 미국에 '노'할 수 있는 국가로 우뚝 섰다. 등샤오핑의 개혁 개방 정책이 40여년 만에 이처럼 큰 성과를 나타낼 수 있다는 사실이 놀랍기만 하다.

세계의 관심사는 중국의 GDP가 언제 미국을 추월하여 세계 1위의 경제력을 가지게 될 것인가에 쏠려 있다. 홀츠(Holz, Carsten A., 2005)[★4]에 따르면, 2015년에 구매력 평가 환율로 계산한 중국의 GDP가 미국의 GDP를 추월하고, 2025년에는 명목GDP 기준으로도 미국을 추월할 것이라고 하였다. 이와 달리 중국사회과학원은 2035년 중국의 GDP는 2007년 미국 GDP의 절반 정도에 불과할 것이라고 보수적으로 예측하고 있다. 이 예측이 보수적이라는 것은 그들 스스로도 인정하고 있다.

로마의 패권 시대가 약 200년 지속되었고, 19세기에 영국의 패권 시대가 100년도 채 못 되어 막을 내렸는데, 20세기가 시작할 무렵부터 시작된 미국의 패권 시대가 서서히 종말을 고하고 새로운 다극 시대가 열릴 것으로 보인다. 하나의 패권국이 존재할 경우에 패권국의 횡포가 존재함과 동시에 상대적인 평화도 도래했다. 다극 시대는 보다 공정한 국제질서를 수립할 계기가 됨과 동시에 갈등이나 파국의 위험도 있다. 중국이 미국을 추월한다는 것은 미국의 패권 시대가 종말을 고하는 것을 의미한다. 우리나라는 실로 오랫동안 중국을 종주국으로 삼아 왔고, 고구려와 발해사를 자국 역사에 편입하려는 동북공정 같은 중국의 패권 계획 등을 볼 때 뭔가 불길한 느낌을 지울 수 없다. 중국은 우리나라의 최대 교역국이기 때문에 중국의 경제성장은 우리나라의 수출증대에 큰 도움이 되지만, 중국의 패권 시대가 도래할 것이 예상되므로 우리로서는 이에 대비하지 않을 수 없을 것이다. 그러면 중국의 경제발전 과정과 향후에 예상되는 진행과정에 대해서 살펴보자.

중국경제는 어떻게 성장했는가?

중국은 지난 40여년 동안 연평균 9%가 넘는 경제성장 가도를 질주해 왔다. 동아시아의 일본과 한국도 고도성장을 했지만 중국은 그것을 능가하는 경제성장을 이룩하였다. 이런 놀라운 성장을 이룩한 원인은 무엇일까?

첫째, 모택동 통치 시절에 중국은 중앙통제체제의 비효율과 문화혁명(1966~1976) 등의 정치적 갈등으로 인해 경제성장률이 매우 낮았다. 문화혁명은 실용주의자들의 부상으로 수세에 몰린 모택동이 어린 학생들과 청년들로 구성된 홍위병들을 동원하여 실용주의 세력을 몰아내기 위해 일으킨 정치적 계급투쟁이었다. 이 과정에서 많은 지식인들과 전문가들이 감금되거나 살해되기도 하였다.

그러다가 모택동 사후인 1978년에 실용주의자인 등샤오핑이 중국 공산당의 최고

★4 Sharma, Hari(2007), "Sources of Economic Growth in China, 1952~1998", *Issues in Political Economy*, Vol. 17, August 2007 참조.

실권자로 등장하였고, 시장경제체제로의 개혁과 대외적으로 자국 시장을 개방하는 방향으로 극적인 정책 전환을 하였다. 이것이 중국의 고도성장의 제도적 토대이다. 중국이 소련보다 7년 정도 앞서서 개혁을 시작하였는데, 두 나라 사이에 다음과 같은 차이점이 있다. 중국은 공산당이 정치권력을 계속 장악하는 가운데 경제적으로 점진적 변화를 추구한 데 반해, 소련은 경제개혁과 동시에 정치적 민주화까지 추구하여 결국 정치적 혼란으로 소련 연방이 깨어졌고, 소련을 계승한 러시아는 아주 급진적으로 자본주의화를 추구하였다. 그 결과 러시아는 큰 혼란을 겪었고, 중국은 정치적으로 안정된 가운데 급속한 성장을 이룩하였다.

둘째, 중국의 고도성장의 견인차 역할을 한 것은 높은 투자율이었다. 중국의 저축률과 투자율은 높기로 유명하다. 투자율은 대체로 40% 내외에서 조금씩 변동하고, 저축률은 40~50% 정도인데, 2007년에는 52.3%라는 기록적인 수치에 도달했다. 중국 총투자의 2/3가량은 도로, 댐 등 인프라에 대한 투자였고, 나머지가 기계 및 설비에 대한 투자였다. 투자율이 높고 투자의 성장 기여도가 높은 것은 한국, 싱가포르, 말레이시아 등 동아시아 지역에 있어서 공통적인 현상이다. 반면에 미국이나 유럽 선진국의 투자율은 대체로 15~20% 정도에 지나지 않는다.

중국에서 외국자본, 특히 **외국인직접투자**(FDI)가 자본 형성에 큰 기여를 하였다. 중국의 풍부한 노동력을 활용하고 나아가 방대한 중국시장을 개척하기 위해서 세계적인 다국적 기업들이 거의 대부분 중국에 직접투자를 하였고, 우리나라 기업도 많이 진출하였다. 중국에 유입된 외국인 직접투자는 1990년에 350억 달러 정도였는데 점점 증가하여 2008년에는 1,000억 달러를 돌파하였다. 최근 중국으로의 외국인직접투자가 감소하고 있지만 외국인 직접투자는 자본뿐 아니라 선진 기술이 도입되는 창구 역할을 하였다. 샤마(Hari Sharma, 2007)의 연구에 따르면 1978~1998년 사이에 중국의 경제성장에 있어서 자본축적(투자)의 기여도가 62%나 된다는 것이다. 기술진보나 노동보다 투자가 성장에 기여한 비율이 압도적으로 높았다.

셋째, 중국은 세계최대의 인구대국이었으므로 노동력이 매우 풍부하였고, 다른 나라에 비해 임금이 아주 낮았다. 그 결과 외국자본이 저임금 노동력을 활용하기 위해 많이 유입되었고, 국내자본의 투자도 촉진되었으며, 노동집약적 산업에서 강력한 국제경쟁력을 확보할 수 있었다. 그래서 저임금 노동으로 생산한 제품을 전세계로 수출할 수 있었다. 그러나 1970년대에 들어와서 한 자녀 갖기 운동을 전개하면서 인구증가율이 그 당시 2.5% 수준에서 점점 감소하여 2000년대에는 평균 0.6%로 떨어졌다. 인구증가율이 감소하고 노동증가율이 감소하자 노동의 경제성장에 대한 기여도도 작아져서 샤마의 추계에 따르면 불과 11%에 지나지 않았다. 노동의 성장기여도가 계산상 이렇게 낮게 나온다고 하더라도 풍부한 노동력이 많은 투자를 가능하게 한 요인이라는 사실을 잊어서는 안 될 것이다.

넷째, 동일한 양의 노동과 자본으로 더 많은 수량을 생산한다는 의미에서 생산성이 증가하였다. 생산성이 증가한 원인을 살펴보면, 시장경제로 전환한 점, 자원이 생산성이 낮은 농업 부문에서 생산성이 더 높은 공업 부문으로 이동한 점, 기술의 도입과 자체 개발, 교육으로 인한 노동의 질적 향상 등이 그 원인이었다. 샤마의 분석에 따르면 생산성 증가의 중국 경제성장에 대한 기여도는 28%로 나타났다.

다섯째, 중국도 동아시아 다른 국가들과 비슷하게 수요 측면에서 수출에 크게 의존하였다. 중국이 개방할 무렵 GDP 대비 수출액의 비율이 10% 이내였는데, 이 비율이 30% 이상으로 증가하여 수출에 대한 의존도가 매우 커졌다. 이에 비해 수입액은 적어서 2023년의 경상수지 흑자는 무려 2,530억 달러에 달했다. 미국의 경상수지 적자는 9,054억 달러로서 중국과 매우 대조적이며, 미국은 중국과의 무역에서만 약 3,300억 달러의 적자를 내고 있다. 저개발국인 중국의 국내시장은 매우 협소하였으므로 미국을 위시한 선진국 시장에로의 수출이 최선의 전략이었다. 선진국 시장에 급속하게 파고들 수 있는 경쟁력의 원천은 저임금과 환율 인상이었다. 환율이 오르면 수출 시에 달러로 표시한 가격이 하락하므로 수출경쟁력이 강화된다.

중국의 환율 변화 추이를 보면 개방 직후인 1979년에 1달러당 1.5위안이었는데 환율이 점점 인상되어 1993년에 1달러당 5.8위안이 되었다. 중국 정부는 이 시기에 환율을 급격히 인상하여 1994년에는 1달러당 8.45위안이 되었다. 이 조치는 중국 수출품의 경쟁력을 강화시키는 반면, 다른 경쟁국들의 수출경쟁력을 크게 약화시켜서 1997년 아시아 외환위기의 한 원인이 되기도 하였다. 막대한 경상수지 흑자와 외국자본 유입으로 중국에는 달러가 넘쳐났으므로 달러 대 위안 환율이 대폭 하락해야

함에도 불구하고 중국의 인민은행이 달러를 대량으로 사들여서 환율을 그대로 유지하려고 하였으므로 환율이 조금만 내려서 2024년에 1달러당 7.1위안으로 큰 변동이 없다. 그래서 중국의 외환보유고는 2024년 현재 3조 달러를 넘어서서 세계 최고의 외환보유고를 자랑한다. 이렇게 많은 외환보유고를 축적한 것은 중국의 달러 환율을 높게 유지하여 수출을 증가시키고 수입을 억제하기 위함이다. 이러한 인위적인 고환율정책은 무역불균형을 심화시키므로 미국을 위시한 다른 나라들로부터 환율 인하 압력이 가해지고 있다.[★5]

앞에서 본 바와 같이, 중국의 성장전략은 우리나라와 매우 유사하다. 중국 공산당의 개혁 개방 정책이 성장의 바탕을 제공하였으며, 풍부한 노동력을 바탕으로 하여 자본과 기술을 외국에서 도입하였다. 그리고 국내저축률도 매우 높았다. 또한 원재료와 부품을 일본과 한국 등으로부터 수입하고 그것을 조립 가공하여 주로 미국을 위시한 선진국에 수출함으로써 고도성장을 달성한 것이다. 이러한 전략은 일본, 한국, 대만 등의 경험으로부터 배운 것이기도 하다.

이처럼 동아시아 경제발전모델은 수입대체공업화를 선택한 라틴아메리카 모델보다 훨씬 성공적이었다. 라틴아메리카는 경제성장률도 상대적으로 낮았고, 물가상승률은 매우 높았다. 그리고 고용 증가와 소득분배 면에서도 동아시아에 비해서 좋지 않은 결과를 빚었다.

중국의 미래는 장밋빛인가?

중국은 1978년 개혁 개방 후에 경제성장의 고속도로를 질주해 왔다. 중국의 경제성장률을 보면 현기증이 날 정도로 최근만 보더라도 2008년에 다른 나라들이 미국 금융위기로 주저앉아 있는 상황에서 홀로 9%를 달성하였고, 2020년에는 코로나19 상황에서도 2.2%, 2021년에는 8.4%를 달성하였다. 이러한 거침없는 질주는 얼마나 계속될까? 홀츠의 예상대로 2025년이면 모든 GDP 지표에서 미국을 추월할 것인가?

이 문제는 지금까지 중국의 고도성장을 지탱해온 요인들이 그대로 지속될 수 있는지, 만일 그렇지 않다면 그것을 대체할 수 있는 새로운 요인이 있는지에 달려 있다. 그러나 이것에 관해 누구도 자신 있게 예측하기는 어려우므로 여러 가능성을 검토하는 데 그친다.

첫째, 중국의 노동력은 아직 풍부하고 임금수준은 매우 낮은 편이다. 그러나 인구증가율의 감소로 노동증가율도 감소하고 선도지역인 동부 연안 지방의 임금수준은 꽤 높아졌다. 그러므로 지난 40년 동안과 같은 저임금 효과는 기대할 수 없으며, 이것이 일정 기간 후에는 투자와 수출에 부정적인 효과를 미칠 것이다.

둘째, 중국의 저축률은 아직 매우 높다. 중국의 높은 저축률은 주로 가계와 기업의 저축률이 높기 때문인데, 가계는 노후대비, 교육비, 의료비 지출에 대비하여 저축을 많이 하는 것으로 알려져 있으며 앞으로도 그러할 것으로 예견된다. 그리고 중국시장의 투자 매력 때문에 외국자본의 유입은 지속될 것이다. 또한 아직 인프라가 부족한 데가 많으므로 투자기회는 풍부하여 투자도 한동안 높은 비율로 이루어질 것이다. 그러나 얼마 후에는 투자기회의 소진으로 투자율이 저하할 수 있다.

셋째, 지난 40년 동안 중국은 시장경제 체제로의 전환과 선진국으로부터의 기술도입으로 생산성 증가율이 높았다. 그리고 교육의 확대로 인해서 생산성이 증가하였다. 그러나 이제 기술수준이 중진국 수준에 도달하여 기술도입에 대한 견제가 생기면서 자체의 R&D 투자가 증가한다고 해도 생산성 증가 속도가 둔화될 가능성이 있다.

넷째, 중국 수출경쟁력의 기반이 되는 고환율정책(위안화의 저평가)이 지속될 수 있을 것인가? 현재 중국은 미국 등의 위안화 절상 압력에 강력하게 반발하고 있다. 그러나 중국의 무역수지 흑자가 계속 증가하는 상황에서 마냥 버틸 수 있을지가 관건이다. 점진적으로 위안화가 절상된다면 무역수지 흑자는 감소할 것이고 그에 따라 경제성장률도 감소할 가능성이 있다.

★5 중국경제에 대해서 다음 글을 참고. Shane, Mathewand Fred Gale(2004), "China: A Study of Dynamic Growth", WRS 04~08, USDA.

퍼킨스와 로스키에 따르면[*6] 2015년까지는 연 6~8% 성장하고, 그 이후 10년 동안에는 5~7%로 성장할 것이 예측된다고 한다. 이 예상 성장률은 2015년까지 구매력평가환율로 계산한 중국의 GDP가 미국의 GDP를 추월한다고 주장한 홀츠만의 예상 성장률인 7~9%보다는 조금 낮은 수치이다. 어쨌든 미국 경제는 금융위기로 주저앉아 있으므로 중국의 추월은 시간문제일 뿐 기정사실이라고 보아도 좋을 것이다.

그렇지만 위에 언급한 것 이외에도 중국 경제가 당면한 문제가 만만치는 않다. 첫째, 중국의 은행은 대부분 국영이라 국영기업에 대한 대출이 많았는데, 그 가운데 많은 부분이 회수가 불가능한 부실채권이 되어버려서 은행도 부실해질 위험이 있다. 부실채권의 비율이 GDP 대비 50%가 넘는다는 주장도 있을 정도이다. 둘째, 국영기업의 비효율성으로 인해 그것이 문을 닫는 경우가 많은데 이에 따른 실업문제가 심각하다. 셋째, 동부 연안과 서부 내륙 사이의 격차가 심각하다. 넷째, 공식 실업률은 4~5%이지만 실제 도시 실업률은 14% 정도에 달하고 농촌에는 많은 과잉인구가 존재한다고 알려져 있다. 다섯째, 중국의 고도성장으로 국제 자원가격이 급등하며 중국의 환경오염이 날로 심각해지고 있다. 이러한 문제를 중국이 어떻게 슬기롭게 해결하는가가 중국의 성장률을 결정하는 열쇠이다.[*7] 우리나라도 중국의 경제동향을 예의 주시하고 여러 가지 가능성에 대비할 필요가 있다.

4 경제성장, 소득분배, 환경보전은 조화될 수 있을까?

지난 정부 시절에 우리는 성장우선론과 분배우선론이 날카롭게 대립하는 현상을 보았다. 그리고 경제성장과 환경보전을 두고 갈등하는 현상도 종종 볼 수 있었는데, 그 예로 동강댐 건설 계획과 경부고속전철 천성산 구간 건설 등을 들 수 있을 것이다. 경제성장과 소득분배 개선은 어느 하나를 버릴 수 없을 정도로 둘 다 필요하다. 성장은 나눌 파이를 증가시킨다. 고른 분배는 국민들의 삶의 질을 높이고 상품에 대한 수요를 증가시킨다. 성장과 분배는 경제라는 수레를 끌고 가는 두 바퀴이다. 경제성장과 환경도 그러하다. 성장이 환경을 파괴해 버린다면 아무리 소비수준이 올라간들 더러운 공기와 물로 우리가 어떻게 살 수 있겠는가? 그리고 환경이 보존되어 있기만 하면 맹물만 마셔도 살 수 있겠는가? 우리에게는 빵과 깨끗한 물 둘 다가 필요하다. 그러므로 여기서 제시한 세 목표는 반드시 조화되어야 하며 어느 하나도 제외되어서는 안 된다는 점을 분명히 할 필요가 있다.

이런 중요한 목표들이 서로 대립하고 갈등하는 것은 국가가 처한 상황에 따라 우선순위가 달라질 수 있고, 목표 달성의 전략 면에서 차이가 있기 때문이지, 어느 것을 버려도 좋다는 것은 결코 아니다. 여기서 세 가지 목표가 어떻게 조화를 이룰 수 있을지 그 가능성을 찾아보고자 한다.

경제성장과 소득분배는 어떻게 조화를 이룰 수 있을까?

경제성장과 분배 개선의 조화를 모색하기 위해서 먼저 이 둘은 서로 어떤 영향을 주고받는지를 알아보자. 첫째, 경제성장이 소득분배에 어떤 영향을 미치나? 경제발전 학자인 쿠즈네츠(Simon Kuznets)가 말한 역U자 가설에 따르면 개발도상국에서 경제성장이 진행될 때 초기에는 소득불평등도가 증가하지만 나중에 선진국에 가까워지면 불평등도가 오히려 감소한다는 것이다. 만일 이 가설이 맞는다면 소득분배에는 그리 신경 쓰지 않아도 괜찮을 것이다. 왜냐하면 소득불평등의 확대는 일시적이고 얼마 후에는 개선될 것이기 때문이다. 그런데 과연 그러할 것인가?

2007년 UNDP 발표[★8] 지니계수를 기준으로 볼 때, 일반적으로 최저개발국의 지니계수가 상당히 낮은 편이고, 중진 개발도상국의 지니계수가 가장 높아 불평등도가 최고 수준에 달하고, 선진국의 지니계수가 가장 낮아 소득불평등도가 가장 작게 나타난다. 그러므로 소득불평등도가 성장 과정에서 증가했다가 감소한다는 쿠즈네츠

★6 Perkins, Dwight H. and T. G. Rawski(2008), "Forecasting China's Economic Growth to 2025", *China Business Review*, November–December 2008.

★7 Shane, Mathewand Fred Gale(2004), "China: A Study of Dynamic Growth" WRS 04~08, USDA. 참고

★8 UNDP, Human Development Report 2009.

의 가설은 대체로 타당하다. 그렇지만 세부적으로 보면 그 나라가 어떤 조건에 있고 어떤 정책을 선택하느냐에 따라 경제성장이 소득분배에 미치는 영향은 상당히 달라지는 것을 볼 수 있다. 같은 선진국권이라고 하더라도 미국의 지니계수는 0.41로 매우 높은 편인데 비해, 일본, 스웨덴, 노르웨의 지니계수는 0.28 정도로서 매우 낮다.

동아시아와 라틴아메리카는 성장과 분배 측면에서 대조적이다. 동아시아의 한국과 대만은 경제성장 과정에서 소득분배가 크게 개선되었다. 그 원인으로 이 지역에서 경제개발 이전에 이미 대지주의 토지를 재분배한 토지개혁이 이루어졌고, 경제성장 과정에서 고용이 급속도로 증가된 점이 지적되고 있다. 반면에 원래 토지 등 재산이 극히 불평등하였고 고용 증가가 별로 없는 성장을 이룩한 라틴아메리카에서는 여전히 소득불평등도가 매우 높다. 이 지역 대부분의 국가들의 지니계수가 0.5를 넘을 정도이다.

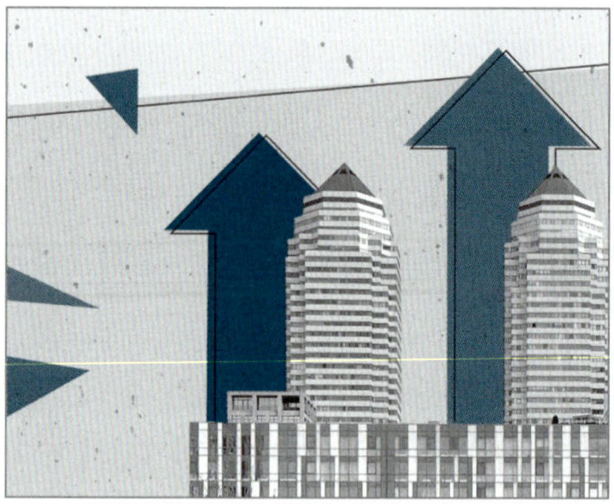

이처럼 일반적인 경향성에서 쿠즈네츠의 가설이 타당한 면이 있지만, 세부적으로 보면 그대로 맞는다고 보기는 어렵다. 그 나라가 처한 조건과 성장정책의 성격에 따라 경제성장이 소득분배에 미치는 영향은 다르게 나타날 수 있는 것이다. 따라서 소득분배 개선에 유리한 성장정책의 선택이 필요하다.

우리나라의 지니계수는 지속적으로 감소하다가 외환위기를 계기로 급격히 증가하였으나 그 후 감소하였다. 그런데 2005년 이후 증가세를 보여 1982년(0.316)보다 더 높은 수준으로 올라갔다(2023년, 0.323).[★9] 이것은 현재의 저성장과 고용부진, 그리고 수출산업과 내수산업간의 양극화 등이 그 원인으로 지적되고 있는데 여러 방면에서 대응책이 필요하다.

둘째, 소득분배는 경제성장에 어떤 영향을 미치는지 살펴보자. 경제이론에서는 소득분배의 불평등이 경제성장을 촉진한다는 주장과 저해한다는 주장이 맞서고 있다. 먼저 소득불평등이 성장을 촉진한다는 주장의 근거를 보자. 소득불평등도가 커지면 고소득층이 저소득층보다 저축률이 높으므로 저축이 증가하며 투자도 증가하여 경제성장을 촉진시킨다는 것이다. 그리고 소득불평등도가 커지면 시장에서 경쟁이 촉진되므로 경제활동을 더 활발하게 하려는 경향이 생기므로 성장을 촉진시킨다는 주장도 있다.

반면에 소득불평등도가 커지면 소비성향이 높은 서민층들의 소득이 줄어들어 소비가 감소하므로 총수요가 부족해진다는 주장이 있다. 총수요가 부족하면 경제가 불황에 빠져서 성장이 이루어지지 않는 것이다. 그리고 보다 평등한 분배를 통한 소비의 촉진은 국민들의 건강상태를 개선시켜 생산성을 증대시키는 효과도 초래한다.

이처럼 상반되는 두 주장이 있기 때문에 실증적인 검토가 필요하다. 그런데 실증적인 분석의 결과도 상반된다. 그러므로 소득분배가 불평등할수록 성장이 촉진되는지, 평등할수록 성장이 촉진되는지 불확실하다. 그래서 최근에 전개된 예를 통해서 이 관계를 좀더 이해하도록 하자.

1980년대 이후 전세계에 영향을 미친 미국과 영국 중심의 신자유주의적 성장정책은 정부의 개입을 대폭 줄이고 소득재분배를 완화하여 경제성장을 이룩하려는 정책인데, 이 정책이 경제성장을 어느 정도 촉진했는지 측정하기는 어렵다. 2021년 지니계수를 보면 주요 선진국들 가운데 미국(0.375)과 영국(0.354)의 지니계수가 일본, 프랑스, 독일, 북유럽 국가들보다 높게 나타난다. 이 정책의 성장효과를 알아보기 위해 2014~2023년 사이의 연평균 경제성장률을 살펴보자. 미국(2.2%), 영국(2.5%)의 경제성장률이 1%대 이내에 머문 일본(0.6%), 독일(1.2%), 프랑스(1.1%)보다는 높으나 소득불평등도가 매우 낮은 노르웨이(1.5%), 스웨덴(2.2%), 덴마크(2.3%)와는 비슷하거나 그보다 더 낮은 것으로 나타났다.[★10] 북유럽 국가들의 사례는 경제성장과 소득분배의 균등이 양립할 수 있다는 사실을 보여준다. 각 나라의 경제상황에 따라 약간의 차이는 있을 수 있지만 성장과 분배가 양립할 길을 모색하는 자세가 항상 필요하다고 하겠다.

★9 유경준(2009), "우리나라 빈곤변화 추이와 요인 분석", KDI 정책포럼 215호.
★10 통계청 자료.

지속가능발전 : 경제성장과 환경보전의 조화

약 200년 전 영국 경제학자인 맬서스가 인구는 기하급수적으로 증가하는 데 비해 식량은 산술급수적으로 증가하므로 인류의 미래에는 식량 부족으로 인해 비참한 결과만이 기다리고 있다는 『인구론』을 발표하여 세계인을 경악시킨 바 있다. 그 후 인구증가율은 점차 감소하고 식량증가율은 높아져서 그의 예측은 대부분 빗나갔지만, 1972년에 인류의 미래를 걱정하는 모임인 [로마클럽]에서 발표한 『성장의 한계』는 또 다시 큰 충격을 주었다. 이대로 인구가 증가하고 경제성장이 이루어지면 자원고갈과 환경오염, 식량부족으로 인해 멀지 않는 미래에 큰 재앙이 닥쳐올 것이라는 예측이었다. 이 예측에 따르면 금은 29년 이내에, 그리고 석유는 50년 이내에 고갈되는 등, 자원고갈과 환경오염 등으로 100년 이내에 성장은 한계에 도달한다는 것이다.[★11] 로마클럽은 그 후에도 같은 취지의 보고서를 연속적으로 발간하여 경고하고 있다.

로마클럽이 주장한 것만큼 사정이 급박한 것은 아니라고 해도 선진국과 개발도상국의 빠른 경제성장으로 인해서 자원고갈과 환경오염이 갈수록 심각해지고 있는 것이 현실이다. 이 문제는 개별국가의 문제이면서 기후변화, 오존층의 파괴, 해수면 상승 등 지구적인 문제가 되고 있다. 그렇다고 해서 로마클럽이 주장하는 대로 성장을 멈춰야 할까?

여기서 경제성장과 환경보전을 조화시키는 발전 개념인 지속가능발전(sustainable development)이라는 개념이 제시되었다. 이것은 1987년 UN이 제시한 것으로 "미래 세대가 그 필요를 충족시킬 수 있는 능력을 손상시키지 않으면서 현세대의 필요를 충족시키는 발전"을 말한다. 현세대가 경제발전을 위해서 자원을 고갈시킨다면 미래 세대가 쓸 자원이 없어질 것이다. 그리고 현세대가 경제발전을 위해 환경오염을 계속한다면 미래 세대의 삶의 질은 더 나빠질 것이다. 어떤 학자들은 지속가능발전을 경제성장과 환경개선뿐 아니라 사회적 정의를 포함시킨 뜻으로 이해하기도 한다.

지속가능발전이 개발도상국에 불리하게 작용할 수도 있다. 선진국은 이제까지 아무런 규제를 받지 않은 채 자원고갈과 환경오염을 일으키면서 경제성장을 이룩했는데, 이제부터는 개발도상국에게도 지속가능발전을 요구하는 것은 개발도상국에 불리하므로 선진국이 더 많은 의무를 져야 한다는 것이다. 이런 논란이 있을 수 있고 선진국과 개발도상국 사이에 의무의 정도에 차이가 있겠지만 지속가능발전은 점점 모든 나라에 피할 수 없는 길이 되고 있다.

새로운 삶의 질 지표의 모색 : 국민총행복

GDP가 총생산 혹은 총소득을 나타내주기는 하지만 삶의 질을 측정하는 지표로서는 여러 가지로 부족하다는 점을 이미 앞에서 살펴보았다. 그래서 UN개발계획(UNDP)은 1인당 GDP뿐 아니라 교육수준, 건강 등을 포함시켜서 삶의 질을 나타내는 인간개발지수(HDI)를 구하여 각국의 순위를 발표하고 있다. 그래서 1인당 GDP와 함께 HDI 및 그 순위가 각국의 발전 정도를 나타내는 지표로 활용되고 있다. 2024년 발표된 HDI의 순위는 1위가 스위스, 그 다음이 노르웨이, 아이슬란드 순이고, 독일은 7위, 네덜란드는 10위이며, 한국은 19위로서 구매력평가 1인당 GDP 순위인 37위보다 높다. 그것은 소득수준이 비슷한 나라들에 비해 소득불평등도가 비교적 작고, 교육, 의료 서비스가 상대적으로 잘 제공되기 때문이다.

그런데 1인당 GDP와 HDI가 둘 다 삶의 질을 제대로 나타내주지 못한다는 비판이 있어 왔다. 그 지표들은 사람이 내면적으로 느끼는 삶에 대한 만족도는 전혀 측정하지 못하고 있다. 그래서 새로운 삶의 질 지표, 즉 **국민총행복**(Gross National Happiness: GNH)을 측정하려는 시도가 나타났는데, 이 시도는 원래 1970년대에 히말라야산맥 가운데 있는 작은 나라인 부탄 국왕에 의해 시작되었다. 그 후 2004년부터 국민총행복(GNH)에 관한 국제회의를 열어서 본격적으로 그 측정 방법을 찾고 있다. 참가자들은 GNH 측정에는 경제성장, 소득분배, 환경의 질뿐 아니라 영적이고 내면적인 측면

★11 Meadows, D. H., D. L. Meadows, J. R. Randers, W. W. Behrens III(1972), *The Limits to Growth*, Universe Books, pp. 23~24.

도 포함시켜서 진정한 행복이 무엇인지를 찾아서 그것을 측정해야 한다고 주장하였다.[12]

최근 이러한 시도에 가담하여 적극 추진하는 사람이 프랑스 대통령 사르코지였다. 그는 GNH 지수를 개발하여 발전의 지표로 삼고자 하며, 이 작업을 노벨상을 수상한 세계적인 경제학자 두 사람에게 위촉하였는데, 그들이 바로 스티글리츠(J. Stiglitz)와 센(A. K. Sen)이다. 그들은 GNH의 측정에 소득뿐 아니라 보건, 교육, 개인활동, 정치 및 지배구조, 환경, 사회관계 등 매우 다양한 측면을 포함시키려고 하며, 이 작업에 OECD도 관심을 가지고 참여하고 있다. GNH지수가 개발되면 경제발전의 방향이 상당히 재조정될 수 있을 것으로 예측된다.

★12 The Third International Conference on Gross National Happiness, "Open Letter to Dr. Joseph Stiglitz and Dr. Amartya Sen Nobel Laureates in Economy", 15 January 2008.

생활 속의 경제학

Chapter

15

글로벌 시장의 출현 : 세계화

1 자유무역을 향한 발걸음 : 중상주의에서 WTO까지

우리나라는 무역국가

1980년대 이후 미국과 영국을 중심으로 하여 스미스의 '보이지 않는 손'에 대한 확고한 신뢰가 되살아나면서 신자유주의 시대가 열리게 되었다. 1978년에 스스로 장막에 갇혀 있던 중국이 개방정책으로 선회하였고, 1990년대 초에 소련이 붕괴하고 동유럽 전체가 시장경제로 전환하면서 시장경제 체제가 자생력이 있는 유일한 체제로 인정받았다. 선진국 내에서는 정부개입을 주장하는 케인스주의가 인플레이션의 주범으로 몰려서 영향력이 약화되자 이제 자유방임 시장경제에 거칠 것이 없었다. 신자유주의는 국내에서는 작은 정부와 각종 규제의 완화로 나타났고, 국제적으로는 무역, 자본이동, 인적 교류, 정보와 지식의 이동 등에 있어서 국경을 자유롭게 개방하는 세계화로 나타났다. 이제 세계는 하나의 시장으로 통합되어 단일시장을 지향하고 있고, 무한경쟁의 시대가 되었다.

이러한 흐름 가운데서 우리나라 경제는 전통적으로 무역에 의존하는 정도가 매우 높은 무역 국가이지만, 그 정도가 점점 증가하고 있다. 2020년에 우리나라 무역 의존도(수출+수입/GDP)가 56.2%였는데, 2023년에는 무려 69.3%로 증가하였으며, 이 수치는 무역의존도가 300%가 넘는 홍콩, 싱가포르와 같은 도시국가와 경제규모가 비교적 작아서 무역의존도가 100%를 넘는 말레이시아, 대만 등을 제외하고는 매우 높은 비율이다. 2023년에 일본의 무역 의존도는 35.7%에 불과하였다. 우리나라는 자본재와 원자재를 수입하여 그것을 가공하고 조립한 후 수출하여 발전해 온 가공무역 국가이다. 그러므로 우리나라는 앞으로 내수의 비중이 증가하겠지만 상당한 기간 동안 무역에 많이 의존할 것이다.

세계적으로 무역을 많이 하는 나라들을 보면 2023년 수출액을 기준으로 중국(3조 3,797억 달러), 독일(1조 6,887억 달러), 네델란드(9,361억 달러), 일본(7,173억 달러) 순이다. 한국은 6,326억 달러를 수출하여 세계 7위를 차지하였다. 2023년 수입액을 보면 중국(2조 5,567억 달러), 독일(1조 4,626억 달러), 네델란드(8,436억 달러), 영국(7,914억 달러) 순이며, 한국은 6,426억 달러를 수입하여 세계 9위를 기록하였다.★1 우리나라의 무역 순위는 GDP 순위보다 약간 앞선다. 세계 전체적으로 경제성장률보다 수출증가율이 더 높으므로 무역의존도는 증가하고 있다.

이렇게 무역이 확대되는 추세지만, 오랜 옛날에는 아주 좁은 지역에서 소규모 거래만 이루어졌고, 국제적인 거래는 거의 없었다. 차차 거래의 범위가 넓어져서 오늘날에는 거의 아무런 제약이 없이 국경을 넘어 세계적으로 무역이 이루어지고 있다. 이러한 무역 확대의 가장 중요한 요인은 교통과 통신의 발달 및 각국 정부의 무역 자유화 조치이다.

그렇지만 아직도 국제무역을 둘러싸고, WTO의 새로운 무역 자유화 협상인 도하개발 라운드★2(Doha Development Round)가 아직 타결되지 않고 있고, 자유무역협정(Free Trade Agreement)을 맺자는 주장과 그것에 반대하는 주장이 맞부딪히고 있으며, 관세를 통해 특정 산업의 보호를 요구하는 목소리도 계속된다. 그리고 나라마다 겉으로는 자유무역을 주장하면서도 뒤에서는 보호무역의 끈을 놓지 않으려는 모습도 여전하다. 국제무역이 국가경제와 기업, 소비자에게 어떤 영향을 미치길래 이런 논란이 계속될까? 자유무역이 최선이라고 하면서 왜 보호무역적인 조치는 사라지지 않을까?

중상주의 : 수출은 많이, 수입은 적게

중상주의(mercantilism)는 최초의 체계적인 무역정책이라고 할 수 있다. 수출은 가능한 한 많이 하고 수입은 적게 하자는 정책이다. 이것은 호혜적인 무역이라기보다 일방적이고 자국 이기적인, 얌체 같은 무역정책처럼 보인다. 중상주의 국가끼리 부딪히면 국가 간에 갈등이 생기고 심지어 전쟁까지 일어난다. 자유무역론은 중상주의의 폐단을 비판하는 과정에서 등장하였다. 중상주의가 수백 년 전의 낡은 사상처럼 보이지만 새 옷을 입고 재등장하곤 하므로 무역에 대한 논의를 중상주의에서부터 시작해보자.

대략 A.D. 1500년경부터 유럽에서 군주의 세력이 크게 강화되면서 새로운 국민국가가 형성되기 시작하였는데, 이때부터 A.D. 1800년경 사이에 유럽의 주요 국가들은 부국강병을 위해 중상주의 무역정책을 채택하였다. 이 사상은 한 국가의 부는 그 국가가 보유하는 귀금속(금과 은)의 양에 의해 결정되며 귀금속의 양을 증가시키는 방법은 무역흑자를 늘리는 것이므로 수출은 증가시키고 수입은 억제해야 한다고 주장하였다.

유럽에서 금과 은을 찾아 가장 먼저 해외로 나선 나라는 포르투갈과 스페인이었다. 우리는 영화 '미션'이나 '마스크 오브 조로' 등을 통해서 광산에서 가혹한 착취에 시달리는 라틴아메리카 원주민의 고통을 느낄 수 있다. 스페인과 포르투갈은 라틴아메리카와 아프리카에서 귀금속을 본국으로 가져왔다. 그래서 이 두 나라가 먼저 강성한 나라가 되었다. 이에 도전하여 식민지와 무역 거점을 빼앗기 시작한 나라가 엘리자베스 여왕 이후의 영국과 루이 14세 이후의 프랑스 등이었다. 이 나라들은 신대륙과 아시아의 식민지를 두고 치열한 갈등을 빚었고 전쟁도 불사하였으며, 마침내 영국이 가장 넓은 식민지를 보유하게 되었다. 중상주의 국가들은 식민지를 통해서 원료를 수입하고 공산품을 수출하는 무역을 독점하여 귀금속을 본국으로 가져올 수 있었다.★3 중상주의 국가가 장기적으로 수출을 증가시키기 위해서는 국내산업의 육성이 필요하였다. 그래서 중상주의 국가들은 국내의 상공업을 육성하였고, 다른 경쟁국들과 식민지의 공업화를 저지하려고 했다.

이러한 중상주의 정책은 자유무역론을 주장한 아담 스미스 이후 영국 고전학파로부터 신랄한 비판을 받아서 점점 영향력을 잃어 갔지만, 영향력이 완전히 소멸된 것이 아니라 새로운 모습으로 재등장하였다. 중상주의는 수출은 자유롭게 두고 수입을 억제하는 보호무역주의의 조상이기도 하다. 중상주의가 새로운 형태로 재등장한 모습을 잠시 살펴보자.

★1 통계청 자료.

★2 도하 라운드는 WTO가 주관하는 것으로서 2001년 카타르의 도하에서 시작된 새로운 무역장벽 완화 협상인데 지금 선진국과 개도국 사이의 입장 차이로 난관에 부딪혀 있다. 특히 EU와 미국의 농업 보조금 문제가 중요한 쟁점이 되어 있다.

★3 그렉 클라이즈데일(김유신 역 : 2008). 『부의 이동』. 21세기북스.

첫째, 독일의 역사학파 경제학자인 리스트(F. List)는 미국의 초대 재무부장관이었던 해밀턴(A. Hamilton)의 영향을 받아 당시 후진국 독일은 아직 공업력이 미약하므로 수입제한을 통해 공업을 보호해주는 유치산업보호정책을 실행해야 한다고 주장하였다. 당시의 자원부존이나 기술수준을 바탕으로 해서 자유무역이 이루어지면 후진국은 1차산업에 비교우위가 있으므로 그 산업에 특화하게 되어 공업화할 기회를 영구히 상실한다는 것이다.

오늘날 자유무역의 선봉장인 미국은 독립 직후부터 자유무역론을 받아들이지 않았고 오히려 가장 강력하게 보호무역정책을 추진하여 자국의 공업을 육성하였으며, 그 결과 세계 제일의 공업국이 되었다.★4 한편 노예노동에 의존해서 농산물을 생산하여 유럽으로 수출한 미국 남부 주들은 유럽으로부터 싼 공산품 수입을 원했으므로 자유무역을 지지하였고, 남부와 북부 사이의 무역정책에 관한 이러한 대립이 남북전쟁이 발발한 중요한 원인이 되기도 했다. 북부를 대표한 링컨 대통령은 강력한 보호무역주의자였다. 그 후 일본, 한국, 대만, 중국 등도 이와 유사하게 유치산업을 보호하였다. 이처럼 장기적 발전의 관점에서는 자유무역을 제한하더라도 유치산업보호를 통한 공업화가 절실하게 필요하였다.

둘째, 케인스 경제학의 관점에서 불경기일 때 수출을 증대시키고 수입을 억제하는 정책에 의해 순수출을 증가시키면 총수요의 증가로 국내 경기가 좋아진다. 그런데 문제는 한 나라의 무역흑자는 다른 나라의 무역적자를 초래한다는 점이다. 무역적자국에서는 경기가 더 나빠지고 고용과 소득이 감소한다. 여기서 무역은 **제로섬 게임**(zero-sum game)이 되므로 무역으로 인해 국가간에 분쟁이 일어날 가능성이 매우 높다. 그 예로 1929년에 대공황이 발생하자 1930년에 미국은 수입을 줄여서 경기를 회복하고자 관세를 인상하는 내용의 스무트-홀리 관세법(Smoot-Hawley Tariff Act)을 제정하였다. 그러자 다른 나라들이 이에 반발하여 보복적인 관세 인상을 실시하자 미국의 수출도 급격하게 줄어서 결국 모든 나라가 피해를 보기에 이르렀다. 경기가 나빠지면 우선 자국이 살려고 국수주의적인 보호무역을 선택하지만, 곧 다른 나라의 보복이 따르므로 상황은 더 나빠지는 것이다. 오늘날에는 선진국이 자국의 불경기를 타개하기 위해서 행하는 수출증대, 수입억제정책은 국제적으로 용인되지 않지만, 개발도상국이 경제발전을 위해서 시행하는 유치산업보호와 수출주도정책은 어느 선까지 용인된다. GATT/WTO 규정에서도 개발도상국에 대한 이러한 혜택이 규정되어 있지만, 개발도상국이 상당한 수준의 경쟁력을 가지게 되면 그 혜택에서 졸업하게 된다.

자유무역 : 수출과 수입, 모두 자유롭게

1776년에 출간된 『국부론』에서 아담 스미스는 중상주의를 신랄하게 비판하였다. 그는 국부가 귀금속이라는 중상주의의 주장은 너무나 표피적인 생각이고, 진정한 국부는 연간 생산물(오늘날의 GDP)이며, 이것이 증가하여 소비자들의 생활수준이 향상되는 것이 바로 국부 증대라고 주장하였다. 중상주의는 생산자의 입장만 고려하는 정책이며, 소비자의 이익을 전혀 고려하지 않았다고 스미스는 비판하였다. 정부가 수출촉진을 위해 장려금을 지급하려면 결국 소비자들이 더 많은 세금을 부담해야 하고, 수입을 억제하면 상품가격이 상승하므로 소비자는 손해를 본다는 것이다. 스미스는 중상주의 정책이 생산자에게는 이익만을, 소비자에게는 손해만을 안기는 정책이라고 주장하였다.

스미스는 중상주의를 비판한 다음 **자유무역론**(free trade theory)을 주장하였다. 그는 한 나라가 A산업에서 다른 나라보다 생산성이 더 높고, 다른 나라는 B산업에서 생산

★4 장하준, 『나쁜 사마리아인들』, 부키, 2007, 제2장 참조.

성이 더 높다면 각국이 우위산업에 특화하여 무역을 하는 것이 양국에 이익이 됨을 밝히고 정부의 간섭이 없는 자유무역이 최선의 정책이라고 주장하였는데, 이것을 절대우위설이라고 한다. 그를 이은 리카도(David Ricardo)는 한 나라가 모든 산업에서 생산성이 더 높더라도 상대적인 비교우위는 나라별로 나눠가질 수 있음을 밝혀서 자유무역론을 한층 더 발전시켰는데, 그의 주장을 비교우위설이라고 한다. 비교우위설이 신고전 학파에서는 **헥셔-올린 정리**(Heckscher-Ohlin theorem)로 나타났다. 이 정리에 따르면 개발도상국처럼 상대적으로 노동이 풍부한 나라는 노동집약적인 산업에 비교우위가 있고, 선진국처럼 자본이 더 풍부한 나라는 자본집약적인 산업에 비교우위를 가진다는 것이다. 이렇게 결정된 비교우위 산업에 특화하여 생산하고 그것을 서로 교환하면 양국이 더 많은 양을 생산하여 소비할 수 있으므로, 무역은 서로에게 유리한 **윈-윈 게임**(win-win game)이 된다는 것이다.

일반적으로 자유무역을 하면 양국이 더 잘 생산할 수 있는 것을 생산하여 교환하므로 양국 모두 이익을 얻는다. 그리고 분업으로 인해서 숙련도가 높아지고 규모의 경제가 생겨서 생산성이 높아진다. 그러나 무역으로 인해 국민 모두가 동시에 이익을 얻는 것은 아니고 생산자와 소비자 사이에 이해가 상충된다. 우리나라가 휴대폰을 수출하면 생산자는 이익을 얻지만, 소비자는 수출로 인해 국내공급이 부족하여 국내가격이 오르므로 오히려 손해를 본다. 그렇지만 국가 전체적으로는 이익이 더 많으므로 수출은 국익에 도움이 된다. 다음으로 수입의 경우에 우리나라가 중국에서 옷을 수입한다면 싼 옷이 수입되므로 옷 생산자는 손해를 볼 것이다. 반면에 소비자들은 싼 옷을 구입할 수 있으므로 이익을 얻는다. 수입의 경우에도 국가 전체적으로는 이익이 더 크다. 이처럼 수출과 수입에서 생산자와 소비자 사이에 이해관계가 상충되지만, 수출이든 수입이든 국가 전체적으로는 이익이 더 크다. 그렇지만 이러한 자유무역론은 현실과는 꽤 다른 상황을 가정하고 있으므로 현실에서 자유무역이 항상 국가에 이익인 것은 아니다.

자유무역의 이익은 국가간에 경제발전의 격차가 없고, 완전고용과 완전경쟁이 이루어지는 등 시장이 이상적인 경우에 완전하게 발생한다. 그러나 현실의 상황은 그렇지 않으므로 무역이익이 모든 경우에 발생하는 것은 아닌 것이다. 많은 경우에 개발도상국이 공업화를 하기 위해서 수출은 증가시키고 수입은 억제하는 중상주의적 무역정책이 필요할 경우가 있고, 선진국에서도 불황에서는 총수요를 증가시키기 위해서 보호주의정책을 실행하는 것이 유리할 때가 있다. 그렇지만 국제무역의 규범은 개발도상국에 대해서는 공업화를 배려하는 차원에서 어느 정도 중상주의적 정책을 허용하지만 선진국에게는 허용하지 않는 것이 보통이다.

그리고 때로는 보호조치가 국익에 어긋나지만, 수입을 허용하면 피해를 당하게 될 산업의 기업가들과 노동자들이 개방을 반대하고 보호를 요구하는 경우도 있다. 우리나라 농민들은 쌀 시장 개방에 반대하고, 미국의 철강산업과 자동차산업의 노동자들은 일자리를 잃을까봐 철강과 자동차 수입관세 인하에 반대한다. 관세를 인하하면 소비자의 이익이 기업과 노동자들의 손해를 합친 것보다 더 크지만, 손해를 보는 생산자 집단에게 보상이 주어지지 않으면 그들은 격렬하게 저항한다. 자유무역이 양국의 이익을 증가시킨다고 하더라도 국내에서 소비자와 생산자 사이에 이해 대립이 생기므로 무역 자유화가 쉽지 않다. 그러므로 무역 자유화로 이익을 보는 집단이 손해를 보는 집단에게 합리적 수준의 보상을 해줄 때 무역 자유화가 보다 순조롭게 이루어질 수 있다.

WTO 시대의 도래 : 글로벌 시장

국제무역이 매우 활발하던 시기와 그렇지 않던 시기가 있었다. 1870년경부터 1차 대전이 일어난 1914년까지 국제무역이 활발하다가 그 후부터 2차 대전이 끝난 1945년까지 보호무역주의와 민족주의적 성향이 지배하여 무역은 위축되었다. 앞에서 본 것처럼 대공황 시절에 미국의 보호무역정책이 다른 나라의 보복을 불러와서 세계적으로 보호무역주의 시대가 되고 무역이 줄어들어 세계경제는 더 침체되었다. 그래서 그 경험을 교훈으로 삼아 2차대전 후에 관세 및 비관세 무역 장벽을 완화하여 무역을 활성화함으로써 세계경제를 회복시키려는 목적으로 1947년에 **'관세 및 무역에 관한 일반 협정'**(GATT)이 체결되었다. 그 후 GATT는 여러 차례의 협상(round)을 통해서 관세율을 인하하고 수입량 제한과 같은 비관세장벽을 낮추기 위해서 노력하였다.

무역 자유화를 위한 다자간 협상 가운데 가장 대담한 협상이 1986년 우루과이에서 시작되어 1994년에 타결된 '**우루과이 라운드**'(Uruguay round)이다. 여기서 타결된 내용은 공산품 관세의 대폭 인하와 그동안 GATT에서 제외되었던 서비스, 지적재산권, 섬유, 농업 분야 무역을 포함시킨 것이다. 그리고 이 협정의 이행과 분쟁해결을 위해서 1995년 1월 1일 새로운 기구인 **세계무역기구**(WTO)를 출범시켰다. WTO 체제는 GATT 체제를 바탕으로 하지만 획기적으로 무역자유화를 진전시킨 것이다. 우루과이 라운드는 2차대전 후 자국시장을 개방하여 세계경제발전에 기여했으나 공산품의 국제경쟁력이 점차 약화되어 대폭적인 무역수지 적자를 보게 된 미국이 경쟁력을 지닌 서비스와 농업의 무역 자유화를 주장하면서 시작된 면이 강하다. 그래서 이 협상이 미국과 EU의 이해관계를 더 중시하고 개발도상국의 이해를 상대적으로 덜 중시했다는 비판을 받기도 한다.

WTO가 다자간 무역 자유화를 선도하지만, 우루과이 라운드 이후 2001년에 시작된 도하 라운드가 아직 타결되지 않고 있는 등 무역 자유화에 한계가 있자 두 국가 사이에 혹은 소수의 지역 국가들 사이에 무역 자유화를 훨씬 진전시키는 자유무역협정(Free Trade Agreement)이 크게 유행하고 있다. 이것은 관세와 비관세 장벽이 거의 없는 자유무역을 지향하는 협정이며, 우리나라도 칠레, 싱가포르, ASEAN 등과는 이미 시행 중이고, 미국과는 2011년 11월 22일 한미FTA 비준안이 대한민국 국회 본회의를 통과하였다.

이렇게 무역을 자유화하는 방향으로 나아가게 되면 수출산업은 훨씬 유리해지는 반면에 수입개방을 하게 되는 산업은 불리하게 된다. 우리나라의 자동차, 조선, 반도체, 휴대폰 등 수출산업은 높은 수출증가율과 부가가치 창출로 이익을 보며, 일자리 창출과 경제발전에 기여한다. 반면에 농산물과 서비스 시장을 개방하게 됨으로 관련 산업 종사자들이 손해를 보게 되어 강력하게 개방을 반대하기도 하였다. 그래서 정부는 특히 농업 분야에 막대한 자금을 지원하여 농업의 경쟁력을 높이도록 하였다. 농산물 가운데 쌀은 주곡이라 식량 안보적 측면에서도 매우 중요하기 때문에 쌀 시장의 개방은 10년간 유예하고 2004년에 다시 협상하였고, 현재에는 최소 수입 물량을 수입하고 있으며, 그 수량이 점점 증가하고 있다. 그리고 2014년부터 관세로만 수입을 조절할 수 있게 되었다.

무역의 자유화는 세계경제 전반에 걸쳐 경제성장을 촉진하는 효과가 있으며, 소비자들이 보다 싼 가격에 다양한 재화와 서비스를 소비할 수 있게 해준다. 따라서 무역의 자유화는 세계경제발전에 기여하므로 거스를 수 없는 추세이다. 그러나 개발도상국에서 유치산업 보호가 필요한 경우가 있으며, 선후진국을 막론하고 수입개방으로 인해서 소득이 감소하거나 일자리를 잃는 사람들도 상당히 나타날 수 있다. 수입이 개방된 분야에서 발생한 실업자들이 수출산업에서 창출된 일자리로 이동하는 것이 현실적으로 그리 쉽지 않다. 따라서 이런 부작용을 최소화하기 위해서 개방속도의 조절 및 사회안전망의 확대, 재고용을 위한 교육과 훈련이 필요하다.

2 환율과 국제수지, 금융시장 개방

세계에 돈이 한 가지만 있다면 국제거래는 매우 간편할 것인데 각국이 서로 다른 돈을 가지고 있어서 국제거래가 아주 복잡하다. 국가간에 이루어지는 거래에는 대부분의 경우에 달러, 유로, 엔, 파운드 등 핵심국가의 **기축통화**(key currency)가 사용되며 우리 돈인 원화(₩)는 받는 나라가 없으므로 사용되지 않는다.

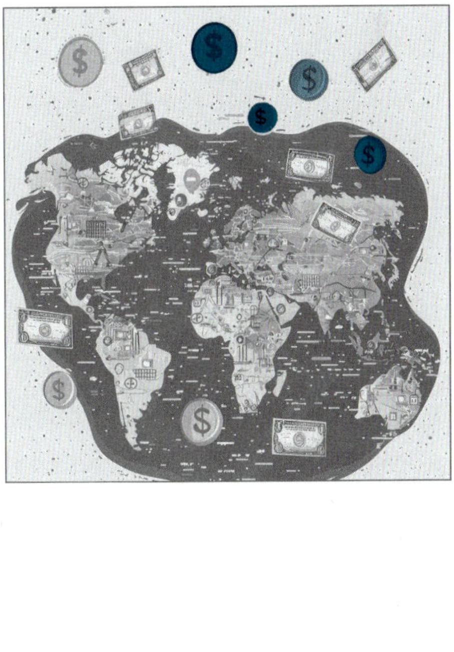

따라서 우리나라 기업이 외국으로부터 상품을 수입하기 위해서는 먼저 외화가 필요하므로 원화로 달러와 같은 기축통화를 매입해야 한다. 그러면 달러는 어떻게 공급되나? 첫째, 상품을 수출하여 달러를 벌어들임으로써 공급

될 수 있고, 둘째, 그것으로 불충분하면 외국에서 빌려오거나 외국인 투자로 유입되는 달러를 통해 공급된다. 상품수출로 외화를 벌어들이는 기업은 임금이나 원자재 값 등을 지불하기 위해 원화가 필요하므로 외화를 필요로 하는 사람들에게 매각한다. 필요한 만큼의 외화가 적절한 환율로 공급되어야 국민경제가 잘 운영될 수 있는데, 외화공급이 부족하거나 환율이 지나치게 높거나 낮으면 외환위기, 물가상승이나 고용감소 등 여러 가지 어려움이 발생한다.

국제수지 : 국가간의 거래표

국가 사이에 재화와 서비스의 거래가 이루어지는 것과 동시에 외화가 국내에 들어오거나 나간다. 그리고 국가간에 금융자산과 실물자산의 거래가 이루어지는 과정에서 역시 외화의 수취나 지급이 발생한다. 이와 같이 외화의 수취와 지급을 수반하는 국가간의 모든 거래를 요약하여 국제수지라고 한다.

국제수지(balance of payments)는 경상수지와 자본수지로 대별된다. **경상수지**(current account)는 상품의 수출과 수입을 나타내는 상품수지, 서비스의 수입과 지급(운송비, 여행경비 등)을 나타내는 서비스수지, 임금이나 투자소득 등 요소소득의 수입과 지급을 나타내는 소득수지, 대가 없이 이루어지는 소득이전을 나타내는 경상이전수지(무상증여)로 구성되어 있다. **자본수지**(capital and financial account)는 투자수지와 기타자본수지로 나뉘는데, 투자수지는 직접투자, 증권투자(포트폴리오투자), 기타투자(차입) 등으로 구성된다. 외국인의 순투자유입이 우리 국민의 순해외투자보다 많으면 자본수지는 흑자이다.

우리나라 국제수지 동향을 간단히 살펴보면 1960년대에 경제개발을 시작하면서 국내자본의 부족으로 많은 외자를 차입하여 생산설비를 수입했기 때문에 오랫동안 경상수지는 적자, 자본수지는 흑자를 보였다. 그러다가 1986~1989년 사이의 3저 호황기(저유가, 저금리, 저달러 가치)에 수출이 크게 증가하여 비로소 경상수지가 흑자로 전환되었고, 해외투자가 활성화되어 자본수지가 적자로 되었다. 1990년대에 들어와

표 15-1 우리나라 국제수지와 달러 환율의 추이

연 도	경상수지(억 달러)	자본수지(억 달러)	달러 환율(원)
1980	−53.1	65.2	659.9
1988	145.1	−50.7	684.1
1996	−231.2	233.2	844.9
1997	−82.9	13.1	1695.0
1998	40.4	−32	1204.0
1999	245.2	20.4	1138.0
2007	58.8	71.3	936.1
2008	−64.1	−509.3	1259.5
2010	279.5	−0.6	1156.0
2015	1,051.2	−0.6	1131.5
2021	852.3	−1.5	1144.6
2022	258.3	0.0	1292.2
2023	328.2	0.5	1305.9
2024	990.4	3.0	1364.4

자료 : 한국은행, 통계청

서 중국의 수출경쟁력이 강화되자 경상수지는 다시 적자로 반전되었고, 1994년에 중국이 위안화를 40%가량 평가절하하면서 우리나라 경상수지 적자는 급격히 증가하여 1996년에 무려 231억 달러에 달하였다. 반면에 금융시장의 개방으로 인해 외국자본이 몰려와 자본수지 흑자는 1990년 이후 계속 증가하여 1996년에 최고 수준에 도달하였다. 그러나 1997년에 경상수지는 83억 달러의 적자인데, 외국자본의 유입이 끊겨 자본수지는 불과 13억 달러의 흑자를 보여 외환 공급에 큰 차질이 생겼다. 외환위기 직후인 1998년부터 2007년까지 경상수지가 큰 폭으로 흑자를 달성하여 외환사정이 개선되었다. 그런데 외환부족 현상이 2008년에도 발생하였다. 경상수지가 64억 달러 적자였는데, 게다가 외국인 투자자금이 급격하게 유출되어 자본수지가 무려 510억 달러 적자를 보이면서 달러 부족 사태를 맞게 되었다. 2008년 세계금융위기 이후 경상수지는 코로나19 등으로 일시적으로 줄어드는 추세를 보이기는 하였으나 지속적인 흑자를 나타내고 있다. 이는 2025년 미국 트럼프행정부가 들어서면서 미국의 한국산 제품에 대한 고율 관세부과의 빌미를 제공하기도 하였다.

주요 국가들의 2023년 경상수지를 보면 미국은 적자규모가 최대였던 2006년보다 약 1,000억 달러 감소하였으나 여전히 9,054억 달러 적자였다. 반면에 중국은 2,530억 달러 흑자, 독일은 2,785억 달러 흑자, 일본은 1,507억 달러 흑자였다. 미국의 천문학적 적자와 중국, 독일, 일본의 대량 흑자는 상당히 오랜 기간 동안 지속되고 있다. 이러한 **글로벌 불균형**(Global Imbalance)이 언제까지 지속될 것인지, 그리고 어떤 파괴적인 결말이 기다리고 있을지 주목되고 있다.

경상수지 흑자는 많을수록 좋다는 생각이 보편화되어 있으나 거기에는 소비와 투자의 부진 등의 부작용이 수반될 수 있으므로 반드시 그런 것은 아니다. 대체로 경상수지가 균형이거나 흑자인 경우에 별 문제는 없으며, 외화공급이 안정되는 장점이 있다. 비록 경상수지가 일시적으로 적자라고 해도 자본수지의 흑자 혹은 외환보유고로 메우고 나중에 경상수지 흑자를 내면 문제될 것이 없다. 그러나 경상수지가 만성적으로 적자가 되면 그것을 외국자본으로 메워야 하므로 외채가 증가하고 그것을 상환하는 데 어려움이 생길 수 있다. 그리고 외국인 투자자금이 대량 유입되었을 때 그것이 주로 **핫머니**(hot money, 증권투자와 단기차입금)라면 갑자기 빠져나갈 경우에 큰 위험이 닥치므로 매우 조심하지 않으면 안 된다. 그러므로 외환당국은 국제수지 동향에 세심한 주의를 기울여야 한다.

환율의 영향과 결정 요인

환율(exchange rate)은 외국 화폐 한 단위가 자국 화폐와 교환되는 비율을 말한다. 1달러가 1,000원과 교환되면 달러의 환율은 1,000원이며, 이것을 원/달러 환율이라고 한다. 환율이 오르면 자국 통화의 가치가 하락하는데, 이것을 자국화의 **평가절하**

(depreciation)라고 하며, 환율이 내리면 자국 통화의 가치가 상승하는데, 이것을 **평가절상**(appreciation)이라고 한다.

환율은 기업뿐 아니라 우리들의 일상생활에도 큰 영향을 미친다. 2008년 후반기에 발생한 미국 금융위기로 인해서 900원대에 머물던 원/달러 환율이 1,500원 대로 치솟았으며, 2024년 말 국내 정치불안 등으로 다시 1,500원 가까이로 상승하였다. 1997년 말 시작된 외환위기로 말미암아 환율이 2,000원 가까이로 급등한 적이 있었으므로 그때와 같은 국가적 위기가 다시 오는 것이 아닌가 하는 불안감이 커졌다. 달러 환율이 급등하자 자녀를 외국에 어학연수나 유학 목적으로 보낸 가정에서 송금하는 학비의 원화 금액이 크게 증가하였고, 일부 학생들은 학비 부담으로 인해 귀국하기도 했다. 해외여행을 계획하던 사람들도 다수가 취소하였다. 그리고 수입 원자재가격과 소비재가격이 상승하여 국내물가를 자극하였다. 이처럼 환율은 우리 일상생활 및 기업 활동에 큰 영향을 미친다.

특히 무역에 종사하는 사람들이 매우 민감하게 반응하는 변수가 바로 환율이다. 수출업자가 1억 달러를 수출했는데, 환율이 갑자기 상승하면 판매수입이 증가하여 횡재를 한다. 반면에 1억 달러어치를 수입하는 수입업자는 더 많은 원화 금액을 지불해야 하므로 손해를 보게 된다. 그리고 환율의 상승은 외화를 차입한 사람들의 원화 부채를 증가시킨다. 한때 일본 엔화 자금의 이자율이 매우 낮아서 엔화를 차입해서 투자한 기업가가 엔화 환율이 2배 정도로 급등하여 엄청난 손해를 보기도 하였다. 이처럼 환율이 예상치 못하게 변동하면 국제거래에 관련된 사람들에게 큰 위험이 발생한다. 그래서 기업이나 개인은 환위험을 회피하기 위해서 여러 가지 방법으로 환헤지를 하게 된다. 그런데 2008년에 중소기업들이 KIKO라는 환헤지 상품을 잘못 매입하여 오히려 엄청난 손해를 본 경우도 있었다.

환율의 결정 과정에 정부가 개입하지 않으면 외환시장의 수요와 공급의 힘에 의해서 환율이 결정된다. 이런 환율 제도를 **변동환율제도**(floating exchange rate system)라고 한다. 변동환율제는 국제수지 불균형이 환율에 의해서 자동적으로 조절되는 장점이 있는 반면에, 환율이 수시로 변동하므로 국제거래에서 불확실성과 위험이 발생하는 단점도 있다.

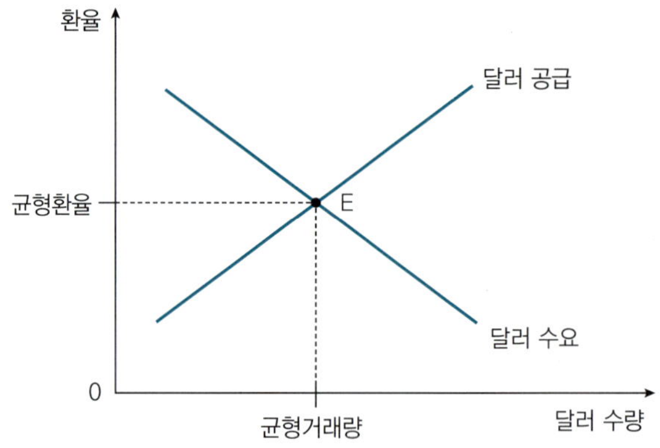

그림 15-1 환율의 결정

우리나라 달러 시장에서의 환율 결정 과정을 예로 들어보자. 달러 수요는 외국으로부터 재화와 서비스를 수입하기 위해서, 그리고 외국의 주식이나 국채, 부동산 등에 투자하기 위해서 달러를 필요로 하므로 발생한다. 즉 달러 수요는 수입과 외국에 대한 투자 필요에서 발생한다. 그리고 환율이 하락하면 외국 재화 및 서비스와 외국 자산의 원화 가격이 싸져서 더 많이 수입하고 투자하려고 하므로 달러 수요는 증가한다. 달러 공급은 외국에 재화 및 서비스를 수출한 대가로 공급되며, 또한 외국인들이 우리나라에 투자하려는 목적으로 공급된다. 즉 달러 공급은 수출과 외국인의 국내투자에서 발생한다. 환율이 상승하면 우리 상품과 자산의 달러 표시 가격이 하락하므로 수출과 외국인 투자가 증가하여 달러 공급은 늘어난다.

위 그림에서 보듯이 달러 수요곡선은 우하향곡선이며, 달러 공급곡선은 우상향곡선이다. 수요곡선과 공급곡선이 교차하는 점 E에서 균형이 이루어지며 이 점에서 환율이 결정된다. 이러한 달러 환율 결정 과정은 엔, 파운드 등 다른 외화에 대해서도 그대로 적용된다.

환율의 결정이 이렇게 시장에 방임되면 수요와 공급의 변화에 따라 환율은 상하로 자유롭게 변동한다. 예컨대 갑자기 외국인 투자 자금이 빠져나가면 달러 공급이 줄어서 환율은 상승한다. 이와 같은 환율의 급격한 상승은 수출, 수입, 물가, 기업의 채산성 등에 많은 변화와 위험을 주므로 바람직하지 않게 생각될 수 있다. 그래서 정부가 외환시장에 개입하여 환율을 안정시키거나 때로는 환율을 고정시키기도 한다. 이것을 관리변동환율제(managed floating exchange rate system) 혹은 고정환율제(fixed exchange rate system)라고 한다.

고정환율제는 정부가 환율을 고정시키기 때문에 환율의 변동이 없으므로 국제거래에 있어서 불확실성과 위험이 없어진다는 큰 매력이 있다. 고정환율제는 금본위제 시대와 2차대전 직후부터 1971년까지의 브레튼우즈 체제 시기에 주로 시행된 환율제도이다. 브레튼우즈 체제에서는 미국 달러와 금 사이에 교환비율이 일정하였고 다른 나라 통화와 달러 사이에 환율이 고정되어 있어서 세계 모든 통화가 달러를 매개로 하여 금과 연결된 간접적 금본위제도를 유지하였던 체제였다. 이 체제 아래에서 고정환율제가 유지되어 국제무역은 환율변동의 위험 없이 안정적으로 성장하였다. 이 체제는 1971년에 미국이 달러를 금으로 바꿔주는 금태환 제도를 폐지함으로써 붕괴되었다.

고정환율제의 문제점은 환율을 조정해야 할 때 큰 폭으로 조정해야 하고, 환율이 국제수지의 불균형을 자동적으로 조절할 수 있는데도 그것을 활용하지 못한다는 점이다. 미국을 비롯한 각국의 국제수지의 불균형 폭이 확대되면서 결국 많은 나라들이 변동환율제로 전환하였다. 우리나라도 외환위기 이후 IMF의 권고에 따라 자유변동환율제를 채택하였다.

현재 선진국들은 대부분 변동환율제를 채택하고 있으며, 개발도상국 가운데에 일부는 달러 환율을 고정시키는 고정환율제를 택하고, 다른 일부는 관리변동환율제를 택하는 등 자국 사정에 따라 제도를 달리하고 있다. 앞에서 본 것처럼 중국은 위안화를 인위적으로 저평가한 상태에서 달러 환율을 고정시켜 대폭적인 무역흑자를 유지하고 있으므로 미국을 위시한 여러 나라들로부터 위안화 평가절상(달러 환율 인하)을 강력하게 요구받고 있다. 중국의 고환율 정책이 중국의 수출은 증가시키고 수입은 감소시켜서 중국에는 막대한 무역수지 흑자를, 미국에게는 막대한 무역수지 적자를 초래하는 글로벌 불균형의 중요한 원인이 되고 있다.

금융시장 개방이 초래하는 금융위기

1997년 말 대통령 선거가 한창 진행되던 중에 우리나라는 갑자기 국가 부도의 위험에 빠졌다. 외환보유고가 바닥나서 외국에 진 빚을 갚을 수 없는 위기에 처한 것이다. 그 결과 우리 모두가 차갑고 긴 터널에 들어가는 것 같았고, 그 터널을 빠져나오는 데 10년 이상 걸릴 것이라는 비관론이 팽배하였다. 이런 위기는 2008년 후반에 미국 금융위기가 발생하자 다시 한번 찾아왔다. 우리나라에 들어왔던 외국자본이 대거 빠져나간 것이다. 이런 경험은 금융시장의 개방과 밀접한 관련이 있다.

1970년대부터 세계적으로 무역자유화와 함께 금융시장 개방화의 바람이 불기 시작하였다. 무역의 자유화가 자원배분의 효율을 높여서 경제성장을 촉진하는 것처럼, 금융의 개방화가 더 많은 투자자본을 조달하고 투자의 효율을 높여서 개발도상국의 경제성장을 촉진시킨다는 주장이 힘을 얻었다. 개발도상국들은 그동안 외국자본이 개발도상국을 착취하거나 경제적 독립성을 해칠 우려가 있다고 보아 경계심을 가지고 있었는데, 이제 외국자본의 긍정적 측면이 강조되기 시작하였다. 자본이 부족한 개발도상국에 선진국의 풍부한 자본이 들어오면 경제성장이 촉진되고, 선진국 자본은 더 높은 수익률을 얻으므로 양자가 모두 이익을 얻는다는 것이다. 그리고 인터넷 등의 정보통신 기술이 급속하게 발전하여 국제간의 금융거래가 매우 쉬워졌다.

이런 흐름 가운데서 1970년대부터 라틴아메리카 국가들이 유가의 급등으로 인해 무역수지 적자가 급증하자 오일 달러를 대규모로 차입하였다. 그리고 1980년대와 1990년대에는 다수의 개발도상국들이 선진국 정부와 IMF 같은 국제금융기관의 강한 권고로 금융시장의 개방을 추진하였다. 우리나라도 1996년에 OECD에 가입하기 위하여 사전 가입협상을 하는 과정에서 금융시장을 대폭 개방하기로 하였고, 1997년 외환위기 후 IMF의 요구로 개방 폭을 더 넓혔다.

국제적 자본이동은 기업경영에 참여하기 위한 **외국인직접투자**(FDI), 주식과 채권 등에 대한 포트폴리오투자, 차입 등의 형태로 이루어진다. 이 가운데 직접투자는 자본과 함께 기술, 경영 기법, 네트워크 등이 함께 들어오고, 일단 들어오면 쉽게 빠져나가지 못하므로 일반적으로 경제성장을 촉진시키는 것으로 평가된다. 포트폴리오투자에 의한 자본유입은 투자재원의 유입이기는 하나 언제 빠져나갈지 모르는 자금이어서 위험성이 높다. 차입은 장기자금일 경우에 투자재원으로 요긴하게 활용되나 원리금을 상환해야 하는 자금이어서 상환이 불가능하면 '부도'의 위험이 발생한다. 그리고 단기차입금은 위험성이 큰 자금이다. 1970년대 이후 이런 모든 형태의 국제적 자본이동의 자유화가 진행되어 왔다.

금융시장 개방은 양날의 칼이다. 그것은 개발도상국으로 하여금 저금리로 자본조달을 가능하게 하고 국내 금융 인프라를 개선한다는 면에서 긍정적인 측면이 있다. 그런데 유입된 자금이 실물 투자보다 부동산이나 증권시장에 투입되어 거품을 일으켰다가 자금이 갑자기 유출되면 거품 붕괴로 인해 불황과 외환 고갈이 겹쳐 금융-외환 위기를 피할 수 없게 된다. 그러므로 금융시장 개방이 초래하는 양면성을 이해하고, 그 장점을 활용하면서 위험성에 대해서 철저히 대비하는 것이 필요하다.

개발도상국의 외채위기 및 금융·외환위기의 예를 간단히 살펴보자. 1970년대에 석유가격 상승으로 무역수지 적자에 몰린 라틴아메리카 국가들은 국제수지를 방어하고 경제개발을 위한 자금을 확보하기 위해 선진국 은행에 예치된 오일 달러를 많이 차입하였다. 그런데 1981년 초에 미국 중앙은행이 인플레이션 억제를 위해 금리를 크게 인상하자 선진국에 심각한 불황이 발생하여 라틴아메리카 국가들의 수출이 많이 감소하였고, 고금리로 인해서 이자부담이 증가하여 결국 상환불능 상태에 빠지고 말았다. 이러한 외채위기는 1982년 멕시코에서 시작되었고 다른 라틴아메리카 국가들에게 파급되었다. 부채의 원리금을 갚기 위해서 라틴아메리카 국가들은 소비와 투자를 대폭 줄였고, 그 결과 생활수준의 저하와 경제성장률의 하락이라는 큰 대가를 치러서 1980년대를 라틴아메리카의 '잃어버린 10년'이라고 부르기도 한다.[★5]

★5 Cardoso, E. and Ann Helwege(1992), *Latin America's Economy*, MIT Press, Ch. 5 참조.

다음으로 1997년 아시아 금융위기를 살펴보자. 중국이 위안화를 약 40% 정도 평가절하하여 수출경쟁력을 더욱 강화한 1994년 이후에 우리나라 경상수지는 대폭적인 적자를 보였으며, 태국 등 동아시아 국가들도 비슷한 모습을 보였다. 1994년에는 우리나라 경상수지는 40억 달러 적자였는데, 1996년에는 231억 달러 적자로 증가하였다. 반면에 우리나라 금융시장이 개방되면서 1991년부터 외국자본이 밀려오기 시작하였다. 1991년에 자본수지가 64억 달러 흑자였는데, 1995년에는 168억 달러, 1996년에는 233억 달러 흑자로 사상 최고치에 달하였다. 따라서 경상수지의 적자를 자본수지의 흑자로 메울 수 있었다. 그러나 자본유입은 주로 증권투자(포트폴리오투자)와 차입의 형태로 이루어졌고, 보다 안정적인 직접투자는 오히려 적자였다. 증권투자는 언제 빠져나갈지 모르는 자금이었고, 차입은 대부분이 만기가 짧은 단기차입 위주였기 때문에 어떤 이유로든 외화가 빠져나가면 위기를 초래할 수 있는 상황이었다.

아시아 금융위기는 1997년 7월에 태국에서 시작되었다. 태국에 유입되었던 외국자본이 썰물처럼 빠져나가고 바트화의 가치는 절반 이하로 폭락하였다. 결국 태국은 IMF의 구제금융을 받았다. 태국의 위기를 본 투자자들은 다른 나라에 대해서도 위험을 느끼게 되어 인도네시아, 말레이시아를 거쳐 우리나라까지 위기가 파급되었다. 1997년에 우리나라에 들어온 단기차입금의 만기 연장이 안 되어 100억 달러가 유출되자 자본수지는 1996년의 233억 달러 흑자에서 1997년에 13억 달러의 흑자로 격감하였고, 누적된 경상수지의 적자로 인해 외환사정은 극도로 악화되었다. 우리나라도 결국 IMF에 구제금융을 신청하였고, IMF의 요구 조건을 수용하지 않을 수 없었다. IMF가 처방한 고금리와 긴축정책으로 많은 기업이 도산하였고, 은행들이 폐쇄되었다. 환율이 급등한 가운데 외환사정이 급박하여 여러 기업을 헐값으로 외국자본의 손에 넘기고 말았다. 우리나라는 환율효과와 금융긴축의 완화로 아주 빠른 시간 내에 금융위기에서 벗어났지만 실업과 소득감소, 국부유출 등 엄청난 고통과 비용을 치렀다.

그러므로 금융시장 개방이 가져다주는 이익을 인정하더라도 그것이 초래하는 금융시장의 불안정 문제를 해결할 방안을 마련하지 않으면 안 된다. 충분한 외환보유고를 가지는 것도 필요하지만, 그것보다 외국자본이 급격하게 들어왔다가 급격하게 빠져나가는 것을 막는 장치가 필요하다. 예를 들면 영국 수상 고든이 제안한 것처럼 외국자본의 유입과 유출에 대해서 거래세를 부과하는 **토빈세**(Tobin tax)가 본격적으로 검토되어야 할 것이고, 현재 진행 중이지만, IMF의 출자 자금을 대폭 증액하여 금융위기 시에 어려움 없이 자금지원을 받도록 하는 방안이 더욱 확대되어야 할 것이다.

찾아보기

저자 소개

이 재 율

- 서울대학교 경제학과(경제학사)
- 서울대학교 대학원 경제학과(경제학 석사, 경제학 박사)
- 계명대학교 경제학과 교수 역임
- 미국 일리노이대학교 객원교수(visiting scholar)
- 계명대학교 경제통상대학 및 사회과학대학 학장 역임
- 현 계명대학교 명예교수

[저서]

『경제윤리』(민음사, 1995), 『헨리 조지 100년만에 다시 보다』(경북대출판부, 2002), 『그리스도인을 위한 경제학』(계명대 출판부, 2009), 『유쾌한 일상의 경제학』(문영사, 2010), 『경제발전의 이해』(문영사, 2011), 『경제논리와 윤리』(탑북스, 2012), 『종교와 경제』(탑북스, 2013), 『경제사상의 시간여행』(탑북스, 2015), 『돈과 행복』(탑북스, 2016) 등의 저서가 있으며, 그 외에 다수의 논문이 있다.

김 진 찬

- 계명대학교 경제학과(경제학사)
- 계명대학교 대학원 경제학과(경제학 석사, 경제학 박사)
- 한국지역경제학회 경북지회장 역임
- 현 계명대학교 조교수

[저서]

『현대경제학의 이해』(학문사, 2004), 『경제학의 원리와 응용』(학문사, 2006), 『한국경제의 현실과 이해』(학문사, 2007), 등의 저서가 있으며, 『지역밀착형 사회적 일자리 창출을 위한 정책』(2007), 『대구경북 전략산업에 대한 고찰』(2008), 『사회적 일자리와 사회적 기업의 현황 및 정책과제』(2009), 『평가지표분석을 통한 지역일자리 공시제 발전방안 연구』(2014), 『마을기업 사업의 실효성 제고 방안에 관한 연구』(2021), 『마을기업의 역할과 사업발전방안』(2022) 외에 다수의 논문이 있다.

생활 속의 경제학

초판 1쇄 발행 2010년 1월 25일
2판 1쇄 발행 2025년 9월 10일

저　자 이재율 · 김진찬
펴낸이 임순재
펴낸곳 (주)한올출판사
등　록 제11-403호
주　소 서울시 마포구 모래내로 83(성산동, 한올빌딩 3층)
전　화 (02)376-4298(대표)
팩　스 (02)302-8073
홈페이지 www.hanol.co.kr
e-메일 hanol@hanol.co.kr
ISBN 979-11-6647-571-9

생활 속의
경제학

생활 속의
경제학

생활 속의
경제학